단숨에 읽는 신약성경

단숨에 읽는 신약성경

지은이 · 박응순

초판 1쇄 · 2022년 6월 30일

초판 2쇄 · 2022년 7월 20일

펴낸이 · 채주희

표지디자인 · 디자인 채이

등록번호 · 제 10-1562호(1985. 10. 29)

펴낸곳 · 엘맨출판사

121-887 서울 마포구 합정동 433-62

출판사업부 T. (02)323-4060 F. (080)088-7004

E-mail : elman1985@hanmail.net

ISBN 89-5515-235-3 03230

값 12,000원

단숨에 읽는 신약성경

박응순 목사 지음

김삼환 목사 추천

엘멘출판사

＊추천의 글

성경의 숲을 보라

위대한 성경 연구가요, 설교자인 마틴 로이드 존스 목사는 성경에 대해 이렇게 말했습니다.

> "성경의 교리들을 고찰하면 할수록 하나님의 구원의 계획에 있어서 경외감과 놀라움을 가지고 다시 감탄하지 않을 수 없습니다. 그러한 구원의 계획에 관심을 갖지 않는 사람들은 자신들도 알지 못하는 가운데 많은 것을 강탈당하고 있다고 생각됩니다. 여러분이 뒤돌아서서 구원을 전체적으로 살펴보려고 노력할 때, 여러분은 바로 모든 부분에서 그것의 영광과 위대함 그리고 그 계획의 완벽함에 감동하지 않을 수 없을 것입니다."

이 말을 한 마디로 요약하자면 성경을 읽지 않고, 또 설교를 가까이하면서 듣지 않고 진리에 대해, 또 믿음에 대해 왈가왈부

하는 것은 자신의 영광과 구원을 강도에게 강탈당하는 것과 같다는 말씀입니다. 로이드 존스 목사는 이어서 또 이렇게 말했습니다.

> "그래서 성경을 특별한 방법으로 연구해야 한다는 사실은 매우 중요합니다. 항상 성경을 장별로 읽고 꾸준히 통독해 갈 것을 권합니다. 이것은 아주 훌륭한 방법이라고 할 수 있습니다. 그러나 부가적으로 저는 거기에서 가르치고 있는 위대한 교리들을 끄집어내어 구원의 계획과 구조에 따라서 살펴보는 것이 아주 중대하다는 것을 강조하고 싶습니다. 교회는 이것을 초대교회 때부터 해왔습니다. 그러나 현 시대에는 여러분들이 성경을 통독하는 것에 만족하고 있기 때문에 초대교회처럼 자주 하지 못하고 있으며, 나무는 보고 있으나 숲을 보지 못하는 위험에 처해 있습니다. 이것은 비극입니다. 여러분이 성경을 읽을 때 세세한 부분이나 번역이 올바른가 하는 문제에 너무 몰두한 나머지 크고 광대한 교리들을 망각하는 경향이 있습니다."

즉 성경은 부분적으로 깊이 있게 연구하는 것도 중요하지만 통독을 통하여 전체적인 숲을 보는 것도 중요하다는 뜻입니다. 그 이유는 성경의 목적이 이 세상의 구원에 대한 하나님의 계획을 우리들에게 말해 주는 것이란 사실을 자각하기 위해서입니다.

성경은 시공을 초월하여 다른 환경과 인물들에 의하여 기록되어졌음에도 불구하고 하나의 통일된 메시지를 갖고 있는 것을 보게 됩니다. 그 메시지에는 위대한 통일성이 있으며 처음부터 끝까지 흐르고 있는 하나의 주제가 있습니다.

그러므로 박응순 목사님의 『단숨에 읽는 신약성경』은 구약편에 이은 또 하나의 놀라운 쾌거입니다. 이 책을 통하여 여러분들은 나무와 함께 숲을 보는 놀라운 경험을 하게 될 것입니다. 이렇게 좋은 책들이 다음 초대교회 편에도 이어진다고 하니 기대해 볼 만합니다. 모쪼록 주님께서 오시는 날까지 읽는 것과 배우는 일에 최선을 다하는 여러분들이 되시기를 권합니다.

명성교회
김삼환 목사

＊들어가는 글

성경을 어떻게 대할 것인가?

청년들이 하는 스킷 드라마 중에 아주 의미 있는 연극이 있었습니다. 제목은 〈건축〉(construction)이었습니다. 이 이야기는 어떤 미지의 섬에서 조난당한 배로부터 한 무리의 청년들이 도착하는 것으로 시작됩니다.

섬의 한 모퉁이에는 건축 자재들이 쌓여 있었습니다. 청년들은 이 자재를 가지고 무엇을 건축할 것인가를 토의하고 있었습니다. 한 청년은 당연히 숙소를 짓자고 주장합니다. 또 다른 청년은 배에서 가지고 나온 물건들을 쌓아둘 창고를 먼저 짓자고 주장합니다.

그때 갑자기 한 청년이 이 섬에서 멀지 않은 곳에 또 하나의 섬이 보인다고 소리칩니다. 그리고 거기서 어떤 사람이 이곳으로 헤엄쳐 오는 것 같다고 말합니다. 갑자기 장내는 긴장되기 시작하고 그 청년은 이 자재로 우선 벽을 쌓자고 주장합니다. 그리고 일단의 청년들은 경계를 섭니다. 벽을 쌓는 건축이 얼마 진행되지 않았을 때 한 청년이 저쪽 섬에서 도착해 오자 그들은 이 청년을 붙들고 묻습니다.

"너는 누구냐?"

그는 이렇게 대답합니다.

"나는 이 섬과 저쪽 섬을 함께 소유한 주인의 아들인데 우리 아버지는 이 섬과 저 섬을 연결하고자 다리를 놓을 자재를 준비해 놓았습니다. 그런데 당신들은 이 자재로 다리가 아닌 벽을 쌓고 계시는군요."

누군가가 소리칩니다.

"저 놈이 수상하다."
"맞다, 죽여라, 죽여!"

무대는 아수라장이 되고 천둥 뇌성이 울리고 불이 꺼집니다. 잠시 후 무대에 다시 불이 들어 왔을 때 거기에는 그 섬의 주인의 아들이라고 주장한 그가 십자가에 매달려 있었고, 이런 멘트가 무대를 울리고 있었습니다.

"나는 다리를 놓고자 했는데 당신들은 벽을 쌓았습니다."

바로 그분의 이름이 예수 그리스도이시며, 그는 다윗의 후손으로 오신 하나님의 아들이십니다. 성경은 '그가 우리의 화평이라' 고 말씀하십니다.

여러분들이 성경을 읽어보면서 사실 궁금한 것이 한두 가지가 아닐 줄 압니다. 어른이든 아이든 성경을 한 번이라도 펼쳐본 적이 있는 분이라면 읽으려고 시작하다가 포기한 것이 한두 번이 아닐 줄 압니다. 저도 그랬습니다. 구약은 너무 어려워서 신약부터 읽으려고 시도하다가 마태복음 1장의 기나긴 족보에서 그만 잠이 든 적이 한두 번이 아니죠.

하지만 성경은 한 번 제대로 읽기 시작하면 그 사실감과 깊이에 날이 새는 줄 모르고 빠져들게 됩니다.

성경은 크게 구약과 신약으로 구분되어 있습니다. 구약은 오래전 약속(Old Testament)이라고 하고 신약은 새로운 약속(New Testament)이라고 합니다. 왜 약속이라는 명칭이 붙었느냐 하면 스킷 드라마에 나오는 것처럼 메시아에 대한 약속이 있기 때문입니다.

즉 유대인들이 기다리던 구세주에 대한 약속이 구약에서는 계시를 통하여 예언되고 신약에서는 그것이 성취되었다고 하는 것을 알려 준다는 말입니다.

기독교인이 된다는 것은 2006년 전 이 땅에 오셨던 나사렛 사람이라고 불리워졌던 사람의 아들(人子)이 사람이지만 실체는 하나님의 아들이심을 믿는 것을 말합니다. 그래서 사도들은 누구든지 마음으로 예수를 믿고 입으로 메시아라고 시인하면 구원을 얻는다고 말하고 있는 것입니다.

영원한 베스트셀러인 성경을 여러 가지 이유로 읽기 힘들었던 여러분들이 이 책의 쉽고 재미있는 이야기들을 통해 단숨에 읽어 내려가면서 성경의 맥을 깨닫고 예수 그리스도의 실체에 대해 깨닫기를 간절히 희망합니다.

2006 6월

박응순 목사

차례

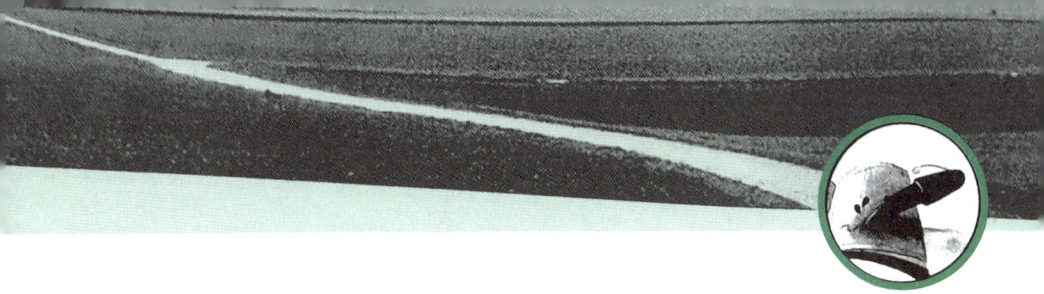

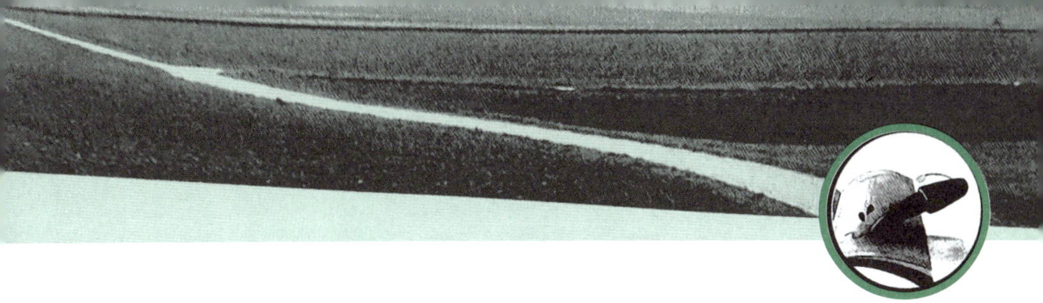

01

마리아, 예수의 어머니

북이스라엘에 나사렛이라는 한 마을이 있었는데, 그 곳에 한 소녀가 살았다. 그 소녀의 이름은 마리아였다. 그녀는 그녀에게 벌어진 일에 대하여 이렇게 노래했다.

"저는 평범한 소녀였죠. 나는 대부분의 보통 소녀들과 같이 어머니를 도와 빵 굽는 일과 양털로 실을 만드는 일, 그리고 물을 길어오는 일 등 많은 일들을 했어요. 시간이 흘러 제가 결혼할 나이가 되었고, 저는 한 남자를 흠모하게 되었답니다. 부모님도 그 남자를 마음에 들어 하셨죠. 그이는 마을의 목수랍니다. 이름이 요셉이죠. 그러던 어느 날, 제게 놀라운 일이 일어났답니다. 우주가 열리고 세상에 사람이 만들어지던 때보다 더 놀랍고 가슴 벅찬 일이었습니다. 그것이 얼마나 경이로운 일이었는지는 33년이 지난 뒤에야 깨달았죠."

마리아는 여느 때와 같이 그날의 일로 바빴는데, 그녀의 마음은 곧 다가올 결혼으로 부풀어 있었다. 그런데 일을 하다가 하늘 위를 봤을 때, 한 이상한 사람이 서서 그녀를 내려다보고 있었던 것이다. 그녀는 너무도 놀라 그 남자가 먼저 말을 하기 전까지는 말을 할 수가 없었다.

"나는 하나님의 말씀을 전하는 천사 중 하나인 가브리엘이다."

이어서 그가 말했다.

"나는 너에게 전할 하나님의 말씀을 가지고 왔다."

마리아는 자신의 귀를 의심했다. 그녀는 놀라 겁먹었고 그 천사가 하는 말을 잘 이해할 수가 없었다.

그 천사가 말했다.

"두려워하지 말아라. 하나님은 너의 모든 것을 아시고 너를 사랑하신다. 너를 통하여 특별한 일을 하시려 하신다. 그것을 알리기 위해 하나님께서 친히 나를 보내셨다. 너는 하나님이 약속하신 왕의 어머니이다. 네 아기는 하나님의 아들이 될 것이다."

이 말을 들은 마리아는 너무나도 놀란 나머지 이렇게 말했다.

■ 〈수태고지〉(The Annunciation Rogier van der Weyden, 1400 1464, 1435년 패널에 유채 86 93cm, Museum du Louvre Paris, France). 바이덴의 주된 제는 종교적인 내용을 담아내고 는 제단화와 이 시기에 유행하 시작한 초상화 등이다. 이 작품 바이덴의 그러한 종교적인 작업 향이 그대로 드러나고 있는 작품 로, 마리아가 천사에게서 아기 수를 잉태했다는 사실을 고지 받 을 뜻하는 '수태고지' 연작들 하나이다.

"하지만 저는 이해가 되지 않습니다, 저는 약혼한 남자가 있긴 하지만 아직 결혼식을 올리지는 않았습니다. 그러니 어찌 …."

그녀는 복잡한 심경이 되어 물었다.

"소녀야! 이것은 하나님이 하시는 일이다. 아직 결혼을 하지 않아도 어려울 것이 없다. 너는 너의 사촌인 엘리자베스를 기억하느냐? 모두 그녀가 아이를 가질 수 없을 것이라고 생각했지만 지금 그녀는 임신중이다. 너는 알고 있을 것이다. 하나님께서는 못하시는 일이 없다는 것을 …."

마리아는 이 말을 듣고, 더 이상은 반대할 수 없었다. 하나님의 뜻을 믿기로 한 것이다.

"천사님! 그렇다면 하나님의 뜻을 따르겠습니다."

결국 그녀가 이렇게 어렵게 결심하고 순종함으로써 메시아이신 예수님이 이 땅에 오실 수 있었다. 마리아는 정말 어려운 결정을 내렸다. 그도 그럴 것이 당시 유대 사회에서 결혼을 하지 않은 처녀가 임신했다는 것은 공개적으로 돌에 맞아 죽어 마땅한 죄였기 때문이다. 그러므로 그녀가 이 일에 순종한 것은 자신의 목숨을 건 위대한 행동이요, 믿음이었던 것이다.

생각하는 페이지

신약성경의 첫머리에 족보가 등장하는 것은 매우 중요한 의미가 담겨져 있다. 저자는 이 족보를 통해서 예수님은 그리스도시며 또한 왕이시라는 사실을 밝혀 주고 있다. 첫 구절에 나오는 아브라함과 다윗의 이름은 순서상 그 위치가 본래 바뀌어져야 맞다. 이것은 예수님이 유대인들이 그토록 선망했던 다윗 왕의 후손임을 알리려는 의도에서 기록되었다. 그리고 예수님의 족보를 14대씩 네 번으로 나누어서 소개하고 있는(17절) 것도 예수님이 왕의 후손으로 오신 분임을 암시하고 있는 것이다. 당시의 유대인들이 사용했던 히브리어는 알파벳 글자 자체가 숫자로 사용되었다. 이렇게 볼 때 다윗이란 이름을 숫자로 계산하면 14가 된다. 또한 이것을 읽는 유대 독자들로 하여금 예수님이 바로 새 다윗, 곧 왕이신 그리스도이심을 일깨워 주는 것이다. 이 족보에는 라합, 보아스, 우리야의 아내 등의 인물이 등장하는데, 이들은 이방인이거나 죄인들이었다. 이것은 그리스도 안에서 이방인과 선민의 담이 허물어졌고 죄인과 의인의 담이 허물어졌음을 의미한다.

예수님의 말씀과 행적은 그 시대의 시간과 공간 속에서 이루어졌다. 이 말은 예수님께서 그 시대를 살던 그곳의 사람들에게 알맞게 말씀하셨고 행동하셨다는 뜻이다. 부활 사건 이후에야 예수님의 제자들과 많은 사람들이 예수님은 그리스도시요, 하나님의 아들(막 1:1)이라고 이해하고 믿었지만, 예수님께서 살아 계실 때는 그저 나사렛 예수(요일 4:12)라는 사람의 말로 들었고 보았을 뿐이다. 예수님은 진정 그 시대를 살았던 분이다. 그 분은 당시 팔레스타인의 유대인과 똑같이 말하고, 행동하고, 생각

■ 마니에리스모 화가가 유딧을 그린 〈홀로페르네스의 머리를 들고 있는 유딧〉

하면서 살았던 분이다.

예수님이 사용한 언어는 셈족 계통의 아람어이다. 이 언어의 특징 중의 하나는 비교형이 없다. '보다 많이' '보다 적은'이란 표현은 존재하지 않는다. 예를 들면 마태복음 22장 14절에 나오는 "불리운 사람은 많다. 그러나 선택된 사람은 적다."라는 독특한 말투는 이 아람어에서 나온 것이다. 그 당시 어투 속에서 천사와 마귀는 흔히 쓰여진 용어였다. 그래서 예수님도 그 당시의 삶처럼 이런 용어들을 쓰면서 표현하였던 것이다.

이스라엘 민족의 바벨론 유배 이후 팔레스타인은 항상 페르시아와 로마 제국에 정복당해 왔으며, 내부에서는 부유한 지주 계층이 사회를 지배하고 있었다. 예수님 당시 팔레스타인은 두 개의 현저히 다른 지리적 지역으로 나뉘어져 있었다. 유다는 예루살렘과 성전을 중심으로 산악지대였다. 땅은 건조하고 황량하였으며, 올리브와 과일이 재배되었고 양과 염소 등의 목축업이 성행하고 있었다. 갈릴리는 두 개의 교역로가 가로지르고 있었는데, 하나는 다마스커스(다메섹)에서 바다로 가는 길이고 다른 하나는 다마스커스에서 예루살렘으로 가는 길이었다. 갈릴리는 국토 중 매우 비옥한 지역이었으며, 옥수수 재배와 목초 재배의 광대한 농원이 펼쳐지는 곳이었다.

또한 해안가와 호수 주변에는 어민들이 있었다. 외국 상인들이 이 지역에 침투하여 갈릴리는 혼혈의 지역으로 알려지게 되었고, 따라서 유대 민족에게는 순수하지 못한 지역으로 간주되었다(마태복음 4장 13절에서는 그들을 갈릴리의 이방인 또는 어둠 속에 앉은 백성이라 불렀다). 또한 갈릴리에는 농민들의 반란이 수없이 많았고 특히 열혈당원들이 이곳에서 생겨 강한 저항을 하였다. 사회 지리학적 관점에서 보면 갈릴리의 마을들은 자립적으로 살아가고 있던 반면, 유다 특히 예루살렘에는 고급 도시들이 자리 잡고 있었다.

역사의 새 여명이 열린 팔레스타인(플레셋)

마리아에게 나타난 천사는 구약성경에서 나타나는 주의 사자이다. 천사가 나타났다는 것은 새로운 계시가 다시 시작되고 있다는 의미였다. 그런 의미에서 구속사적으로 볼 때 매우 의미 있다. 중간기 암흑시대 동안 하나님이 침묵하고 계셨지만 여전히 하나님의 약속은 이스라엘 사람들에게는 유효한 것이었음을 입증하는 것이었다. 하나님은 약속에 신실하셔서 한 번 약속하신 것은 상대가 변한다고 해도 지키는 분이시다.

신약성서 시대의 팔레스타인

역설적이게도 이스라엘 사람들은 그들의 처지가

어려워지자 메시아에 대한 약속을 더욱 굳게 믿게 되었다. 왜냐하면 메시아 약속 가운데 상당 부분이 사람들의 처한 어려운 상황에서 구원해 주신다는 부분이 많았기 때문이다. 그래서 그들은 메시아에 대하여 집착에 가까운 기다림을 갖게 되었다. 그러다보니 사람들은 메시아를 잘못 이해하여 따르는 경우도 가끔 있었다. 그 중의 한 사람이 유딧이다.

유딧(Judith)은 아시리아의 왕 네부카드네자르(느부갓네살)가 홀로페르네스 장군을 보내어 팔레스타인을 토벌하고자 한 것을 이야기하고 있다. 유다의 베툴리아를 포위하고 있을 때 아키오르라는 이름의 장군이 홀로페르네스에게 유대인을 공격하는 것은 위험한 일이라고 충고해 준다. 미모의 유대인 과부인 유딧이라는 여인은 도주한 것처럼 가장하여 포위된 성을 떠나 홀로페르네스에게 가서 그가 승리할 것이라고 예언한다. 장군의 막사로 초대된 유딧은 그가 술에 취해 잠에 떨어져 있을 때 그의 목을 베고 그것을 부대에 넣어 베툴리아로 가져갔다. 지도자를 잃은 아시리아 군을 제압한 유대인의 승리에 대한 이야기가 그 다음에 나온다. 이러한 이야기는 유대인들 속에 잠재되어 있는 메시아에 대한 열망 때문에 나온 것이다.

또 한 사람, 독실한 유대인인 토비트가 선행을 실천함에도 불구하고 시련을 당하는 이야기와 그의 가까운 친척의 딸인 사라에 대한 이야기가 전승되어 기록으로 남아 있다. 경건한 유대인인 토비트와 사라는 악의 세력에 의해 해를 입으나 하나님에 대한 믿음에 의해 보답을 받게 된다.

시간은 점점 흘러 예수님이 오실 당시는 유대가 로마에 점령되어 로마에 짓밟히고 억압받으며 살아야 했다. 또한 세금을 강탈당하고 로마 황제를 섬겨야만 했다. 로마가 다민족에 대한 융화정책을 펴면서도 그래도 종교에 대해서는 어느 정도 관용을 베푼 것은 사실이지만, 실질적으로 그들에게 율법은 더 이상 법적 구속력이 없는, 순수하게 신앙에 호소하는 문서가 되어 버렸다. 따라서 유대인들의 입장에서 보면 로마 치하에서 밟혀 산다는 것은 하나님의 선택된 백성으로서 엄청난 수치요, 부끄러움이었다.

하지만 그들이 절망해 가고 있는 순간에도 하나님께서는 이스라엘을 둘러싼 나라들의 흥망성쇠(興亡盛衰)를 쥐고서 차근차근 약속을 지켜 나가고 계셨던 것이다.

마리아

마리아는 '높여진 자'라는 뜻이며, 히브리어로는 '미리암'이라고도 한다. 나사렛 북쪽 세포리스 출신으로서 유다 지파, 다윗 가문의 출신이다(눅 1:36). 그는 성경에서 요셉의 아내이자 예수님의 모친(눅 2:4-7)으로 묘사되고 있으며, 예수님 외에 네 아들 야고보, 요셉, 유다, 시몬과 딸들을 두었었다.

나사렛에서 평범하게 자라던 마리아에게 하나님께서는 성령으로 예수님을 잉태하고 출산케 하시는 은혜를 내리셨다(눅 1:26-38; 2:1-7). 이는 하나님께 쓰임 받는 일꾼의 선택 여부가 인간적인 학력, 지위, 빈부, 권력의 유무에 따른 것이 아니라 오직 하나님의 은혜로운 선택에 따라서만 결정되어진다는 것을 교훈한다. 그후 마리아는 요셉과 정혼하였지만 아직 그와 동침하지 않은 입장에서 더욱이 유대의 엄격한 관습에도 불구하고 성령을 통한 하나님의 잉태를 믿음으로 받아들였다(눅 1:26-38). 자신의 메시아 잉태를 예고받은 마리아는 비천한 계집종에게 은혜를 베푸신 하나님을 찬양했고, '만세에 나를 복이 있다 일컬으리로다.' 라며 그 은혜와 사랑에 감격하였다(눅 1:46-48).

마리아는 예수님과의 혈연적 관계에 매이지 않고, 어머니로서의 모든 고통을 감수하며 예수를 구주로 영접했다. 참으로 그녀는 아들에 대한 개인적 사랑을 극복하고 믿음의 어머니로서 끝까지 신실한 믿음을 나타냈던 것이다(눅 2:51; 요 2:4, 5). 하지만 예수님이 하나님의 아들이심을 잘 알고 있던 마리아도 인간적인 생각에 치중하게 될 때, 공생애 사역중인 예수님을 염려하여 그를 붙들려고 하였다(마 3:21, 31-35). 그리고 예수님이 부활 승천한 후 마리아는 제자들과 힘써 기도 생활을 하였다(행 1:14).

02

그의 이름을 요한이라 하라

가녀린 한 소녀, 어린 그녀의 몸으로는 감당할 길이 없는 천사로부터의 수태고지(受胎告知)를 받고 잠시동안 갈등을 하지만 곧장 그녀의 사촌 언니인 엘리자베스의 집을 방문하기 위하여 집을 나섰다.

나이 어린 그녀에게 그것은 아주 긴 여행이었다. 수일 후에 그녀가 도착한 언니의 집에는 엘리자베스와 그의 남편 사가랴가 있었다.

언니를 보자 마리아는 이렇게 말했다.

"언니, 제가 얼마 전 천사로부터 하나님의 아들이 제 뱃속에서 잉태되리라는 소식을 들었어요. 그런데 그 분이 저에게 말씀하기를 언니에게로 가보라고 하셨죠. 그래서 이렇게 달려왔어요."

마리아는 언니를 붙들고 자신에게 일어났던 모든 일을 말했다. 하지만 엘리자베스는 놀라는 기색을 보이기는커녕 오히려 마리아를 안심시켰다. 언니 엘리자베스는 이미 그 사실을 알고 있었던 것이다.

"마리아야, 그것은 하나님이 하시는 중대한 일이란다. 하나님을 찬양하자꾸나."라고 엘리자베스가 말했다. 이윽고 "하나님께서는 네가 왕의 어머니가 되도록 선택하셨어."라는 정말 놀라운 말을 해주었다.

엘리자베스는 마리아에게 자신에게 일어난 놀라운 이야기를 들려 주기 시작했다. 그 이야기를 듣고 마리아는 소문으로만 듣던 하나님의 기적을 직접 확인하게 되었다. 언니가 나이가 늙어가도록 아기를 못 가진 일이며, 남편이 성전에서 기도하던 중 요한을 잉태하리라는 천사의 고지(告知)를 들은 이야기며, 아기가 태어날 때까지 남편 사가랴가 말을 못하는 벙어리가 될 것이라는 이야기들을 듣는 순간 마리아는 자신에게 일어난 일에 대해 의심을 했던 것을 말끔히 씻게 되었다. 언니는 남편 사가랴에게 일어났던 모든 사실들에 대하여 마리아에게 자세하게 이야기해 주었다.

"두려워하지 말아라."

사가랴에게 천사가 말했다.

"하나님은 아이를 원하는 너의 기도를 들으시고 나를 보내셨다.

세례 요한의 출생

너와 엘리자베스는 곧 아들이 생길 것이다. 너는 그 아이를 요한이라고 이름을 지어라. 그는 자라서 훌륭한 사람이 되어 너를 매우 행복하게 해줄 것이다. 또 하나님은 너의 아들을 하나님의 아들이 내려오시는 것을 예비할 사람으로 선택하셨다."

그러나 사가랴는 정말 그것을 믿을 수 없었다. 그와 엘리자베스는 매우 늙었는데, 어떻게 아이가 생길 수 있단 말인가! 천사가 말했다.

"너희는 하나님의 말씀을 잘 믿을 수 없을 것이기 때문에, 잠시 동안 너를 벙어리가 되게 하겠다. 네가 이 말을 믿는 순간 하나님의 약속이 진실로 올 것이다."

사가랴가 성전 안에서 그의 임무를 끝마쳤을 때 사가랴는 그 즉시로 말을 할 수가 없었으며, 그는 그 상태로 바로 집으로 돌아갔다. 그는 천사가 들려 준 말을 도저히 믿을 수가 없었다. 엘리자베스는 성전에서 돌아온 남편이 벙어리가 되어 말을 하지 못하자 매우 걱정이 되었다. 그녀는 남편이 성전에서 어떤 일을 겪었는지 알지 못했다.

말을 하지 못하게 된 사가랴는 그가 성전에서 겪었던 그 모든 일들을 글로 대신 써내려갔다. 마리아는 그 글을 보고서야 그 모든 사실에 대하여 알게 되었던 것이다.

"하나님은 그의 약속을 지키셨어."

엘리자베스는 마리아에게 말했다.

"우리 아기는 앞으로 넉 달 안에 태어날 거야."

마리아와 엘리자베스 그리고 사가랴는 석 달 동안 같이 머물렀다. 엘리자베스의 아이는 마리아가 나사렛에 있는 집으로 거의 돌아갈 때 쯤 태어났다. 그 아이는 사내아이였다. 그의 태어남은 모든 가족들과 친구들에게 기쁨이었다. 그들은 아이의 이름을 어떻게 지을지에 대해 이야기했다. 모두가 그의 아버지처럼 사가랴라고 짓기를 원했다. 그러나 엘리자베스는 말했다.

"그 아이의 이름은 요한입니다."

그러자 친척들이 말했다.

"그러나 그 아이를 요한이라고 부르기 원하는 사람은 우리 가족 중에 아무도 없어!"

그리고 그들은 사가랴에게로 가서 어떤 이름을 원하느냐고 물었다. 그러자 사가랴는 그가 쓴 패를 손으로 들어올렸다. 그 때서야 비로소 그의 입이 열리고 다시 이야기하기 시작하였다.

"아이의 이름은 요한입니다."

사람들이 그 목소리를 듣는 순간 모두가 놀랐다. 벙어리였던 그가 다시 말을 하기 시작한 것이다. 그는 또 다시 입을 열어 하나님께서 그에게 아들을 허락해 주신 것에 대해 크게 감사했다.

세례 요한은 예수님의 앞서서 그 길을 예비하기 위하여 온 사람이었다. 그는 이사야 40장의 예언대로 예수님의 길을 평탄케 만들기 위해서 왔다. 당시에는 왕이 행차할 때 먼저 그 길을 평탄하게 만들어서 왕의 행차에 지장이 없도록 하고 있었다. 요한은 약대 털옷을 입고 메뚜기와 석청을 먹고 살았다. 이것은 요한의 생활이 매우 금욕적이었음을 시사하는 것이다. 그리고 그는 유대인들을 향해서 "회개하라 천국이 가까이 왔다."는 경고의 말씀을 선포했다. 이에 많은 유대인들은 자기의 죄를 씻기 위해 그를 찾아 광야로 갔다.

유다의 종말과 메시아 왕국의 시작

세례 요한의 탄생은 유다 왕국이 점점 몰락의 길을 가고 있음을 의미하며 동시에 새로운 왕국이 도래하고 있음을 보여 주는 전조(前兆)였다. 왜냐하면 세례 요한의 임무가 왕의 길을 예비하는 몰이꾼의 역할이었기 때문이다. 그의 예비함은 도덕적으로 완벽한 왕의 출현에 걸맞은 제사장의 역할이 동시에 나타난 것이다.

새벽이 가까워 올수록 어둠은 짙은 법이라고 했던가? 메시아 왕국이 이 땅에 오려면 필연적으로 유다는 멸망해야 했다. (그래서 유대인들은 그들이 가지고 있는 예언과 약속도 허무하게, 민족과 나라의 운명이 점점 더 어렵게 되어가고 있었던 것이다.) 400년 간의 중간기 기간은 하나님의 예언이 끊어진 시기였다. 이제 이스라엘 민족의 운명은 풍전등화와 같았다. 하지만 이 시대에 성경 기록이 없으나 결코 하나님의 구속사 자체가 중단된 것은 아니었다. 그 옛날 애굽의 노예가 된 이스라엘 백성을 400년의 침묵이 지난 후에야 구원해 주셨듯이 하나님은 이 400년의 침묵기 중에도 구약에서 그토록 자주 언급된 메시아의 출현을 준비하고 계셨던 것이다. 그것은 새로운 왕국의 출현에 대한 전조였다.

이스라엘과 유다의 멸망은 먼저 나라가 남북으로 나뉘어지면서부터 시작되었다. 그러다가 순서대로 역사에서 사라졌다. 먼저 북왕국 이스라엘이 멸망(기원 전 721년)했고, 이어서 유다 왕국이 신바빌로니아 제국에게 패망(기원 전 587년)하여 바벨론의 속국이 됨으로써 그들은 나라 없는 민족이 되었다(기원 전 587-538년).

하나님은 유다 왕국을 패망시키기 위하여 이웃의 제국들을 그 도구로 사용하셨다. 페르시아 제국이 신바빌로니아를 멸망시켜 유대인들은 고레스 황제 치하에 놓이게 되었고, 고레스는 이듬해 칙령을 내려 바벨론에 유배와서 살고 있던 유대인들에게 귀향과 파괴된 성전을 재건할 수 있도록 허락하였다. 풍전등화와 같던 나라의 운명이 다시 조금 살아나는 듯하였으나 그것도 잠시, 다시금 위기에 놓이게 되었다.

이렇듯 백성들의 신음은 깊어만 가는데도 하나님은 여전히 이스라엘에 대해 침묵만 하고 계셨다. 이스라엘 역사에서 시대 구분은 팔레스타인의 입장에서 볼 때, 그 통치자의 흥망을 구약시대가 끝나고 신약시대

가 시작되기까지 하나님이 통치하시는 거대한 역사의 수레바퀴는 도도히 굴러 가고 있었던 것이다.

03 ■■■ 왕이 마굿간에서 탄생하셨다

마리아에게 일어난 일 때문에 그의 약혼자인 목수 요셉은 걱정이 태산 같았다.

마리아는 진정 그가 사랑하는 소녀임에 분명했다. 요셉은 그녀와 결혼하기를 간절히 원했고, 사랑함으로 후일 자신들의 아이를 가질 것을 기대했다.

그런데 이게 왠일인가? 마리아에게 잉태된 아기는 그의 아이가 아니었기 때문이다. 그는 아직 제대로 마리아의 손도 잡지 않고 결혼도 하지 않은 상태가 아닌가? 그런데 이상한 소문부터 나돌기 시작한 것이다.

여러 날 동안 밤낮을 괴로워해야 했다. 아무리 하나님의 기적이라고 하지만 근원을 알 수 없는 아기를 자신의 아기로 받아들이고 마리아를 아내로 맞아들인다는 것은 참으로 어려운 일이었다. 궁리 끝에 그는 마리아에게 자신의 생각을 이야기했다.

"마리아! 나 혼자 감당하기에는 너무나도 벅찬 일이오. 약혼은 없었던 것으로 합시다."

사실 당시의 상식으로는 매우 당연한 일이었다. 그런 말을 전달한 요셉도 마음이 편할 리 없었다. 잠 못 이루고 뒤척이는 중에 하나님의 말씀을 전하는 천사가 나타났다. 그리고 그에게 말을 했다.

"너는 마리아와의 약혼을 깨지 말아라."

그 천사는 이어서 말했다.

"그녀는 결코 잘못이 없다. 하나님은 그녀를 하나님이 약속하신 왕의 어머니로 선택하셨을 뿐이다. 그러니 두려워 말고 너는 마리아를 아내로 맞이하고 태어날 네 아이를 예수라 불러라. 그는 사람들을 죄로부터 구원할 메시아이시다."

요셉이 꿈에서 깨어 일어났을 때 그 꿈은 그의 마음을 흔들어 놓았다. 그리고 다른 말이 필요없었다. 하나님이 그에게 직접 계시하셨기 때문에 의심할 필요조차 없었던 것이다. 그는 결국 마리아와 결혼하였다. 그리고 얼마 지나지 않아 사내아이가 태어나게 되었는데, 그가 바로 예수님이었다. 아직 마리아의 뱃속에 예수님이 계셨을 때 갑자기 로마의 황제 아구스도가 명령을 내렸다.

"로마 제국내에 있는 모든 속국들, 그 백성과 가족들은 호적을 만들어야 한다. 모든 사내들의 이름을 기록하라."

아우구스투스는 모든 사람들의 명부를 작성하여 세금을 걷고자 했다. 요셉의 가족은 혈통상으로는 다윗 왕의 후손이었다. 그래서 그들은 다윗 왕이 태어난 베들레헴으로 가야 했다. 결혼을 하자마자 요셉은 마리아와 함께 남쪽으로 긴 여행을 갔다. 그 거리는 80마일이나 되는 거리였다. 하나님의 아들 예수님은 혈통상으로는 다윗의 가문에서 태어난다고 했기 때문에 요셉을 통하여 당당히 그 이름이 호적에 등재되기 위하여 요셉의 아들이 되게 하신 것이다.

오랜 여행 끝에 베들레헴에 도착했을 때, 마리아는 무척 피곤하였다. 그러나 그들이 머물 곳은 어디에도 없었다. 여관은 다른 여행객들로 이미 차 있었다. 여관 주인은 마리아에게 매우 미안해하면서 그들이 갈 수 있는 곳은 오직 마굿간뿐이라고 했다. 그곳은 더럽고 냄새나고 다른 동물들과 함께해야 했다. 그곳이 그들이 쉴 수 있는 최대한의 장소였다. 그런데 그날 밤 마리아는 갑자기 산기(産氣)를 느꼈다. 그래서 급히 함께한 사람들이 도움을 주어 아기를 위한 산실(産室)이 만들어졌다. 오랜 진통 끝에 아기는 태어났고 강보를 깐 말구유 위에 아기는 뉘여졌다.

그날 밤 언덕 위의 마을에서는 몇 명의 목자가 양의 무리를 지키고 있었고 오직 양이 우는 작은 소리만 들렸다. 그런데 갑자기 그들 목자 앞에 밝은 불길이 생겼다. 목자들은 눈이 부셔서 자신의 눈을 가릴 수밖에 없었다. 그리고 밝은 빛과 함께 하나님의 말씀을 전하는 천사의 목소리가 들렸다.

"무서워 말라. 나는 좋은 소식을 가지고 왔느니라. 오늘 드디어 너희들이 기다리던 메시아가 오실 것이다. 하나님이 약속하신 왕이 오늘 베들레헴에서 태어날 것이다. 너희는 말구유에서 그 아기를 보게 될 것이다."

목자들은 자신들의 눈 앞에서 하나님께 찬송을 하는 많은 무리의 천사들의 광경을 보았다.

"하늘에 계신 하나님께 영광을!"

너무나도 놀랍고 기쁜 소식을 들은 목자들은 양들을 안전한 곳에 두고 그들은 바쁘게 마을로 내려갔다. 마굿간에서 그들은 마리아와 요셉 그리고 새로 태어난 아기를 만났다. 그들은 천사가 말한 것이 사실이라는 것을 알게 되었다. 흥분한 목소리로 그들은 마리아와 요셉에게 방금 일어난 일을 말하였다. 그들의 말을 전해들은 요셉은 확신을 갖게 되었고 마리아는 감격하였다.

목자들은 다시 양들에게 돌아와 모든 사람들을 만나 천사가 말한 아기에 대해서 이야기하였다. 그들은 흥분한 나머지 걷기도 하고 뛰기도 하면서 하나님께 감사의 찬양을 드렸다.

NEW TESTAMEN

■ 예수님의 탄생에 대한 소식을 듣
들판의 목자들

로마의 통치와 예루살렘

하나님의 율법을 버린 남유다와 북이스라엘 왕국은 예수님 출생 당시 하나님을 믿지 않는 이방의 제국들에게 끝없이 유린당하고 있었다. 이스라엘은 로마의 지배하에 있었다. 로마는 기원전 64년에 폼페이우스 장군이 점령한다. 먼저 시리아를 속국으로 만들고 팔레스타인은 시리아 속국에 포함시켰다. 팔레스타인이 로마 제국의 지배하에 들어가면서 하스모네 왕가는 몰락하게 되고 헤롯 가문이 통치하게 되었다. 신약성경에서 만나게 되는 헤롯도 바로 이때에 등장한 인물이고, 세리(稅吏)니 호구조사(戶口調査)니 하는 용어들도 이 시대에 등장한 것들이다.

헤롯 가문은 유다 출신이 아니라 이두매 출신이었다. 이두매인이란 유다 왕국 남쪽에 인접한 에돔 사람들을 가리키는 말인데, 하스모네 왕가의 요한 히르카누스 통치 때(기원 전 134~104년) 유다에 합병되면서 거의 유다 백성의 일부로 간주된 이들이었다. 그러므로 순수 유다인이 아닌 '반쪽 유다인' 이라 할 수 있다.

로마가 이스라엘에서 실세로 등장할 즈음 헤롯의 아버지 안티파텔은 로마에 아부함으로써 실권을 장악하게 되었다. 당시 로마도 내란으로 어수선하였다. 그러나 로마의 통치자가 바뀔 때마다 안티파텔은 적절한 충성심을 보여 계속 신임을 얻었다. 그래서 황제 가이사에게서 로마시민권을 받았고, 총독으로 임명되었다.

안티파텔은 이제 모든 정치적 영향력을 동원하여 로마의 편에 서서 공개적으로 팔레스타인에서 그들의 입지를 강화시켜 나갔다. 그는 자신의 두 아들 중 파사엘에게 유다와 베뢰아 지역의 통치권을, 헤롯에게 갈릴리 지역의 통치권을 넘겨 주었다. 그의 두 아들도 아버지와 다를 바 없었다. 오히려 헤롯의 경우는 누구보다도 더욱 악독하게 로마의 정책을 앞장서서 수행해 나갔다.

유대인들의 반발은 있었지만 자신의 정적을 가차없이 숙청, 살해하는 헤롯의 폭정 앞에서 그들은 어쩔 수가 없었다. 헤롯은 자신의 위치를 공고히 해나가기 위해 마사다와 같은 요새 건설과 식민 시설 설치, 예루살렘 성전을 증축하면서 그에 필요한 막대한 비용을 조달하기 위해 무자비하게 세금을 징수했다.

그리하여 유대인들의 분노는 점점 높아져 극에 달하였다. 결국 안티파텔은 암살당했으나 헤롯에게는 전화위복이 되어 그의 입지는 더욱 확고해졌고, 로마 제국의 원로원으로부터 '유다와 사마리아의 왕'이라는 존칭을 받기도 하였다. 헤롯 가문에서 왕이라는 칭호를 사용한 것은 이 헤롯 밖에 없었다.

그런데 신약성경에서 자주 등장하는 헤롯은 바로 이 사람의 아들 헤롯 안티파스이다. 세례자 요한을 잡아들였던 헤롯(마 14:1-12, 막 6:14-29, 눅 3:1-20), 예수를 심문했던 헤롯(눅 23:7-15)이 바로 헤롯 대왕의 아들 헤롯 안티파스이다. 헤롯 왕이 죽으면서(기원 전 4년) 그의 세 아들에게 모든 것을 상속해 주었는데, 아켈라오에게는 유다와 사마리아를, 헤롯 안티파스에게는 갈릴리와 베뢰아를, 빌립에게는 대부분의 북동부 지역을 물려 주었다. 이들은 모두 이복 형제들이었다.

어쨌든 아켈라오는 십 년도 못되어 로마로부터 파면당하고, 빌립은 서기 34년에 죽었으며, 헤롯 안티파스도 39년에 파직당하여 모든 영지는 로마 총독 관할로 귀속되었다.

서기 41년부터 44년까지 헤롯 가문 출신 헤롯 아그립바 1세(아켈라오 아들)가 통치한 적도 있었지만 그 외는 로마인들이 팔레스타인을 직접 통치(서기 6-41년, 44-66년)했다.

헬라주의 시대의 유대교 정치사

1. 페르시아 지배하의 팔레스타인

유대교의 역사는 바벨론 포로시대부터 시작된다. 페르시아는 대대적인 이주를 강요하거나 어디에서나 단 하나의 국가 종교만을 신봉하도록 요구하지 않았다. 페르시아 정부는 직무상의 거래를 위하여 그들 자신의 거래가 아니라 시리아와 팔레스타인에서 널리 사용되고 있던 아람어를 사용하였다. 5세기에 바벨론에 살던 유대인들은 예루살렘에 유대인 공동체를 건설하자는 강한 충동이 일어났다.

느헤미야와 에스라에 의하여 다른 민족들과의 어떠한 결합도 용납되지 않도록 되었던 예루살렘 공동체는 그들을 다른 민족들과 구별하였으며, 그들과는 어떠한 교역이나 거래도 하지 않았다. 유대인 역사가 요세푸스는 사마리아인들이 알렉산더 대왕의 치하에서 비로소 가라짐에 성전을 건설하도록 재가를 받았다고 기록하고 있으나 아마도 그들의 성소 건축은 그 이전에 이루어진 같다.

예수의 시대에는 유대인과 사마리아인은 서로 교제하지 않았다. 원시 공동체는 유대인과 사마리아인 사이에 생겨난 분열을 극복 하였으며 복음을 사마리아에 전파하였다.

2. 알렉산더 대왕과 이집트의 지배하에 있는 팔레스타인

알렉산더 대왕은 페르샤의 왕 다리우스 3세를 격파하였으며 이 승리로 인하여 시리아와 팔레스타인을 거쳐 이집트에 이르는 길을 열었다. 유대인 공동체가 누리던 권리의 상황에 대한 지배권의 변화에 따라서 외적인 변화는 전혀 일어 나지 않았지만 온 나라 안에 희랍인들이 들어오게 됨에 따라 그들 내부의 생활은 깊은 영향을 받았다.

언어와 더불어 헬라주의 문명이 또한 이 땅에 들어 왔다. 산헤드린에서는 예루살렘의 영향력 있는 가문의 우두머리들인 사제들과 장로들이 대제사장을 지지하였다. 대제사장의 사회로 유대 민중들이 처한 모든 세상적인 용무와 종교적인 용무를 처리하기 위하여 회합한 이 산헤드린은 유대인 최고 관청을 의미하는 것이다.

3. 시리아 지배하에 있는 팔레스타인과 막카베어 독립 전쟁

대제사장은 유대 사회의 지도자로서 시리아 왕의 법률과 명령이 철저히 시행 하도록 노력하였다. 대제사장의 직위는 매매 할 수 있는 정치의 대상이 되어 버렸다. 기원전 169년 안티오쿠스가 전쟁으로 바닥난 국고를 충당하기 위하여 예루살렘 성전을 강탈 하였을때 어떠한 저항도 할 수 없었다. 그러나 신앙공동체가 아무런 저항없이 선조들의 신앙을 버릴 수는 없었다. 다니엘서는 이러한 곤궁에 빠진 공동체에 대하여 위로 하는 말로 쓰여 졌다. 여기에는 박해와 고난이 하나님의 행동으로 말미암아 곧 종말이 와야 하는 마지막 시대의 표징으로 이해되었다.

막카베어는 망치와 같은자를 뜻하는 듯하다. 기원전 164년 12월 25일에 제단이 새롭게 봉헌되고 일주일 동안에 축제로서 율법에 합당하게 예배가 다시 드려 졌다. 막카베어의 성과에 많은 유대인들이 만족해 했다. 그의 동생 요나단이 후계자가 되어 사령관과 우두머리 일뿐 아니라 대제사장이기도 했다. 이제 예루살렘은 이방 지배로부터 완전히 자유롭게 되어 시몬은 독립을 얻을 수가 있었다. 기원전 140년에 국민들에 의하여 하스모네어 왕조가 세워졌다.

4. 하스모네어 왕국

아버지가 죽고 난후 아들인 아리스토불이 권력을 장악 하였다. 죽고 새로운 지배자 안네우스는 800명의 폭도들을 체포하여 예루살렘으로 압송 한 후 십자가에 메달아 죽였다고 한다. 이는 임종 하면서 그의 부인 살로메 알렉산드리아 에게 바리새인과 다시 화해 하도록 충고했다고 한다. 기원전 67년 그녀가 죽고 합법적인 아들 히르칸 2세가 법에 따라서 왕위를 이어 받아야 했다. 그러나 그의 동생 아리스토블 2세 가 왕위를 놓고 그와 쟁탈전을 벌였다. 그러나 이 전쟁이 끝나기 전에 아랍 제국의 운명과 팔레스탄의 운명을 결정하게 되는 로마의 월등한 세력이 뛰어 들었다.

5. 로마 지배하의 팔레스타인

폼페이우스는 예루살렘에 입성하여 성전에 들어 갔으며, 또한 지성소를 실제로 보았다. 그러나 그는 지성소에서 아무것도 탈취하지 않았으며 곧 다시 예배롤 드릴 수 있게 명하였다. 방해 받지 않고 예배를 드릴 수 있는 자유가 성전 공동체뿐만 아니라 제국 내에 있는 회당 공동체에도 보장되어 있었다.

헤롯은 로마의 지지 아래 권력을 다시 잡은 것처럼 로마의 도움으로 지위를 확고하게 하는 데 성공했다. 그는 교활하고 잔인 하였으나 과감한 결단을 하고 단호이 행동하는 대담하고 재치 있는 사람이었다. 디아스포라에게도 헤롯은 유대교의 보호자로 등장했으며 회당 공동체의 독립적인 생활을 장려하였다. 소위 통곡의 벽이라는 건물이 헤롯 시대의 성전 건물로 남아 있고, 안토니아 성의 기초가 아직도 남아 있다.

예수 시대에는 본디오 빌라도가 로마 총독으로 있었다(기원 후 26-36). 알렉산드리아의 필로는 그의 직무 수행은 뇌물, 폭력, 약탈, 불법, 무례, 재판 없는 사형 집행, 지속적인 잔학 등으로 이루어졌다고 보도하고 있다. 헤롯은 그의 이복동생의 아내 헤로디아스로부터 살로메가 태어났다.

세례 요한은 영주의 불의를 적나라하게 밝혔기 때문에 체포되었으며 헤로디아스의 포악한 적대감으로 박해를 계속 받다가 결국 처형되었다. 헤롯 안티파스는 예수가 살았던 지역의 영주였다. 그러나 예수는 그를 여우라고 불렀으며 예루살렘으로 갔다. 필립푸스는 로마 황제의 초상화를 새긴 화폐를 주조하게 하였던 첫번째 유대인 군주였다. 칼라굴라는 기원 후 37년 그에게 필립푸스가 다스리던 지역을 주었다. 헤롯 아그립바는 바리새인들을 위하여 예루살렘의 기독교 공동체를 박해하고 세베대의 아들 야고보를 처형하였으며 베드로를 체포하였다. 기원 후 52년부터 펠릭스가 총독의 지위에 올랐다. 그는 노예에서 해방된 사람으로서 클라우디우스 황제의 호의를 얻어 이러한 높은 지위에 올랐다.

6.유대 전쟁과 바르코흐바의 폭동

안토니아성이 점령되어 이제 온 도시가 유대인들의 손에 들어왔다. 네로 황제는 그의 가장 뛰어난 용장 베스파시안을 유대인들과의 전쟁을 지휘하도록 파견하였다. 요세푸스는 그의 주민들과 함께 요타파타에서 항쟁을 하였으나 고수할 수 없었다. 로마인들은 도성을 둘러싼 세 성벽 주변을 모두 돌파하여 방어자들의 격노한 항거를 곧장 밀어 버렸다. 성전은 최후의 전투에서 불타 버렸다. 티투스는 지성소가 파괴되기 이전에 지성소에 침입할 수 있었다. 성전과 도성이 파괴됨으로써 유대교는 가시적인 중심점을 상실하였다. 기원 후 73년인 아마도 74년 초일 수도 있다. 마사다가 함락 됨으로써 최후의 항거는 분쇄되었다.

기원 후 2세기에 팔레스타인의 유대교는 한 번 더 로마의 멍에에서 벗어나려는 시도를 하였다. 하드리안 황제 때에 통치하에서 있던 유대인들은 갑작스런 봉기를 일으켰다. 또한 예루살렘의 성전터에 주피터 성전을 세우도록 명령하였다. 바르코흐바가 메시아라는 것을 거부하는 사람은 누구나 체포되었으며 많은 사람들이 처형되었다. 그러나 요새는 로마인들에 의하여 점령되고 바르코흐바는 전투에서 사망하였다. 이로써 그가 메시아라는 전설은 기원 4세기에 와서야 그들에게 슬픔의 날에는 도성에 들어가서 헤롯의 성전 가운데 남아 있는 벽에서 통곡의 기도를 할 수 있도록 허용되었다.

04

동방박사와 별

마리아와 요셉의 아기가 태어난 지 8일 째 되던 날, 천사들의 가르침대로 아기의 이름을 예수라 지었다.

마리아와 요셉은 첫번째 아기를 준 것에 대하여 하나님께 감사와 경배를 하기 위해 예루살렘 성전으로 갔다.

성전에 이르자 그곳에서 그들은 한 사람의 놀라운 축복을 받는다. 그는 시므온이라 불리는 나이 많은 사람이었다. 그는 기도의 사람이었다. 얼마나 그가 메시아의 탄생을 기다리며 기도하였던지 하나님이 감동하여 시몬에게 약속하셨다.

> "네게 말하노라. 네가 죽기 전에 너는 반드시 구세주를 보고 죽을 것이로다."

시므온과 안나의 감사

그런 계시를 받고 기다리던 중이었기 때문에 시므온은 아기를 안고 오는 부모들을 볼 때마다 예사롭게 보지 않았다. 그래서 시므온은 요셉과 마리아가 예수와 함께 성전으로 왔을 때 하나님의 음성을 또 들을 수 있었다.

감격한 나머지 그는 아기를 팔에 안고 하나님께 간절히 감사의 기도를 드렸다.

"하나님이 이스라엘과 나에게 하신 약속을 지키셨도다."

시므온은 울먹이면서 다시 말했다.

"이제 나는 죽어도 여한이 없어요. 구세주를 봤으니까 말입니다."

성전에는 기도하는 또 한 사람의 할머니 안나도 있었다. 그녀 또한 아기를 보자마자 감격하여 하나님께 감사를 드렸다. 그녀의 나이 84세, 성전에서 기도하며 일생동안 메시아를 기다린 할머니였던 것이다. 안나는 너무도 감격하여 도시에 있는 모두에게 외쳤다.

"여러분이여! 우리가 그토록 기다리던 왕이 오셨습니다. 하나님을 찬양합시다."

마리아와 요셉은 시므온과 안나를 만나면서 놀라기도 했지만 자신들의 아기가 메시아라는 사실에 대해 더 이상은 의심하지 않게 되었다.

놀라운 일들을 뒤로하고 그들은 베들레헴으로 돌아왔다. 그리고 얼마 지나지 않았는데 또 놀라운 일이 발생했다.

동쪽에서 별을 연구하는 박사들이라고 하는 귀족들이 예루살렘에 도착한 것이다.

"유대인의 왕으로 태어나신 이를 어디에 가야 찾을 수 있는지 우리에게 알려 주십시오."

그들이 말했다.

"우리는 그의 별을 보고 그에게 경배하고자 왔습니다."

곧 그들과 그들의 이상한 질문에 대하여 소문이 퍼지기 시작했다. 헤롯왕은 소문을 듣자마자 경악했다. 헤롯은 자신의 왕 자리에 라이벌이 생기는 것을 원치 않았다. 그래서 그는 제사장들에게 물었다.

"구세주가 언제, 어디서 태어나겠느냐?"
"베들레헴입니다. 그것은 하나님의 선지자들이 말한 것입니다."

헤롯왕은 박사들을 만나 별이 나타난 때를 물었다. 그리고 헤롯이 말했다.

"너희들이 그를 찾거든 나에게도 알려 주어 나도 그에게 경배할 수 있게 하여라."

그 박사들은 곧 별을 따라 베들레헴으로 갔다. 그들은 한 집에서 어미와 함께 있는 아기를 찾았다. 그들은 엎드려 경배하고 그

■이집트로 피난을 가는 요셉의 가족

들의 가방을 열어 선물을 꺼냈다. 그리고 값비싼 것들을 그 아기에게 바쳤다. 그것들은 황금, 유향, 몰약이었다.

세 박사는 그날 밤 꿈에 헤롯에게로 돌아가지 말라는 하나님의 지시를 받아 다른 길로 고국에 돌아갔다. 그들이 가고나서 한 천사가 요셉의 꿈에 나타났다.

> "어서 일어나라. 너는 마리아와 함께 애굽으로 가라. 여기는 너에게 안전하지 않다. 헤롯왕이 예수를 보고 그를 죽이려 한다. 그러니 애굽에서 내가 말할 때까지 머물러라."

요셉은 그날 밤 약간의 짐만 가지고 마리아와 아기 예수와 함께 애굽으로 떠났고, 헤롯이 죽기까지 그곳에 있었다. 이것은 주께서 선지자가 말한 애굽에서 아들을 불렀다함을 이루려 하신 것이었다. 헤롯왕이 박사들에게 속은 줄을 알고 매우 화를 냈다.

그는 자신의 반대자에게는 매우 잔인하였다. 그리고 그는 항상 왕의 자리를 지키기 위해 사람들을 살인하였다. 그는 베들레헴으로 군인들을 보내어 두 살 이하의 모든 아기를 죽이라고 명령하였다. 아무도 그 끔찍한 날을 잊지 못했다. 그리고 사람들은 이전보다 더 헤롯을 싫어하였다. 얼마 지나지 않아 헤롯왕이 죽었다. 천사가 요셉에게 다시 나타나 마리아와 아기 예수와 함께 나사렛으로 돌아오라고 말했다.

해가 지나고 예수가 자라면서 키가 자라고 몸이 자라며 지혜도 더욱 깊어졌다. 하나님은 그를 사랑하고 모든 사람들이 그를 알았다.

동방박사의 뒷 이야기

페르시아의 전설이며, 또한 러시아 민담으로 동방박사의 이야기가 전해져 오고 있다. 약 2천 년 전, 로마가 서방 세계를 점령했을 무렵에 근동의 페르시아 지방에 네 사람의 박사들이 있었다. 그들은 각기 작은 나라의 왕들로서, 메로에(Meroe) 왕국의 가스파르(Gaspar), 팔미렌느(Palmirene) 왕국의 멜키오르(Melchior), 니푸르(Nipur) 왕국의 발타자르(Balthazar) 그리고 마지막으로 망갈로르(Mangalore) 왕국의 알타반(Artaban)이 그들이었다.

현자이자 당시에는 미신이 아닌 철학이었던 점성술을 연구하던 그들은 메시아가 태어날 때 새로운 하나의 별이 나타날 것이라는 전설을 알게 되었다. 그래서 알타반은 페르시아에서, 다른 박사들은 바벨론에서 새로운 별이 나타나기를 살피기로 했다. 별이 나타나면 네 사람이 한 곳에 모여서 준비한 보물을 가지고 별을 따라가 새로 태어날 메시아를 찾아가 경배하기로 약속했다. 알타반은 왕께 드릴 선물로 사파이어와 루비와 진주를 산 후 별을 관찰하고 있었다. 그러던 어느날 찬란하게 빛나는 별이 나타났다. 알타반은 말을 타고 약속 장소로 달려갔다. 약속 장소에 거의 이르렀을 무렵, 한 사람이 길가에서 죽어가고 있는 것을 발견했다. 그 사람은 알타반에게 살려달라고 애원했으나 시간이 없었다.

병자를 돌보다가 전 생애를 바쳐 준비한 일을 그르칠 수는 없었다. 그는 병자를 버려두고 말에 오르려 했다. 그러나 병자의 애절한 눈을 보고는 도저히 그냥 갈 수 없었다. 알타반은 기도했다. "진리와 자비의 신이시여, 내가 선택해야 할 길은 진리의 길입니까, 자비의 길입니까?" 결국 알타반은 그 사람을 치료하기 시작했다. 알타반은 가지고 있던 빵과 포도주와 약초와 여비를 모두 그에게 주고 약속 장소로 달려갔다.

약속 장소에 도착했을 때는 세 친구들은 이미 길을 떠난 뒤였다. 그곳에는 '우리의 뒤를 따라 사막을 건너오라.'는 메모만 남아 있었다. 여행을 위한 음식도, 포도주도, 약초도, 여비도 없이 지친 말을 타고 사막을 건넌다는 것은 불가능했다. 알타반은 바벨론으로 돌아가 왕께 드리려고 준비했던 사파이어를 팔아 낙타와 음식과 여비를 다시 장만해서 유대를 향해 떠났다. 베들레헴에 도착했을 때 동방 박사들은 이미 그곳을 떠난 뒤였다.

헤롯의 군인들은 새로 태어난 아기들을 죽이기 위해 집집마다 뒤지고 있었다. 알타반이 어느 집에 들어가자 그 집에는 한 어머니가 어린 아기를 안고 떨고 있었다. 그녀는 삼 일 전에 동방에서 박사 세 사람이 베들레헴에 와서 마리아와 요셉과 아기에게 경배하고 돌아갔다는 이야기를 들려 주었다. 그리고 그날 밤 요셉 일가는 애굽으로 떠났다는 것이었다. 그때 군인들이 들이닥쳤다. 여인은 두려움에 떨었다. 다급해진 알타반은 군인에게 두 번째 보석 루비를 뇌물로 주고 아기를 살렸다.

다시 애굽으로 간 알타반은 아기를 찾아 애굽의 구석구석을 떠돌아다녔다. 메시아는 부자들이 아닌 가난한 사람들 가운데 있을 것이라는 히브리 랍비의 말에 따라 알타반은 가난한 사람들 속에 있을 메시아를 찾아다녔다.

알타반은 가난한 사람들을 만날 때마다 그들에게 도움의 손길을 폈다. 이렇게 배고픈 자들을 먹이고 벌거벗은 자들을 입히고 병든 자들을 치료하고 갇힌 자들을 위로하며 메시아를 찾아 헤맨 지 어느덧 33년이 지났다. 알타반은 백발노인이 되었다. 하지만 메시아를 찾는 일을 포기하지 않았다. 결국 알타반은 메시아를 찾아 예루살렘까지 오게 되었다. 예루살렘에 도착했을 때는 유월절이었다. 수많은 사람들이 어디론가를 향해 가고 있었다. 알타반은 사람들에게 무슨 일이냐고 물었다. 그들은 "우리는 지금 자칭 신의 아들이라는 자의 처형을 구경하려고 가오." 하고 말했다. '왕이 처형을 당하다니!' 알타반의 가슴은 거세게 뛰기 시작했다.

'이제라도 왕을 뵈어야 한다. 왕을 구해야 한다. 하나 남은 보석과 내 목숨을 바쳐서라도 왕을 구해야 한다.' 알타반은 골고다 언덕을 향해 달려갔다. 도중에 노예로 팔려가는 소녀를 만났다.

알타반에게 소녀는 애타게 살려 줄 것을 호소했다. 알타반은 고통스러워 견딜 수가 없었다. 예물로 준비했던 세 개의 보석 중에서 사파이어와 루비를 허비하고 마지막 한 개의 보석만 남아 있었다. 이 보석을 써 버리면 이제 선물이 하나도 남지 않는다. 하지만 소녀를 내버려 둘 수는 없었다. 결국 알타반은 진주를 꺼내 소녀의 손에 쥐어 주면서 말했다. "딸아, 이것이 네 몸값이다. 이것이 내 마지막 보석이다."

그 때 하늘이 어두워지고 지진이 일어났다. 건물 지붕의 무거운 기왓장이 떨어지며 알타반의 머리를 내리쳤다. 알타반은 피를 흘리며 쓰러졌다. 부드러운 음성이 들려왔다. 그 음성을 듣고 알타반은 힘없이 중얼거렸다.

"주여, 그럴 수는 없습니다. 언제 제가 주께서 배고파하실 때 음식을 대접하였고, 목말라 하실 때 마실 것을 드렸습니까? 언제 주께서 헐벗었을 때 입을 것을 드렸고, 옥에 갇혔을 때 찾아보았고 병드셨을 때 돌보아 드렸습니까? 저는 주님을 섬기기는커녕 뵙지도 못했습니다."

은은하고 부드러운 음성이 이번에는 누구에게나 분명하게 들렸다.

"지극히 적은 자에게 행한 것이 곧 내게 행한 것이니라."

알타반의 얼굴에는 놀라움과 기쁨의 빛이 가득했다.

그는 마지막 긴 평안의 숨을 쉬고는 세상을 떠났다. 네 번째 동방박사 알타반에 대해서는 알려진 것은 거의 없다. 다른 세 명의 동방박사와는 달리 왕보다 더 불쌍한 이들을 도왔기에 그 이름이 알려지지는 못했지만 하나님은 그를 더 따뜻하게 안아 주셨을 것이다.

크리스마스의 유래

'크리스마스'의 날자에 대해서는 여러 가지 설이 있다. 그중에서도 가장 유력한 12월 25일 설은 고대 '로마'에서 지키던 동지날을 채택한 데서 비롯됐다. 당시 로마의 이교도들은 동지절(12월 24일-다음 해 1월 6일)을 하나의 대축제적인 명절로 지키고 있었다. 그래서 고대 교회의 로마 주교는 기독교가 이교도들을 정복했다는 의미에서 이교의 축제일인 동지를 그리스도의 탄생일로 채택했다.

크리스마스를 교회가 교리적으로 지키기 시작한 것은 4세기 후반부터이다. 고대 로마교회에서 기원한 크리스마스를 지키기 시작한 연대에 대해서는 335년설과 354년설이 맞서 있다. '성탄일'은 그 후 동방교회로 퍼져나가 콘스탄티노폴리스(379년), 카파도기아(382년) 등에서 지키기 시작했고, 교회력의 기원이 되었으며 현재 세계적으로 통용되고 있는 시력 기원의 시원이 되었다.

로마의 액시그누스(500-544)가 533년 부활절표를 작성할 때 계산한 데에서 비롯된 시력 기원의 기점인 그리스도의 탄생은 실제로는 현재보다 4년이 앞당겨진다. 성경에는 예수님의 출생연도나 날짜의 기록이 전혀 없다. 12월 25일을 그리스도의 탄생일로 정한 최고(最古)의 기록이라는 안디옥 주교의 "데오필로스 기록"(175-183)도 학자들 간에는 위작(僞作)이라고 단정되고 있다.

'그리스도'와 '미사'가 합쳐 구성된 용어인 '크리스마스' 사건에 관한 성경적 근거로는 마태복음 1장과 누가복음 2장을 들 수 있다. 성경에 나타난 예수님의 처녀 탄생은 천사의 고지, 이상한 별의 출현, 베들레헴의 말구유까지 박사들을 인도한 빛 등은 그리스도가 인간이 된 비밀을 알려 주는 것이라고 볼 수 있다.

마치 바늘과 실의 관계 처럼 성탄에 널리 유행하는 '크리스마스 트리'의 관습은 고대 애굽에서의 동지제(冬至祭) 때의 나뭇가지 장식, 로마 축제 행렬에서의 촛불을 단 월계수 가지 장식 등 옛날의 성목(聖木) 숭배에 그 기원을 두고 있다.

흔히 '크리스마스 트리'로 전나무를 사용하게 된 데에는 전설이 있다. 8세기경 독일에 파견된 선교사 '오딘'은 신성하다는 떡갈나무에 사람을 제물로 바치는 야만적 풍습을 중지시키기 위해 옆의 전나무를 가리키며 "이 나무의 가지를 가지고 집에 돌아가 아기 예수의 탄생을 축하하라."고 설교한 데에서부터 비롯됐다는 것이다.

현대를 사는 모든 성실한 종교개혁의 후예들, 정통 신앙의 말씀 중심의 그리스도인들에게 오늘 하나님께서는 말씀하신다. "너는 허망한 풍설을 전파하지 말며 악인과 연합하여 무함하는 증인이 되지 말며 다수를

따라 악을 행하지 말라."(출 23:1-2)

크리스마스의 시작

크리스마스를 12월 25일로 처음 지키기 시작한 것은 4세기의 일이다. 12월 25일을 크리스마스로 지키기 전에는 1월 6일을 크리스마스로 지켰는데 동방교회에서는 1월 6일을 예수의 탄생과 세례를 기념하는 이중 명절로 지켰고, 예루살렘에서는 같은 날 예수의 탄생만 경축하였다.

로마 교회

로마에서는 4세기에 12월 25일을 그리스도의 탄생일로 결정하고 이어서 1월 6일을 동방박사가 아기 예수를 방문한 현현일(Epiphany)로 기념하였다. 예수의 세례기념일은 1월 6일로 부터 옥타브가 되는 다음 주 같은 날로 연기하여 지키는데, 이날에는 예수가 세례를 받았다는 정도로 기억할 뿐 특별한 행사는 없다.

본래 로마에서는 하루 해가 가장 짧았다가 길어지기 시작하는 12월 25일을 '태양의 탄생일'로 보고 이날을 축제일로 삼아 농업을 주관하는 'Saturnalia'라고 불리는 신에게 제사를 지냈다. 이것은 주후 274년 Aurelian 로마황제에 의하여 되어진 일이다. 북유럽에서는 이전부터 '태양이 다시 소생'하는 동지(冬至)를 크게 기념하는 축제(Festival)를 전통적으로 지켜왔었다. 기독교에서는 그리스도를 "세상의 빛"(요 1:9)이라고 한다.

그리스도의 탄생은 '빛'의 탄생이다. 로마에서 이교도들이 12월 25일을 '태양의 탄생일'로 정한 것과 기독교에서 '세상의 빛'이 탄생한 날을 12월 25일로 결정한 것은 이교도들의 태양의 빛과 기독교의 세상의 빛을 일치시킴으로써 기독교를 이교도들에게 더욱 의미 있게 설명할 수 있도록 하기 위해서인 것 같다. 기독교인들이 사용한 그 시대를 기록한 력기를 보면 주후 336년 전에 이상과 같이 결정해서 지킨 것을 알 수 있고, 이날(12월 25일)을 교회력의 첫날로 기록하고 있는 것을 볼 수 있다.

이집트

이집트에는 희랍의 철학, 동양의 신비주의, 기독교의 교리 등을 종합하여 얻은 '인간의 지식에 의하여 인간 영혼의 구원을 얻을수 있다.'고 주장하는 그노시스(Gnostics)라고 하는 기독교의 이단 집단이 있었다. 약 200년경에 Clement(Clement of Alexandria)가 1월 10일(일부 사람들은 1월 6일이라고도 함)을 그리스도의 세례를 기념하는 날로 지켰다고 하는 기록이 있다.

이집트에서 1월 6일을 교회의 축일로 정한 것은 그노시스교도보다 2세기 후인 380년에서 400년 사이에 결정된 일이다. 이집트에서는 이 날을 예수의 탄생일 겸 세례기념일로 지켰다고 그 무렵 이집트를 방문한 John Cassian이 기록하고 있다.

동방교회

동방교회에서 크리스마스를 특정일로 정해서 지키기 시작한 것은 380년 Constantinople에서 비롯 되었고, Antioch에서는 크리스마스를 계속 반대해 왔었다. 동로마제국에서 12월 25일을 크리스마스로, 1월 6일을 현현일로 명확하게 분리하여 지키게 된 것은 431년 에베소공의회(Council of Ephesus)에서 결정한 이후 432년부터이다.

예루살렘과 아르메니아

예루살렘에서는 크리스마스를 계속 부정해 오다가 6세기 이후부터 1월 6일과 12월 25일로 분리하여 경축하기 시작하였다. 아직도 Armenia 지방의 교회에서는 1월 6일에 성탄절을 지키고 있다. 이와 같은 전통 때문에 1월 6일 현현일을 '작은 크리스마스'(Little Christmas) 또는 '구 크리스마스'(Old Christmas)라고도 부른다. 우리 나라 개신 교회에서도 현현일을 지킬 수 있도록 장려할 필요가 있다고 본다.

동방교회에서는 크리스마스에 그리스도의 탄생과 함께 같은 날 천사들에 의하여 '기쁜 소식'을 들은 목자들의 방문(눅 2:11)도 겸하여 경축하고 동시에 성경에는 동방박사가 언제 찾아왔는지 확실한 날짜는 밝히지 않았지만 동방박사의 경배도 아울러 기념하고 있다. 그러나 동방교회에서는 탄생과 목자만을 기억하고 동방박사의 경배는 현현일에 기념한다.

05

성전 안의 소년

매 년 봄, 요셉과 마리아는 매 년마다 열리는 유월절 축제에 갔다. 그리고 소년 예수가 12살이 되었을 때는 예수와 함께 예루살렘으로 갔다. 그곳은 도시답게 사람들이 붐비는, 말 그대로 도시였다.

예수님의 부모는 하나님을 경외하고 하나님의 법에 충실하게 살려고 노력하는 사람들이었다. 그들은 예수가 출생했을 때, 아들의 출생과 관계된 하나님의 법을 충실하게 순종했다.

모세의 법에 따르면, 여인이 아들을 낳으면 팔 일 만에 그 아들에게 할례를 행해야 하며, 산모가 정결케 되는 기한(33일)이 찬 후에는 번제를 위하여 일 년 된 어린 양을 취하고 속죄제를 위하여 집비둘기 새끼나 산비둘기 새끼를 취하여 제사를 드려야 했다.

만일 그 여인이 가난하여 어린양을 제물로 바치기 어려우면, 산비둘기 둘이나 집비둘기 새끼 둘을 가져다가 하나는 번제물로, 다른 하나는 속죄물로 드려야 했다(레 12:2-8).

또 율법에 따르면, 여인의 첫 출산에서 아들을 낳으면 그 아들은 '주의 거룩한 자'로서 하나님께 드리도록 되어 있었다(출 13:2, 12). 예수의 부모는 이러한 주님의 법을 그대로 순종했다. 그래서 그들은 제 팔 일에 그 아들에게 할례를 행하고 그의 이름을 예수라 지었다(눅 2:21).

또한 예수의 어머니가 정결케 되는 날이 차자 아기 예수를 데리고 예루살렘에 올라갔는데, 이것은 모세의 법대로 초(初) 태생(胎生)인 예수를 주께 드리고 또 주의 율법에 말씀하신 대로 번제와 화목제를 드리기 위함이었다(눅 2:22-24).

예수의 부모는 해마다 유대교 최대의 명절인 유월절이 되면 예루살렘에 가서 출애굽의 해방을 기념하고 하나님께 감사하는 축제에도 참여했다. 갈릴리로부터 예루살렘에 가서 일주일 동안의 유월절 행사에 참여한다는 것은 비용적인 면으로나 건강적인 면으로나 혹은 안전적인 면에서 대단히 어려운 일이었다. 또 여자나 어린이는 이 순례에 참여해야 할 의무는 없었다. 그러나 예수의 부모는 이 절기를 지키라는 규례에 따라(출 23:15; 34:23, 신 16:16) 해마다 이 어려운 순례여행에 참여했다. 그런데 예수가 열두 살 되던 해에 예수를 데리고 예루살렘에 올라간 것은 특별한 의미가 있었다. A.D. 3세기 초에 성문화가 완성된 유대교 경전에 따르면, 유대인 소년은 열세 살이 되면 율법을 준행해야 할 의무가 부여된다는 규정이 있다. 또한 그 이후 규정에 따르면, 그것은 '율법의 아들' 로 불리는 성년식과 관계 된다.

그래서 그 순례여행길을 가게 된 것이었다. 그 바쁘고 흥미진진한 날이 다 가고 집에 갈 시간이 되었다. 요셉과 마리아는 무리와 함께 나사렛으로 출발하였다.

예수는 항상 뒤에서 천천히 왔기 때문에 마리아와 요셉은 주의하지 못했다. 그래서 저녁이 되어서야 예수가 없다는 것을 알았다. 아무도 그를 보지 못했다.

마리아와 요셉은 매우 걱정되어 그날 밤 잠을 자지 못했다. 다음날 아침 그들은 예루살렘으로 다시 돌아와 예수를 찾아다녔다. 그들은 다른 모든 일을 제쳐놓고 마지막에 결국 성전 안에 있는 그를 찾았다. 그는 선생들 중에 앉아 그들에게 듣기도 하고 묻기도 하였다.

"너는 왜 여기에 있니?"

마리아가 다시 말했다.

"너의 아버지와 나는 매우 걱정을 했단다."

그러자 아직 어린 예수가 대답했다.

"어찌하여 저를 찾으셨습니까? 내가 내 아버지 집에 있어야 될 줄을 알지 못하셨습니까?"

소년 예수는 너무나 당연하다는 듯 말했다. 마리아와 요셉은 예수의 대답이 무슨 뜻인지를 알지 못하였다. 그들은 예수가 평범한 아이가 아니고 하나님의 아들이라는 것을 잠시 잊은 것이다. 그래서 그들은 다시 나사렛으로 돌아왔다. 예수는 예전처럼 그들에게 순종하며 자랐다.

A.D. 3세기 초에 성문화가 완성된 유대교 경전에 따르면, 유대인 소년은 열세 살이 되면 율법을 준행해야 할 의무가 부여된다는 규정이 있다. 또한 그 이후의 규정에 따르면 그것은 '율법의 아들'로 불리는 성년식과 관계된다. 이러한 규정들은 예수 시대에도 적용되었을 것이다. A.D. 1세기 유대인 역사가 요세푸스는 사무엘이 예언 활동을 시작한 나이를 열두 살로 잡았다.

따라서 예수가 열두 살 되던 해에 그의 부모가 그를 데리고 예루살렘에 올라간 것은 성년식을 맞이하게 된 예수로 하여금 이스라엘의 하나님을 경외하고 그의 율법의 말씀에 귀를 기울이며 율법의 의무에 충실할 것을 시청각적으로 가르치는 기회가 되었다. 예수의 부모는 자신들이 하나님의 법에 충실하게 살 뿐 아니라 예수도 역시 '율법의 아들'이 되어 하나님의 법에 충실한 사람이 되도록 교육시킨 것이다. 예수의 부모의 이러한 삶의 태도는 예수의 자라나는 과정에서 깊은 영향을 미쳤을 것이 분명하다. 예수는 열두 살의 나이에 이미 율법에 관한 상당한 지식을 갖고 있었을 뿐 아니라(눅 2:46f.), 자기의 삶을 향한 하나님의 뜻을 분명히 알고 있었다(눅 2:48). 예수가 청소년의 나이에도 불구하고 그런 지식과 영성을 소유한 것은 물론 그의 특별한 사람됨에 기초한 것이지만, 그의 부모가 삶의 현장에서 보여 준 본보기도 중요한 요소가 되었을 것이다. 부모가 하나님을 경외하고 하나님의 뜻에 따라 살려고 노력할 때, 부모의 그러한 삶의 태도는 자녀들에게 알게 모르게 영향을 미친다. 신앙의 부모가 자녀에게 물려 주어야 할 가장 중요한 유산은 자녀들이 하나님을 경외하고 하나님 앞에서 살도록 돕는 신앙의 유산인 것이다.

헤롯이 지은 성전

성전은 영적인 성전의 모형적인 것에 불과한 것이다. 사도 바울이 지적하였는데, "하늘에 있는 것들의 모형적 표상과 그림자"라고 기록하였다(히 8:1-5).

성경에서는 모세가 지은 성막과 솔로몬이 지은 성전 및 스룹바벨이 지은 성전에 대해서는 자세히 설명하고 있지만, 헤롯이 지은 성전에 대해서는 자세한 내용이 성경에는 나오지 않는다. 그래서 자료의 주된 출처로 유대인 역사가 요세푸스 기록을 참조할 수 있다. 유대인 역사가 요세푸스는 성전을 직접 보았고, 그가 기록한 『유대 전쟁사』와 『유대 고대사』에서 성전 건축에 대해 기술하고 있다.

유대교의 『미슈나』에서도 얼마의 정보를 알려 주며, 고고학에서도 약간의 정보를 알려 준다. 그러므로 어떤 경우에는 의문스럽게 여겨질 수도 있다.

요세푸스는 『유대 전쟁사』에서 헤롯이 성전을 재건한 때가 그의 통치 15년이었다고 하였지만, 『유대 고대사』에서는 18년이었다고 말한다. 헤롯의 통치가 언제 시작되었는지, 혹은 요세푸스가 그것을 어떤 식으로 계산하였는지를 확실히 알 수는 없지만, 학자들은 대개 그 나중 연대를 받아들인다. 신성한 곳을 짓는 데는 18개월이 걸렸지만 뜰과 그 밖의 것을 만드는 데는 8년이 걸렸다고 한다. 기원 30년에, 어떤 유대인들이 예수 그리스도에게 다가와서 '이 성전은 사십육 년이나 걸려서 지었다' 고 하였을 때(요 2:20), 이 말은 뜰과 건물들로 이루어진 복합적인 시설과 관련된 공사가 당시까지 계속된 것에 대해 이야기한 것으로 보인다. 이 공사는 기원 70년에 성전이 멸망되기 약 6년 전에야 비로소 끝났다.

헤롯에 대한 증오와 불신 때문에 유대인들은, 헤롯이 신축 준비를 다 할 때까지 그가 제안한 대로 성전을 재건하는 일을 허용하지 않았다. 같

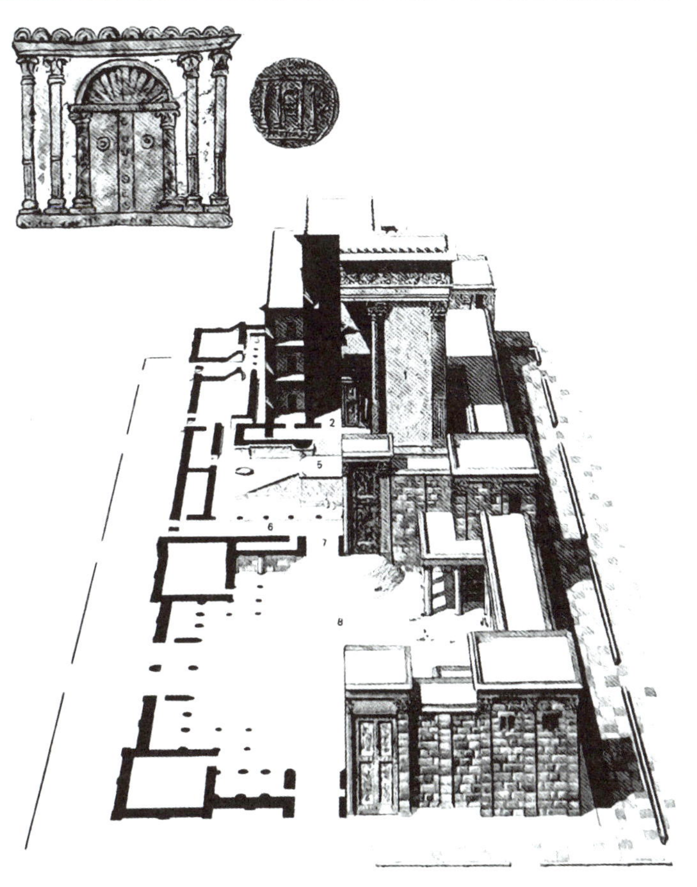

은 이유로 유대인들은 이 성전을 세 번째 성전으로 여긴 것이 아니라 단지 재건된 것으로 보고, 첫째 성전(솔로몬 성전)과 둘째 성전(스룹바벨 성전)만 있는 것으로 이야기하였다.

06

왕을 소개하는 선지자

제사장 사가랴는 그의 어린 아들이 성경에 예언되어진 인물임을 알았다. 그래서 하나님의 예언자의 법과 말을 배우고 이해하는 것을 도왔다. 요한은 그가 선택받은 사람인 것을 스스로 깨닫고 하나님의 일을 위하여 훈련받았다.

그는 점점 나이를 먹었고 이제는 홀로 사막에서 기도생활에 열중하며 살고 있었다. 그는 낙타의 털로 만든 옷을 입고, 가죽 벨트를 허리에 매고 있었다. 그는 야생에서 궁핍하게 살고 있었다. 그가 자라나 전도를 하고 가르치기 시작할 때, 하나님은 사막에서 그에게 하나님의 메시지를 주셨다. 백성 중의 무리들은 그의 이러한 이상한, 야생적으로 보이는 사람이 말하는 것을 귀담아 듣게 되었다. 그가 전하는 메시지의 내용은 다음과 같은 것이었다.

"하나님의 왕, 곧 메시아가 오실 것입니다. 이제 여러분들은 그분이 올 것을 믿고 길을 예비하십시오." 라고 말했다. 또 큰 소리로 모든 사람들이 주목하여 듣도록 외쳐서 말하였다.

"마음의 준비를 하십시오. 당신이 가던 잘못된 죄의 길에서 방향을 바꾸십시오. 그러면 하나님은 여러분을 용서하실 것입니다."

요한은 매우 강하게 그러나 솔직하게 말했다. 그는 사람들에게 그들이 하는 무엇이 잘못되었는지 말해 주었다. 그것을 들은 많은 사람들은 나은 삶을 살기를 원했다. 그래서 그들은 요단강 밑으로 내려가서 물로 세례를 받았다. 세례 받은 자들은 죄악된 길을 버리고 신선하고 깨끗한 삶을 새로 시작하게 되었다. 그들이 그에게 무엇을 해야 할지 묻자, 요한이 대답하였다.

"당신의 음식을 배고픈 자들과 나누십시오. 만약 당신이 필요로 하는 것보다 많은 옷이 있다면 그것 또한 그들과 나누십시오."

그뿐 아니라 각양의 사람들에게 요한은 말하길 세금을 속여서 취한 것이 있으면 멈추고, 군인들에게는 빼앗은 것이 있으면 돌려 주라고 말했다.

사람들은 요한이 하나님이 약속하신 메시아 곧 그리스도일지도 모른다고 말했다. 그러나 그것이 아니라고 요한은 말했다.

"나는 오직 하나님의 종이요. 오실 왕의 선구자일 뿐입니다."

그는 계속해서 말했다.

"제가 그가 오실 것을 당신들에게 알려 주는 것입니다. 그 분은 나보다 훨씬 위대하신 분입니다."

그렇게 세례 요한이 열심히 사람들 앞에서 주의 길을 준비하고 있을 때 예수님은 요한을 만나기 위해 나사렛의 남쪽을 여행하였다. 여행 중에 만난 무리들이 구세주에 대해서 얘기하고 있어도, 그들은 이전에 그를 만난 적이 없었기에 예수님을 메시아로 알지 못했다. 하지만 요한만은 예수님이 하나님이 약속하신 구세주라는 것을 알았다.

"왜 저를 만나러 오셨습니까?" 세례 요한은 물었다. "내가 깨끗하게 되기를 원하노라."

예수님은 요한이 자신에게 다른 사람들처럼 세례를 베풀기를 원하며 부탁했다.

"네가 나에게 세례를 주어야 너에게 맡겨진 모든 사명을 다 이루는 것이 된다. 나에게 세례를 다오!"

요한은 예수님에게 세례를 주었다. 잠시 후 예수님이 물 밖으로 나오자 하나님의 음성이 하늘에서 들려왔다.

"이는 내가 보낸 나의 아들이다. 나는 너와 함께 할 것이다."

메시아 이신 예수의 선구자 요한

세례 요한은 아비야 반열의 제사장인 사가랴와 엘리사벳 사이에서 태어난 인물이다. 그리고 세례 요한의 모친인 엘리사벳과 예수의 모친인 마리아는 친족 관계에 있었다. 세례 요한은 예수보다 6개월 먼저 태어났다. 세례 요한의 임무와 사역은 구약의 선지자들에 의해 이미 예언되어 있었다. 먼저 이사야 선지자는 "외치는 자의 소리여 가로되 너희는 광야에서 여호와의 길을 예비하라 사막에서 우리 하나님의 대로를 평탄케 하라"(사 40:3)고 말했으며, 구약의 마지막 선지자인 말라기는 "보라 내가 내 사자를 보내리니 그가 내 앞에서 길을 예비할 것이요"(말 3:1)라고 예언했다. 구약 선지자들의 예언대로 과연 메시아 예수보다 6개월 먼저 세상에 태어난 세례 요한은 유대 광야에서 백성들을 향해 회개를 외치고 세례를 베풂으로써 메시아 예수의 길을 준비하고 평탄케 했다.

유대 광야의 외치는 자

세례 요한이 예언자로서 그 첫 모습을 드러낸 곳은 요단강 하류의 유대 광야였다. 구약의 마지막 선지자 말라기가 그를 '엘리야'에 비유한 대로(말 4:5) 세례 요한은 엘리야 선지자처럼 약대 털옷에 가죽띠를 띠고 메뚜기와 석청을 먹는 금욕생활을 하면서 청빈하게 선지자 사역을 감당했다. 제사장 가문에서 태어나 율법에 통달한 세례 요한은 유대 광야에서 백성들의 죄악을 지적하며 회개를 외쳤다. 그리고 회개하는 자들에게는 회개의 표식으로 요단강에서 세례를 베풀었다. 공생애를 시작하기 전에 예수도 세례 요한에게서 세례를 받았다. 이처럼 설교하고 세례를 베풀었기 때문에 '세례 요한'이라는 명칭을 얻었다. 회개를 외침에 있어 세례 요한은 지도자나 권력자라고 해서 결코 예외를 두지 않았다. 오히려 더욱 통렬하게 죄악을 꾸짖었다. 그래서 당시 불법으로 동생의 아내를 취한 통치자 헤롯 안디바를 신랄하게 꾸짖다가 감옥에 갇혀 결국 순교하게 된다.

로마의 경제 제도

로마제국은 팔레스타인에서 생산되는 잉여 재화를 로마로 흡수하였다. 우선 많은 세금을 통하여 공식적으로 착취하는 방법이 있었다. 6백만 데나리온(1데나리온은 1일 노동 임금에 해당함)이 매년 인두세(추수의 4배에 해당하는 개인세), 군역세, 국세라는 명목으로 징수되었다. 뿐만 아니라 로마 관리와 팔레스타인 동맹 세력이 합작하여 착취하는 비공식적인 과세도 있었다. 이스라엘의 지배 계층과 로마시민권을 얻은 관리 계층에서 충당한 중간 계층을 통하여 로마의 지배는 또한 정치에도 미치고 있었다. 정치행정을 본다면 제일 위에는 유다 지방의 총독이 있었는데, 그는 로마인이었고 예루살렘에서 떨어진 세자리아에 주재하였으나 축제 때에는 예루살렘으로 돌아오곤 하였다. 총독은 대사제를 임명하였으며 그 당시 사회의 4대 지배 문중에서 선택하였다. 갈릴리에는 헤롯 안티파스 왕과

시리아의 총독 사절이 정권을 장악하고 있었다.

로마는 간접적으로 대지주와 귀족들을 지배하고 있었는데 이를 통하여 재산 소유권을 박탈할 수도 있었다. 따라서 대지주와 귀족 계층의 이익은 로마 정권과 협력하는지의 여부에 따라 좌우되었다. 또한 로마 정권이 직접 임명하는 중간층의 관리 집단도 있었으나 일반적으로 산헤드린의 원로들과 대가문에서 선택되었다. 세리들은 사회의 낮은 계층에서 징발되는 세를 거두어들이는 책임을 지고 있었다.

군사적 지배는 팔레스타인에 주둔하는 로마 군대가 담당하였다. 이 로마 군대는 대부분 시리아에서 혹은 팔리스타인의 비유대인들 속에서 징집되었다. 군대는 해안을 따라 주둔하고 있었다.

농촌과 도시 사이에는 큰 차이가 있었다. 시골마을은 일반적으로 소지주들의 토지와 마을 공동체가 공동으로 소유하는 경작지로 이루어져 있었다. 농작물 생산으로 본다면 대부분 자립이 가능하였다. 그리고 약간의 기술공들이 있어 마을에서는 물물교환으로 교역이 이루어졌다. 그러므로 대체로 마을에는 계급사회가 없었다고 말할 수 있다.

그러나 로마제국의 출현 이후로 가난이 점점 뚜렷하게 드러나기 시작하였다. 팔레스타인의 중심권인 성전 지역뿐만 아니라 변경까지도 백성들은 각종 과세로 고혈을 빠는 로마의 압정에 시달리게 되었다.

갈릴리의 대농원은 옥수수와 가축 사육에 쓰였고 유다는 올리브, 과일 그리고 양이나 염소를 키우는 데 이용되고 있었는데, 소유주인 대지주들은 도시에 살면서 도시 경제 및 외국의 대상인들과 관계를 맺고 있었다. 지주들은 대부분 화폐 경제권 안에 살고 있었고 그들의 농업 노동자들은 적어도 부분적으로는 현금으로 지불 받았다.

도시 지역은 세 경제 계층으로 이루어졌다. 직물, 식량, 향료, 보석 등을 생산하는 기술공들은 건축에도 참여하고 있었다. 또한 주로 건축에만 종사하는 노동자들도 있었다. 성전은 기원 전 20년과 기원 후 62년 사이에 재건되었는데, 이 때 왕, 지방 귀족, 로마 관리들은 자신들의 거주지를 짓기도 하였다. 기원 후 60년경 예루살렘에만 약 18,000명의 노동자가 있었을 것이라 추정된다.

대상인들은 노예를 소유하고 있었으며 원자재와 농산물을 교역하였다. 그들은 이 이역을 통과하는 무역상들과 관계를 맺고 광대한 제국 전역에 교역망을 만들었다. 또 한편으로 기술공 출신인 소상인들도 있었다. 예루살렘 성전은 한 마디로 소비생활의 중심지였다고 할 수 있다. 국외 이주 유대인들의 공물, 세금, 봉헌제물(유대의 4가문 중에 대사제가 뽑힌 가문이 독점하였던)의 판매 수입 그리고 농산물 수입 등 모든 수입이 성전으로 집결되었다. 언약의 궤를 소유하였다는 사실 때문에 성전은 모든 경제 분배의 근원이 되었던 것이다. 이처럼 성전은 오늘날 중앙은행, 증권거래소처럼 재정을 담당하는 기구 역할을 하였다.

화폐의 단위

고대 유대인들은 물건의 가치를 평가할 때 처음엔 움직일 수 있는 가장 중요한 소유물인 가축을 기준으로 삼았으나(돈을 나타내는 히브리어 미크네는 가축이라는 뜻이었다), 금속을 사용하기 시작한 이후에는 은을 기준으로 하였다. 그래서 구약성서에서는 은이 곧 돈으로 나타난다(창 17:13, 출 22:16; 삼하 24:24, 왕상 10:29, 렘 32:9, 호 3:2 등 참조). 그러나 사실상 은으로 화폐를 만들어 쓰지 않고 그 무게를 기준으로 삼았다(보리 두말이 은 1세겔: 약 10g, 양 한 마리는

은 2세겔; 레 5:15, 왕하 7:16 참조).

유대인들이 최초로 화폐를 사용하기 시작한 때는 유배 생활 이후인 기원전 6세기경으로 보인다(발견된 주화 중 최초의 것은 서양의 경우 기원 전 7세기경의 그리스 화폐이다. 중국은 이미 기원 전 10세기 이전부터, 우리 나라에서는 996년 고려 성종에 이르러 비로소 철전을 만든 것으로 기록되어 있다). 그 이전에는 팔찌나 고리, 막대기나 혀 그리고 작은 조각 등 여러 모양의 귀금속(금, 은, 청동)에 무게를 표시하여, 화폐로 사용하였다(창 24:22, 수 7:21, 욥 28:6 등 참조).

■이스라엘의 화폐. 이 시대에 속하는 많은 동전이 발견되기도 했는데, 헤롯은 동으로 된 동전을 주조했으나 금이나 은으로 주조하는 것은 금했다. 그는 자신의 백성들을 자극하지 않으려고 무척 조심하였으며 사람의 머리나 동물을 넣는 것도 금했다. 이것은 총독들의 관습을 따른 것이다. 그러나 본디오 빌라도는 유대인들을 화나게 하는 로마의 종교적 상징들을 동전 위에 새겨 넣었다. 위 1번 그림은 헤롯대왕의 동전이며, 2번은 헤롯 안티파스 동전의 앞뒷면이다. 또 3번은 로마제국의 종교적 상징인 lituus(로마시대에 신탁을 담당했던 오거의 지팡이)가 새겨진 본디오 빌라도의 동전으로서 유대인들의 반란을 일으켰다. 4번 그림은 티베리우스의 동전이다. 아래 황제의 상을 들고 있는 기수 그림은 유대인들을 분개시키기도 했다.

신약성서 시대에는 여러 나라의 화폐가 통용되었다.

팔레스타인을 점령한(기원 전 63년) 로마는 로마 화폐로만 세금을 받음으로써 자신들의 화폐를 공식 화폐로 사용케 하였다. 그 중 가장 기본이 되었던 데나리온(마 22:19, 눅 10:35; 은화)은 노동자와 로마 군인의 하루치 급료(마 20:2 참조)에 해당되는 값이었다. 그리고 앗사리온(마 10:29, 눅 12:6, 공동번역 성서는 닢, 푼으로 번역; 청동화, 1/16데나리온; 참새 두 마리 값) · 코드란트(마 5:26; 공동번역 성서는 푼, 닢으로 번역; 청동화,

1/64데나리온)·성서에는 언급이 안 된 아아레우스(금화, 25데나리온) 등이 당시 통용되던 로마 화폐였다. 이러한 화폐들은 로마의 통제 아래 여러 도시에서 주조되었다. 하지만 고액의 은화와 금화는 반드시 로마에서만 만들 수 있도록 하였다(유대인들은 1차 독립전쟁 때인 66-70년경에 처음으로 세겔 은화를 만들었다).

로마 화폐 외에도 팔레스타인의 무역상인들 사이에서 널리 통용되던 드라크마(눅 15:8: 공동번역 성서는 은화로 번역)는 그리스 화폐로서 로마의 데나리온과 같은 값으로 사용되었다. 스타테르(마 17:27; 4드라크마)도 띠로에서 주조된 1세겔짜리 은화로서 그리스 화폐였지만 유대인들 사이에서도 공인되어 디드라크마(마 17:24: 공동번역 성서는 성전세로 번역; 2드라크마)와 함께 성전세를 낼 때 사용되었다.

당시에 널리 통용되던 화폐 가운데 가장 작은 단위인 렙톤(눅 21:2: 1/128 데나리온)은 유대 화폐였으며, 미나(눅 19:13: 공동번역 성서는 금화로 번역, 100데나리온)는 페니키아의 화폐 단위였다. 그밖에도 실제 화폐는 없었지만 큰 단위를 나타낼 때 사용되던 화폐 단위로 달란트(마 18:2, 25:15: 6000데나리온)가 있었다.

구약성서 시대의 화폐 단위

구약성서 시대에는 무게의 단위가 그대로 화폐 단위로 쓰였다. 은 1세겔이라는 단위는 은 약 10g에 해당하는 값을 말한다. 화폐 단위로 쓰여진 무게 단위는 게라(약 0.5g), 베카(약5g), 세겔(약10g), 미나(약500g), 달란트(약 30kg) 등이었다.

신약성서 시대의 화폐 단위

유다 화폐	그리스 화폐	로마 화폐	비고
톤(청동화)			1/128
		코드란트(청동화)	1/64
		앗사리온(청동화)	1/16
1/8세겔(청동화)		1/8	
1/4세겔(청동화)	드라크마(은화)	데나리온(은화)	1
반세겔(청동화)	디드라크마(은화)		2
세겔(은화)	스타테르(은화)		4
		아우레우스(금화)	25
	미나(금화)		100
달란트			6,000

위의 도표에서 비고란은 1데나리온(1드라크마)을 기본 단위로 했을 때의 비교치를 나타낸 것이다. 1세겔, 반 세겔, 1/4세겔, 1/8세겔 짜리 유대 화폐는 1차 독립전쟁 때 만들어졌다.

위의 화폐들을 오늘날의 값으로 환산하여 비교하면, 노동자의 하루 품삯(1데나리온)을 1만 원이라 볼 때 1렙톤은 약 78원 정도이고 1달란트는 6000만 원이 된다.

세금

속주는 조공을 바쳐야 한다. 그 양이 정해져 있고 전국이 세금 구역으로 나뉘어져 있다. 로마에는 공무원이 없다. 세금은 일종의 개인 조합에서 맡아 걷었는데, 이들은 막대한 이익을 뒤로 남겼다. 신약성서에서는 세금을 걷는 세리가 멸시당하는 장면을 자주 볼 수 있었다. 부정한 세금 징수는 그 도가 심해서 십일조와 성전세를 내고 나면 납부자는 무능력하게 된다.

07 시험을 받으시다

EW TESTAMENT

예수님께서 세례 요한으로부터 세례를 받으시고 하나님의 기뻐하는 자라고 하는 하늘의 음성을 듣고 성령이 충만해졌다.

그런데 이번에는 하나님의 성령께서 예수님을 거친 벌판으로 내모셨다. 그 곳은 황량한 사막이었고 인적조차 드문 외로운 곳이었다. 그곳에서 예수님은 40일 동안 금식하고 계셨다. 그 때, 하나님의 적인 사탄이 나타나 예수님을 시험하기 시작했다. 사탄은 하나님의 일을 방해하고 망쳐놓는 일을 하였는데, 첫번째 사람의 조상인 아담의 부인 하와를 유혹하여 사람들이 하나님과 원수가 되어 등지도록 하는데 성공한 뒤 세상의 왕이 된 자였다.

여자의 후손으로 탄생한 예수님은 원리상 두 번째 아담이 되기 때문에 사탄은 이번에도 자신만만하여 유혹을 하기 시작한 것이다.

"너는 매우 배가 고프지? 이 돌을 떡으로 바꿔 보아라."

아담과 하와는 인간 생활에 필요한 모든 것이 갖추어진 에덴 동산에서 풍족한 삶을 사는 가운데서 유혹을 받았지만 예수님은 이와는 너무나도 대조적인 광야 사막에서, 그것도 40일이나 굶주린 뒤에 받는 시험이었기에 그 유혹은 아담과 하와의 것에 비해 더 혹독한 것이었다. 하지만 예수님은 절대로 시험에 넘어가면 안 된다는 사명을 갖고 이 땅에 오신 메시아이셨다. 그래서 예수님은 그 유혹을 기꺼이 거절하셨다.

사실 하나님은 예수님에게 전능한 힘을 주셨기 때문에 그 능력을 사용할 수도 있었다. 그러나 그분은 그 능력을 이기적으로 쓰기를 원하지 않으셨다. 예수님도 우리와 똑같은 육신을 가지셨기에 40일을 금식하셨던 예수님에게 먹는 유혹은 정말로 힘든 일이었다. 그래서 사탄도 예수님을 그 순간에 떡으로 유혹한 것이다. 그러나 예수님은 사단을 향하여 말씀하셨다.

"사람이 떡으로만 살 것이 아니요, 하나님의 입으로 나오는 모든 말씀으로 살 것이라."

첫번째 시험은 보기 좋게 사탄이 졌다. 그러자 두 번째 영적인 시험으로 예수님을 유혹하였다. 마귀라고도 부르는 사탄은 예수님을 높은 성전의 꼭대기로 데리고 올라가서 그곳에서 뛰어내려 보라는 유혹을 했다.

예수님이 받은 이 시험은 영광에 대한 유혹이었다. 인간을 유혹하는 사단의 유혹 중 가장 달콤한 것이기도 했다. 사람은 자신의 영광을 구하고 자랑하기를 좋아한다. 예수님은 이런 사탄의 유혹이 왔지만 역시 단숨에 물리치셨다.

"사단아 물러가라. 기록되었으되 주 너의 하나님께 경배하고 다만 그를 섬기라 하였느니라."

세 번째는 전보다 더 강렬한 시험으로 도전을 해왔다. 그것은 하나님 없이도 살 수 있다는 달콤한 유혹이었다.

"나에게 무릎을 꿇고 나를 숭배한다면 나는 너에게 이 세상을 줄 것이다."

그러자 예수님은 두 번 생각할 것도 없이 단번에 거절하셨다.

"하나님은 우리에게 오직 하나님만 경배하고 하나님 외에 다른 것을 섬기지 말라 하셨느니라."

사탄은 그의 모든 계교를 부렸지만 결국 그는 지고 말았다. 이로서 아담과 하와가 에덴동산에서 실패한 유혹과 시험을 하나님의 아들 예수님은 이기시고 그 시험을 통과하셨다. 그러므로 예수님은 새로운 사람을 탄생시키는 새로운 '씨앗'이 되셨다.

마귀(디아볼로스) – 이 단어는 엄격한 의미로 '중상모략을 일삼는 자', '살인자'를 뜻한다. 70인역(LXX)에서 이 용어는 대적자, 저항자란 뜻의 히브리어 '사단'(사탄)을 번역한 말이다. 따라서 마귀를 인종 차별이나 범죄의 배후에 있는 비인격적인 '힘'으로 축소시켜서는 안 된다(Schweizer). 마귀 또는 사단은 인간 타락의 원인이 되고 하나님과 그의 나라를 대적하며, 땅 위에 어둠의 권세를 번식시키고 사람들의 파괴를 유도하는 타락한 영(靈)들의 왕이다. 그리하여 사단을 일컬어 살인자(요 8:44)요, 악한 자(요일 5:19)요, 거짓말장이(요 8:44)요, 시험하는 자(살전 3:5)요, 참소하는 자(계 12:10), 미혹하는 자(계 20:10)요, 대적(벧전 5:8)이요, 이 세상 임금(요 12:31)이요, 공중권세 잡은 자(엡 2:2) 등으로 부른다.

시험을 받으러(페이라스데나이) – '페이라조'(유혹하다)란 말은 인간으로 하여금 악을 행하도록 하는 사단의 계략(고전 7:5, 살전 3:5)일 뿐아니라, 인간들의 인격을 성숙시키고 영적으로 성장케 하는 계기를 만들어 주시는 하나님의 연단(창 22:1, 출 20:20, 요 6:6, 고후 13:5, 계 2:2)을 뜻하기도 한다. 예수님께서 받으신 '시험'은 전자의 어두운 면을 내포한 하나님의 아들로서의 사생 결단(死生決斷)의 시험이었다. 실로 사단은 인간을 악에 빠지도록 유혹(temptation)할 뿐 아니라(계 12:10-12), 하나님께 대항하는 사악한 존재이다(창 3:1-5). 바로 그 파괴적 실체인 사단이 예수님께 한낱 대리자를 보내지 않고 자기의 최대의 능력을 발휘하여 예수님을 시험하였다.

사십 일을 밤낮으로 – '40이란 숫자는 성경 문학적으로 징벌과 고통,

인내와 완성, 인간 한계의 최대치 그리고 하나님의 준비 기간 등으로 이해된다. 특히 이 숫자는 이스라엘의 역사와 관계가 깊다. 예수님의 40주야에 걸친 금식은 이스라엘의 40년 방랑(신 8:2)과 연결되며, 또한 그 기간은 모세와 엘리야의 40일 금식(출 34:28, 왕상 19:8)과 관련되어진다. 소수 비평가들은 '40'일을 신성수(神性數)라 하여 무한한 기간으로 해석하나(Koster, Henneberg, Nender), '밤낮'이라는 어구의 추가로 보아 문자적인 '40일'로 보아야 할 것이다. 한편 이스라엘과 예수님은 이 40일 기간 동안 모두 굶주림으로부터 신령한 교훈을 얻었고(신 8:3), 광야에서 대업(大業)을 준비하기 위한 시련을 겪었다. 즉 이스라엘은 애굽의 압제에서 하나님께 구원을 받은 후, 예수님은 세례를 받은 후 각각 주어진 일을 준비하기 위하여 필요한 순종과 충성을 증명하려고 시험 받았던 것이다. 그러나 전자는 실패하였고 실패한 이스라엘을 구원키 위해 오신 예수님은 완전한 승리로 40일을 마감하셨다. 한편 그때에 사단의 시험이 40일 동안 계속된 것으로 보는 학자도 있다(Lenski, Alford). 그러나 마태복음은 금식 후에 시험을 받으신 것으로 되어 있고 대부분의 학자들이 이 견해를 취하고 있다.

금식하신 후에 주리신지라 – 예수님께서는 40일 밤낮동안 모든 음식을 전폐하고 육체적 소욕을 철저히 제어(control)하셨다. 아마 이 기간 동안 하나님과 깊은 영적 교제의 세계로 들어가셨을 것이다. 이같은 상황에 대하여 많은 학자들은 예수님께서 금식하는 기간 동안에 모세와 같이 영적 무아경(a spiritual ecstasy) 속에 지냈으며, 육체적 욕구는 중지되었다고 주장한다(Alford, Robertson, Lange 등). 어쨌든 예수님은 완전한 하나님이신 동시에 완전한 육체를 지닌 인간으로서 음식의 결핍에서 오는 식욕의 고통과 그로 인한 육체적 쇠약을 철저히 감내해야만 하셨다. 실로 그리스도는 세상의 금식 정신과는 달리 금욕과 고행을 위해 주리실 필요가 없으셨다(M. Henry). 다만 그분은 하나님의 뜻을 만족시키시고, 당신의 공생애를 준비하기 위해 필요한 순종과 충성을 증명하시려 이 육체적 극기 기간을 할애하셨던 것이다. 한편 그리스도에게는 하나님과의 대화가 곧 그의 양식이었다(4절). 따라서 예수님께서는 하나님의 교제에 열중한 나머지 시장기를 잊으셨고, 하나님께서는 광야의 이스라엘에게 만나를 먹이신 것과 같이 자신의 말씀으로 예수님을 먹이셨던 것이다. 하지만 금식 기간이 끝난 후에는 심히 주리셨고 식욕의 고통으로 인해 그분의 육체가 거의 탈진 상태에 이르렀던 것 같다. 간교한 사단은 바로 이와 같은 결정적인 유혹의 순간을 기다렸던 것이다(Godet).

시험하는 자(호 페이라존) – 사단의 성격을 나타내는 별명이다. 이 용어는 신약 가운데 여기서 처음으로 사단이 죄 짓도록 유혹하는 사악한 존재라는 사실을 나타낸다. 그런데 이 사단이 예수에게 접근하여 시험한 방법에 대한 학설은 대단히 많다. (1) 예수를 시험하는 제사장들을 마귀로 본 것이다(V. der Hardt, Venturini, Moller, Rosenmuller, Kuinoel, Feilmoser). (2) 마귀에 의해서 연출된 묵시(Origen, Cyprian, Theodorus, Olshausen, Heubner) (3)*하나님에 의해서 연출된 묵시(Famer) (4) 예수님의 상상에 의해서 생긴 갈등(Eichhorn, Dereser, Weisse) (5) 마귀에 의해서 자극된 예수님의 갈등(Krabbe) (6) 예수의 내적생활에서의 사건을 상징적으로 표현(Neander) (7) 예수님 자신이 경험치 못한 것을 비유적인 이이야기로 꾸민 것(Schmidt, Schleiermacher, Usteri, Alex, Schweizer, Baumgarten, Grusius) (8) 순수한 신화(Strauss, De Wette, Gfrorer, Meyer)이다. (9) 자연 현상(Clericus, Paulus, Gratz)이다. 위의 많은 학설들은 보편주의적인 세계관과 잘못된 그리스도관에서 비롯된 것들로서 기독교의 순수성에 아무런 도움이 되지 못한다. 이 사건은 메시야에 대한 그릇된 세속적 기대를 이용한 사단의 공격 중에서 실질적이고도 현실적인 사건이라 해야 하며, 이 시험은 마귀에 의해서 야기된 것이다. 그리고 예수님께 대항한 사단은 사람이나, 천사 등의 모양을 하고 가시적(可視的)으로 출현했던 것으로 이해된다(대부분 보수 주석가들).

네가 만일 하나님의 아들이어든 – 첫 시험은 떡을 만드는데 부적당한 방법을 사용하도록 고무(encouragement)하는 것(Morison)이 아니다. 그 시험은 하나님께서 주신 사명과 어긋나는 방법으로 아들의 능력을 사용하게 하려는 유혹이었다. 사단은 자신이 예수님의 하나님의 아들됨을 의심했거나(Clarke) 또는 예수님에게 의심하도록 '만일 하나님의 아들이어든' 이라고 말한 것이 아니다. 이는 '에이'로 시작되는 본문의 조건절 형태가 그 절 안에 계시된 내용을 일단 사실이라고 규정한다는 묵시적 약속이 되어 있기 때문이다. 즉 사단은 예수님의 메시야성을 의심했다기보다 그 다음의 시험을 위한 발판을 마련하기 위해 이 질문을 했던 것이다(Homer A. Kent, Jr). 즉 마치 십자가에 처참하게 매달려 있는 예수님을 향해 '네가 만일 하나님의 아들이어든 자기를 구원하고 십자가에서 내려오라'(마 27:40)고 조소한 것처럼 사단의 목적은 예수님으로 하여금 그의 능력을 자기를 위하여 사용하도록 유혹하려는 것이었다.

천하만국과 그 영광 – '만국'을 유대 땅으로 보는 학자도 있고(Clarke), 사단이 독점적으로 지배하는 이방 세계로 해석하는 학자도 있다(De Wette, Meyer). 또한 이곳은 글자 그대로 유대와 이방을 통칭한 모든 세계로 여겨지기도 한다(Bruce). 그러나 '천하 만국'을 지도상에서 찾으려 해서는 안 된다. 이곳은 초자연적 개념을 내포한 통치권에 관계된 모든 세계를 의미한다. 그렇다고 해서 예수님께서 보신 '천하 만국'이 상징적이거나 허구적인 환상에 불과하다는 것은 아니다. 왜냐하면 사단은 자기가 넘겨받았다고 주장하는(눅 4:6) 세상의 모든 쾌락과 통치권의 실체를 예수님에게 실제(實際)로 보여 주었기 때문이다. 그러나 사단은 모든 세상의 영화(prosperity)의 속성이 근본적으로 하나님을 거역하는 죄악에 뿌리박고 있는 사실을 뒤로 감추고 그 '영광'만을 보여 주고 있다. 실상 예수님은 '죄'를 제거하기 위해서 오신 것이지 '영광'을 위해서 오신 것이 아니다. 그런데 지금 전자를 버리고 후자만을 취할 수 있다는 유혹이 온 것이다. 훗날 베드로가 이와 유사한 제안을 했을 때 예수님께서 그처럼 단호하게 꾸짖을 수 있었던 것도 바로 이 시험의 의미를 아시고 그것을 능히 극복하셨기 때문이었을 것이다(마 16:23).

주 너의 하나님께 경배하고 … 섬기라 – 마귀에 대한 마지막 치명타도 역시 '기록된 말씀'이었다. 예수님은 사단의 제안이 모든 율법 중에 가장 중요한 제 1계명과 제 2계명을 거역함으로써 하나님만이 경배(worship)의 대상임을 부인하는 결과가 된다는 것을 인식하였다. 예수님이 인용한 신명기 6장 13절은 유일신(唯一神) 하나님을 믿는 우리 기독교의 가장 기본적인 원리이다.

08

하나님의 일을 주님이 시작하다

NEW TESTAMENT

광야에서 시험을 모두 이기시고 난 후에 예수님이 갈릴리로 돌아오셨다. 이제부터는 개인적인 준비를 끝내시고 공적인 삶을 사셔야 할 때가 왔기 때문이었다.

공적인 삶의 시작은 이스라엘 열두지파를 상징하는 열두 명의 제자들을 찾아 뽑는 일이셨다.

상징적인 의미로 볼 때, 예수님은 아담을 대신해서는 새로운 아담이 되시고 멸망한 유다를 대신해서는 다윗의 왕국을 일으키는 분이 되셔야 했기 때문이다. 그래서 이스라엘의 열두 지파를 의미하는 열두 명의 제자를 자신이 세울 나라의 측근으로 부르신 것이었다.

안드레는 요한과 함께하던 사람이었다. 그는 그의 형제인 베드로를 데리고 예수님을 만났다. 안드레와 베드로는 갈릴리 호수에서 고기를 낚던 어부였다. 또 다른 제자인 빌립도 같은 고향에서 온 사람이었다.

예수님의 일은 제자들이 열두 명 뽑히자 본격적으로 시작되었다. 예수님께서 갈릴리로 돌아가서 얼마 지나지 않자, 하나님의 새로운 선지자란 소문이 근처 사방에 퍼지기 시작했다.

그러던 어느 날 예수님은 회당에서 성경책을 들고 처음으로 공개적으로 말씀하셨다.

> "우리는 특별한 시간 속에 살고 있습니다. 하나님 나라의 법이 여기에 있습니다. 새로운 시대가 시작되었습니다! 우리는 모든 잘못된 것으로부터 돌아서서 하나님의 새로운 소식을 믿어야 합니다!"

이 외침은 그 옛날 이사야 선지자의 말을 인용한 것으로 자신이 공적(公的)으로 메시아 사역을 시작하신다는 선언적인 의미가 있었다. 하지만 사람들뿐 아니라 제자라고 뽑힌 사람들조차도 그들이 결정적인 믿음을 가지기 전까지는 그 외침이 무슨 의미인지 전혀 몰랐다.

더더구나 사람들은 그가 나사렛 사람이라는 이유로 그 말조차 들으려고도 하지 않았다.

'누가 목수의 말을 믿겠어?' 그들이 중얼거린 내용이었다.

심지어 회당에 있는 남자들은 이 말을 듣고 모두 분이 가득하여, 일어나 예수님을 동네 밖으로 쫓아 버리기까지 했다.

회당에서 처음 선포하다 쫓겨난 예수님은 하는 수 없이 마을로 돌아오셨는데, 다행히 배운 것 없고 아는 것도 없는 그곳의 사람들은 오히려 예수님의 말씀을 열심히 들었다. 이것은 사람들이 버린 것을 다른 사람들이 얻게 된다는 복음의 비밀에 대한 예언을 이루게 되는 결정적인 사건이 되었다.

계속해서 예수님은 자신이 선택하여 세운 열두 제자를 가르치셨다. 열두 제자를 보면 갈릴리 바다에서 고기 잡는 어부들이 태반이었다. 사실 계층적으로 본다면 그들은 당시 별 볼 일 없는 사람들이었다. 열두 제자에게는 숨겨져 있는 큰 의미에서의 두 가지 사명이 있었다. 첫째는 예수님의 삶과 죽음과 부활에 대한 증인으로서의 역할이었고, 두 번째는 새로운 메시아 왕국인 교회의 지도자로 남게 하기 위해서였다.

이 때문에 예수님은 제자들을 영적으로, 정신적으로 훈련하고 하늘과 땅의 권세를 깨우쳐서 사용하도록 일깨우셨다.

많은 제자들 중 베드로를 만나고 그를 부르실 때, 특별한 계기가 있었다. 그때 하신 말씀은 "나를 따라 오너라 내가 너희로 사람을 낚는 어부가 되게 하리라"(막 1:17)였다.

당시 많은 사람들이 예수님의 놀라운 가르침을 듣게 되었다. 그것은 새로운 가르침이었다. 그리고 그 말씀은 힘이 있었다. 그가 아픈 자들을 고치셨다는 소문이 삽시간에 퍼졌다. 가깝거나 먼 곳에 사는 많은 사람들이 그에게 오자 예수님은 아침부터 밤까지 항상 바쁘셨다. 어느 날 많은 군중들이 예수님을 찾아오자, 예수님은 그들을 해변가로 데려가서 베드로의 배 앞에 멈추셨다. 그리고 베드로의 배에 올라타서 말씀하셨다.

'배를 조금 띄워라.'

그가 말씀하셨다. 사람들에게 가르침을 주시기 위하여. 군중으로부터 간격을 두기를 원하셨던 것이다. 이번에는 베드로에게 좀 더 멀리 나가라고 말씀하셨다. 그리고는 그물을 치라고 하셨다.

"우리는 밤새도록 열심히 일했습니다."

베드로가 말했다.

"하지만 저희는 물고기를 잡지 못했습니다. 하지만 당신의 말씀을 들어보니 새로운 생각이 저에게 들어왔습니다. 한 번 시키는 대로 해 보겠습니다."

이윽고 베드로와 안드레는 그물을 내렸다. 그리고 잠시 후 매우 많은 물고기들이 그물에 잡혔다! 모두들 놀랐다.

"이리 와서 우리를 도와주게!"

그들이 그들의 동료들에게 외쳤다, 야고보와 요한이 두 번째 배를 타고 왔다. 힘을 합쳐 해변가로 나온 그들은 물고기를 나눠 담았다. 베드로는 너무 놀란 나머지 이렇게 고백했다.

"하나님 저는 죄인입니다. 저는 당신과 함께 할 수 없습니다. 저를 떠나십시오."

예수님께서 말씀하셨다.

"나를 따르라. 이제부터는 너희가 고기가 아닌 사람을 낚는 어부가 되게 할 것이다."

며칠이 지나 새로운 제자인 마태를 부르신 이야기도 재미있다. 어느 날 예수님이 밖으로 가셔서 한 세무 관리의 사무실에 앉으셨다.

"네가 하는 일이 즐겁느냐? 그렇지 않다면 나를 따르라."

그 초청 한 마디에 군소리 없이 마태는 예수님의 제자가 되었다. 이것을 본 종교인들은 충격을 받았다. 예수님께서 부르시는 제자들의 태반이 사회에서 비난받거나 조롱받는 사람들이었기에 예수님을 의심하고 조롱하기 시작했다. 그러자 예수님은 의미있는 한 말씀으로 그들의 말을 일축하셨다.

"나는 의사와 같다."

그리고 다시 예수님께서 말씀하셨다.

"건강한 자에게는 의원이 필요가 없고 아픈 자이어야 쓸모가 있느니라. 나는 의인을 만나기 위하여 내려 온 것이 아니고 병들고 죄 지은 자를 위하여 내려온 것이다."

그렇게 뽑은 제자들을 위하여 밤이 깊도록 하나님께 기도하신 다음 그들을 명하여 사도라 하셨다. 그 열두 명의 이름은 베드로와 안드레, (세베대의 아들) 야고보와 요한, 빌립과 바돌로매 그리고 도마와 마태, (알패오의 아들) 야고보와 다대오, 사몬과 유다(나중에 예수를 배반한다)였다.

네 제자를 부르심

갈릴리 해변 – 구약 성경에서는 '수금'이란 뜻의 '긴네렛' 바다(민 34:11, 수 13:27)로 불리웠는데(수 12:3에는 '긴네롯 바다'), 그것은 아마 이 호수의 모양이 수금(竪琴)과 비슷하기 때문이거나 또는 북서쪽 해안에 위치한 성읍(신 3:17, 수 11:2; 19:35, 왕상 15:20)의 이름에서 유래한 것으로 보인다. 이 명칭은 바벨론 포로 귀환 후에 '게네사렛 호수'(마 14:34, 막 6:53, 눅 5:1)로 불리웠으며, 신약 시대에는 '갈릴리 바다' 또는 헤롯이 남서쪽 해안에 건설한 도시 이름(요 6:1; 21:1)을 따라 '디베랴 바다'로 불리웠다. 히브리어에서의 '바다'(얌)라는 말과 헬라어에서의 '바다'(달라싸)가 독일어(See)와 같이 '호수'를 가리키기도 한다. 이곳은 다른 바다보다 염분 정도가 5배(25%)가 되는 남쪽의 사해와는 달리 담수호로서 남북이 14마일(20km), 동서가 가장 폭이 넓은 곳이 9마일(12km)이며 해수면보다 보통 212m나 낮아 헤르몬 산으로부터 불어오는 태풍이 풍랑을 자주 일으킨다(마 8:24; 14:24, 막 4:37; 6:48, 눅 8:23, 요 6:18). 또한 이곳은 어족(魚族)이 풍부하여 어업이 번창하였고 그 해안에는 예수의 전도활동이 주요한 배경이 된 성읍들(마 4:13; 11:20, 요 6:23)이 위치해 있었다.

베드로라 하는 시몬 – '베드로'라는 헬라어 이름은 '반석'을 의미하는 것으로서 주님의 역사적 예견의 방법에 의해서 주어진 이름이다(마 2:1 6:18; 막 3:16; 눅 6:14). 이에 대한 아람어 동의어인 게바(반석)가 당시에 이미 널리 사용되던 이름이지만(Best, Wilson) 예수께서 시몬에게 붙여 주심으로 그의 신분과 미래의 가능성을 통찰하고 계시는 주님의 모습을 발견케 한다. 시몬은 히브리어 이름으로 '들음'을 의미하며 베드로의 본명(本名)이다.

안드레 – 이 이름은 순수한 헬라 이름으로서 '남자다움'을 뜻한다. 그는 원래 세례 요한의 제자였으나(요 1:40) 예수님께서 메시야이신 것을 확신하고 자기 형제인 베드로를 그리스도께 인도함으로 하나님 나라의 최초의 선교사란 칭호를 받았다. 또한 그는 이웃을 돕는데 신속하게(요 6:8; 9:12:21, 22) 그리고 은밀하게 선(善)을 행하는 숨은 일꾼이었다. 전설에 의하면 후에 그는 아가야(Achaia)에서 X형 십자가에 달려 순교했다고 전해진다.

09

변화된 포도주

열두 명의 제자가 사도로 뽑히고 난 후 얼마 되지 않아 첫번째 기적을 행하시는 사건이 일어났다.

장소는 갈릴리 가나였고 마침 혼인이 있어 예수님의 어머니와 함께 초대를 받으셨다. 그런데 잔치의 여흥이 한창 익어갈 무렵 포도주가 다 떨어져 버렸다. 그런데 왠일인가? 예수님의 어머니 마리아가 예수님에게로 다가가 말하는 것이었다.

"아들아, 포도주가 다 떨어졌는데 우리가 어떻게 해야 할까?"

예수님은 어머니에게 말합니다.

"여자여, 그것이 나에게 무슨 상관이 있습니까? 아직은 나의 때가 오지 않았습니다."

라고 대답하셨다. 하지만 그 말에도 불구하고 예수님의 어머니는 곁에 있던 일꾼들에게 조용히 타일렀다.

"보시오. 저분이 무엇이라도 시키는 대로 하면 좋은 일이 있을 겁니다."

라고 지시하고는 제자리로 돌아갔다. 그곳에는 유대인의 결례에 따라, 음식을 먹기 전 씻기 위한 6개의 큰 물 항아리가 있었는데, 그 항아리들은 비어 있었다.

"그 항아리에 물을 채워라."

예수님께서 말씀하셨다. 그러자 하인들이 물을 항아리에 언저리까지 채웠다.

"이제, 물을 떠서 사람들에게 갖다 주어라."

그 하인들은 매우 당황하였다. 그러나 예수님께서 시키는 대로 하였다. 그들은 술잔에 따라 준 것이 포도주가 아니라 물인 것을 모르고 벌컥벌컥 마셔댔다. 그런데 물맛을 보고는 신랑에게 말하였다.

"사람들마다 좋은 포도주를 먼저 내고 취한 후에 낮은 것을 내거늘 그대는 지금까지 좋은 포도주를 두었다가 이제 가져와 우리를 감동시키는구려."

물이 포도주로 바뀌는 기적이 일어난 것이다! 그것은 예수님이 일으키신 많은 기적들 중 첫번째 기적이었다. 그리고 그의 제자들이 그것을 보고, 주님이 하시는 말씀을 믿기 시작했다.

생각하는 페이지

요한복음 2장에 등장하는 포도주 사건은 물이 포도주로 변한 것뿐만 아니라 예수님이 그의 어머니와의 대화에서 그녀를 '여자여'라고 부른 호칭으로 인해 주목을 받고 있다. 또한 '표적'이라는 독특한 표현은 다른 복음서들이 사용한 '기적' 또는 '이적'이라는 표현들과의 차별성을 내포하고, 동시에 '첫번째 표적'이라는 표현을 사용하여 다가오는 일련의 표적들과 마지막 표적을 암시하면서 요한복음의 특징을 부각시키고 있다. 이러한 포도주 사건에 뒤이어 성전 정화 사건과 니고데모와 예수님과의 대화가 전개된다.

요한복음에 기록된 사건들의 역사성을 전제로 하면서 주어진 현재의 본문에 활력을 불어넣어 그 전체적인 구성과 배열의 틀이 주는 의미에 관심을 집중할 것이다. 비록 요한복음이 표면적으로는 다른 복음서들에 비해 구성의 복잡성이 떨어지는 것처럼 보이지만, 그러나 하나님 나라보다는 예수님 자신을 지향하는 말씀들과 비유적이라기보다는 우화적인 표현들의 사용은 오히려 복잡하고 정교한 요한복음의 구성을 배제할 수 없도록 만든다.

구약에서 포도주는 메시아 시대의 도래와 구원의 시대를 상징한다(아모스 9:13-14, 호세아 14:7, 요엘 4:18, 이사야 29:17, 예레미야 31:12). 새로운 시대의 도래를 상징하는 포도주 사건을 시작으로 전개되는 표적들은 마지막 표적인 부활로 그 절정에 이르고 있다. 요한복음은 비록 현재적이며(심판: 3:18, 9:39, 영생 3:36, 5:24, 부활 5:21, 24, 26, 이 세상 통치자의 쫓겨남 12:31) 동시에 미래적인 종말론의 요소들을 가지고 있지만(심판 12:48, 영생 12:25, 부활 6:39-40, 54, 파루시아 14:3, 18, 28; 메시아의 도래를 알려주는 계시록 15-16장), 그러나 부활 사건을 통하여 성령의 오심을 현재화시킴으로써 미래적인 종말론을 현재 속에 흡수시킨다. 첫번째 표적인 포도주 사건을 통하여 새로운 세계의 현존을 말하고 있으며, 이 표적 후에 저자는 예수님께서 "자기의 영광을 드러내셨다"라고 말씀하고 있는 것이다(2:11).

여자여!

가나의 혼인 잔치에서 포도주와 함께 '여자여'라는 호칭이 등장하고, 십자가 위에서 또 다시 포도주와 함께 이 호칭이 등장하며 가나에서와 달리 예수님은 포도주를 마신다.

왜 예수님은 자신의 어머니를 '여자여'라고 부르는가? 단지 요한복음의 저자만이 우리에게 이 여자가 '예수님의 어머니'라고 설명하고 있을 뿐이다. 본문은 이러한 호칭에 대한 균형 잡힌 시각을 우리에게 요구하고 있다. 물론 자신의 어머니에 대한 '여자여'라는 호칭이 지금의 우리 사회와는 달리 예수님 당시에 자연스럽게 사용되었다는 주장도 제기할 수 있지만, 그러나 모자 간에는 어색한 표현임에는 틀림이 없다. 예수님께서 비록 자신의 어머니에 대해 '어머니'라는 표현을 사용하지는 않지만, 십자가 위에서 한 제자에게 자신의 어머니를 "자, 이분이 네 어머니시다"(19:27)라고 표현하는 것과 같이 예수님은 '어머니'라는 호칭을 사용하기도 한다. 그럼에도 불구하고 예수님은 자신의 어머니에 대해서 단지 '여자여'라고 부를 뿐이다(2:4; 19:26). 또한 요한복음의 저자는 다른 복음서와 달리 예수님 어머니의 이름을 소개하지 않기 때문에, 예수님의 어머니는 예수님과의 관계에서 단지 '여자여'라는 호칭과 관련하여 기능하고 있다고 할 수 있다(마 1:16, 18, 20; 2:11; 13:55, 막 6:3, 눅 1:27, 30, 34, 38, 39, 41, 46, 56; 2:5, 16, 19, 34).

“사흘째 되는 날”

요한은 가나의 포도주 사건이 ‘사흘째 되는 날’ 발생했다고 소개하고 있다(2:1). 요한복음에서, 이 ‘사흘째 되는 날’이 어느 시점부터인지는 정확히 알 수가 없다. 요한복음에서, 예수님은 세례 요한과 더불어 활동을 시작하며, 처음에는 “태초에”(1:1), “이튿날”(1:29), “다음날”(1:35, 43)이라는 표현 등이 등장하다가, 가나의 포도주 사건을 언급할 때 ‘사흘째 되는 날,’이라는 순서적인 언급을 지속하다가(2:1), ‘첫번째 표적’이라고 구체적인 표적의 횟수를 드러내 주는 표현을 사용한다(2:11). 단순히 사건을 이어 주는 역할을 하기 위한 것이었다면 ‘이튿날’(1:29), ‘다음날’(1:35, 43) 등이 사용될 수도 있지만, 이렇게 특별한 기준점이 없는 상황 속에서 ‘사흘째 되는 날’이라는 구체적인 표현을 사용하는 것은 요한이 의도적인 장치라고 할 수 있을 것이다. 특별히 가나의 포도주 사건 뒤에 이어지는 성전 정화 사건에서 예수님은 사흘만에 다시 살아나실 것을 선언하고 있다(2:19). 요한복음에서 이 성전 정화 사건은 다른 복음서와 달리 예수님의 공생애 전반부에 위치하고 있으며, 그의 다시 살아나심에 대한 제자들의 반응을 기록하고 있다. 이러한 장치를 통해서, ‘사흘째 되는 날’과 ‘첫번째 표적’ 그리고 마지막 표적인 죽은 지 사흘만의 부활에 대한 예고가 등장하며, 첫번째 표적이 드러날 때 예수님의 어머니가 ‘여자’로서 무대를 장식하고, 마지막 표적이 드러날 때는 막달라 마리아가 빈 무덤 앞에서 그 표적을 증거한다.

물이 포도주로 바뀌는 사건이 첫번째 표적이라면, 마지막 표적은 예수님의 다시 살아나심을 통하여 ‘영’이 ‘성령’으로 우리에게 전달되는 사건이라고 할 수 있다.

10

야외수업

제자들을 사도로 세우시기 위하여 예수님은 자신의 얼마 남지 않은 생애 동안 열심히 제자들을 가르치셨다.

어떤 안식일에는 예수님께서 회당에서 가르치셨고 어떤 날은 제자들 중의 한 집에서 가르치셨다. 그러나 대부분 그분은 밖에서 가르침을 주셨다. 이스라엘은 여름이 매우 길고, 덥고 건조하였다.

때마침 갈릴리 호수 주변의 언덕에서 그의 가르침을 듣기 위하여 무리들이 모여 있었다. 그 무리들은 예수님 주변의 잔디에 빙 둘러 앉아, 그 말씀을 들었다.

그는 행복에 대하여 말씀하셨다.

"사람들은 부유한 사람들이 행복할 것이라고 생각한다."

그분은 계속해서 말씀하셨다,

"왜냐하면 그들은 돈으로 그들이 원하는 모든 것을 할 수 있을 것이라고 생각하기 때문이다. 그러나 그것은 틀렸느니라."

그는 그의 제자들을 둘러보셨다. 사실 그들은 모두 가난했다. 그리고 그들은 또한 배고팠다. 그럼에도 불구하고 그들은 모두 하나님의 사랑하시는 자녀요, 그 나라의 백성이었고 사랑스런 시민이었다. 그것을 아시기에 주님은 말씀하셨다.

"가난한 자는 복이 있나니 천국이 저희 것임이요."
"주린 자는 복이 있나니 저희가 배부름을 얻을 것임이요."
"우는 자는 복이 있나니 저희가 웃을 것임이요."
"인자를 인하여 사람들이 너희를 미워하며 멀리하고 욕하고 너희 이름을 악하다 하여 버릴 때에는 너희에게 복이 있도다. 그 날에 기뻐하고 뛰놀라. 하늘에서 너희 상이 큼이라."

야외수업 중 중요한 가르침을 베풀 때, 한 산에서 가르치셨는데 이를 산상수훈이라고 한다. 예수님께서 이런 설교를 하신 까닭은 하나님의 백성들이 세상 사람들의 태도나 방법을 본받지 않고 하나님의 법을 따라 살도록 하기 위해서였다.

산상수훈의 내용을 살펴보면 "심령이 가난한 자는 복이 있나니" 하며 시작하는 팔복이 있다. 이것을 천국 시민의 특징과 그들이 누리는 복에 대한 말씀이다. 천국 시민은 세상에서 빛과 소금처럼 살아가야 한다고 말씀하셨던 것이다.

십계명의 살인, 간음에 대해서 예수님은 새로운 해석을 하셨는데 형제를 미워하는 자는 곧 형제를 살인하는 것과 마찬가지요, 여자를 보고 음욕을 품은 자는 이미 간음한 자라고 하시면서 율법의 겉모습에만 집중하는 유대인들에게 율법의 정신을 가르쳐 주셨다. 예수께서 그들을 보았는데 사람들은 매우 어리둥절했다.

"돈을 모으고 많은 물건을 사지 말라. 누군가가 그것을 훔칠 것이다. 너희들의 보배를 하늘에 쌓아 두어라. 그리하면 그것을 훔칠 자가 없을 것이다. 너희는 선택해야 한다. 삶에서 얻은 부를 다 쓰느냐? 아니면 하나님이 원하시는 일을 하느냐?

너는 무엇을 입을까, 무엇을 마실까 몸을 위하여 무엇을 입을까 염려하지 말라. 목숨이 음식과 옷보다 중요하니라. 하늘에 나는 새를 보라. 하나님께서 돌보시는 너희는 이것들보다 귀하지 아니하냐?

주위를 봐라. 너희가 어찌 의복을 위하여 염려하느냐. 솔로몬의 모든 영광으로도 입은 것이 이 꽃 하나만 같지 못하였느니라. 그러므로 걱정으로 삶을 보내지 말라. 하나님은 너에게 필요한 것을 주시는 분이다. 너희는 하나님을 믿으라."

NEW TESTAMEN

사랑의 대명사이신 예수님답게 복수를 하지 말고 네게 구하는 자에게 주며 네게 꾸고자 하는 자에게 거절하지 말고 원수를 사랑하고 너를 핍박하는 자를 위해 기도하라고 하셨다. 이밖에도 산상수훈에서 예수님은 크리스천의 구제와 재물관, 이웃에 대한 태도를 용서와 금식, 비판이라는 주제를 통해 명쾌하게 설명하

셨다.

산상수훈의 내용대로 살아가기란 굉장히 어렵다. 또 노력한다고 해서 다 지킬 수 있는 것도 아니다. 이것은 오직 성령님 안에서 살아갈 때만 이루어질 수 있는 '천국시민 법' 인 것이다.

산상수훈이란 산 위에서 하신 예수님의 설교를 가리키는 말로 여덟 가지 복에 대한 내용으로 구성되어 있다. 이것은 바로 천국 시민의 특징과 그들이 누리는 복에 대한 말씀이다. 예수님께서 이런 설교를 하신 이유는, 하나님의 백성들이 세상 사람들의 태도나 방법을 본받지 않고 하나님의 법을 따라 살도록 하기 위해서였다. 누가복음에는 이 장소가 평지(눅 6:17)로 되어 있어 '평지수훈'이라 불리우는 바, 이러한 차이에 의하여 두 설교를 완전히 다른 것이라 주장하는 것은 성급한 일이다(눅 6:17). '산'과 그에 해당하는 히브리어와 아람어는 단순히 '산악 지역', '산이 많은 지방'을 의미할 수도 있으며, 또 '평지'가 산 아래 평원(平原)이 아니라 산에 있는 평평한 지역이라고 할 수도

있는 것이다. 어느 전설은 가버나움과 디베랴 사이의 한 언덕을 산상수훈(the Sermon on the Mount)의 산으로 전하고 있으며, 갈릴리에 내려오는 한 전설은 그 산 이름을 핫틴산이라 부르고 있으나 그 어느 것도 분명하지 않다. 한편 고대의 많은 주석가들은 예수님께서 일부러 산에 올라가셨으며 그것은 시내산에서 율법을 받은 모세와 새로운 계명을 가르치는 자신과의 유사함을 나타내시기 위함이라고 주장한다. 그런 점에서 본문의 산을 흔히 '신약의 시내산'이라 일컫기도 한다(Carr and Delitsch). 실로 예수님의 메시지는 율법의 완성으로서의 복음이었고, 예수님께서는 모세보다 위대하신 새로운 모세의 실체이셨던 것이다.

소금

지금은 겨울에 눈이 쌓이면 길바닥에 뿌릴 정도로 흔해졌지만 옛날에는 '소금이 돈이자 권력'인 시절이 분명 있었다. 8세기 유럽에서처럼 입술에 소금을 발라 줌으로써 의학적 종교적 치유와 위생을 도모했다. 소금의 수요는 미지의 대양과 긴 사막을 가로지르는 무역로를 만들었고 소금 때문에 전쟁이 벌어지기도 했다. 이렇게 소금은 역사의 획마다 중요한 구실을 했다. 유대 국가 이스라엘의 건설은 세상에서 가장 짠 바다, 사해의 경제성에 주목한 시오니스트에 의해 시작됐다고 한다.

소금을 의미하는 '히브이어'는 모든 셈어에 공통되어 있어서, 소금이 일찍부터 셈족 일반에게 사용되고 있었다. 따라서 소금은 성막, 성전에서의 제물에 넣어졌다(레 2:13, 겔 43:24). 소금은 맛을 변하지 않게 하는 것인데서, "함께 소금을 먹는다."는 말은 불변하는 우정을 상징하여 '소금의 언약'이라는 표현을 낳았다(대하 13:5, 스 4:14). 이는 소금이 사물의 부패를 방지하듯이 양자 사이의 계약도 영원 불변토록 지켜지기를 갈망해서이다. 이러한 소금의 상징은 레오나르도 다빈치가 그린 〈최후의 만찬〉에서 유다가 소금 단지를 넘어뜨리는 것으로 그의 배반을 보여주는 데도 사용되었다. 그런 관점에서 마가복음 9장 50절에 있는 "너희 속에 소금을 두라"는 명령과 "서로 화목하라"는 말이 결합되어 있는 것은 매우 의미심장하다. 어린아이에게 소금을 뿌리는 것은 일종의 성별의 방법으로 여겨져(겔 16:4), 이 습관은 오늘날까지도 행해지고 있다. 헬라 사람들은 소금을 '신(神)과 같은 것'이라고 여겼고, 로마 사람들은 "태양과 소금보다 더 유용한 것은 없다"(Nil utilius sole et sale)라는 노래까지 불렀다. 당시 사람들은 소금이 방부(防腐), 조미(調味)의 특성이 있다고 보았고, 예수는 자신의 참 제자가 사회의 도덕을 순화하고 높이는데 모범이 되는 일에 이를 비유하였다(마 5:13, 막 9:50, 눅 14:34). 소금은 또한 건전한 인격과 언어에도 사용되어 있다(골 4:6). 팔레스타인의 암염은 풍화되기도 하고 습기를 흡수하여 용해되어 후에는 비료에도 못쓰는 '맛 잃은 소금'으로서 길에 버려지기도 한다(마 5:13, 막 9:12). 이렇듯 귀하게 여겨졌던 소금은 때로는 무익, 황폐, 불모, 죽음의 상징으로 되기도 한다(렘17:6, 겔 47:11, 습 2:9). 파괴된 성읍에 소금을 뿌리는 것은 완전한 멸망을 의미하고(삿 9:45), 롯의 아내는 소돔과 고모라가 멸망할 때, 뒤를 돌아다보다가 소금 기둥이 되었다(창 19:26), 예수는 이것을 원용하여 재물에 집착하지 말 것을 경고하신다(눅 17:32, 33). 마가복음 9장 49절에는 "사람마다 불로써 소금 치듯 함을 받으리라." 하는 표현이 있는데, 제물이 소금으로 깨끗해지듯 불은 제자들이 그것에 의해 깨끗해지는 고난과 희생의 상징으로 되어 있는 것이다.

예수께서는 당신을 따르는 무리들에게 세상의 부패와 타락을 방지하고 무미한 삶에 간을 주는 소금의 역할을 다하라고 요구하신다. 만일 소금이 그 본연의 역할을 다하지 못해 쓸 데 없어진다면 밖에 버려져 사람들에게 짓밟히는 신세가 될 것이다(마 5:13).

11

높은 표준

예수님은 비유로서 자신이 세우게 될 영원한 영적인 나라의 의미를 그의 제자들이 이해하도록 도우셨다.

"너희들은 소금과 같다."

이에 대해 설명하셨다.

"소금은 맛을 더하고 음식이 부패하는 것을 막는다. 너희들은 하나님의 세상이 썩어가는 것을 막아야 한다! 너희들은 등불과 같다. 너희들은 어두운 곳을 밝게 비춰야 한다. 너희들이 불을 밝힐 때, 즉 너희의 착한 행실을 보고 그들은 하나님이 살아 계신 것을 알고 또 그분께 감사할 것이다."

그분은 하나님의 백성으로 살아가기 위해서는, 자신을 닮아야 한다고 말씀하셨다.

"너희는 구약에서 말하고 있는 하나님의 법을 지켜야 한다. 또 나는 율법을 폐하러 온 것이 아니라 완성하려고 왔다."

하나님은 율법을 통해 인간이라면 꼭 지켜야할 높은 표준을 세우셨다. '하나님만을 섬기며 하나님 외에는 어떤 것도 우상으로 섬겨서는 안 된다.' 고 하셨다. 그리고 '살인을 하지 말라.' 하셨고, '이웃의 물건을 탐내거나 가지지 말라고도 하셨다. 그러므로 이러한 하나님의 높은 표준은 지금도 따라야 한다.

"너희들은 사람들에게 눈에는 눈으로, 이에는 이로 갚으라는 것을 들었으나, 하나님은 그의 백성들이 원수를 사랑하기를 원하신다. 은혜를 원수로 갚지 말라."고 율법을 새롭게 해석해서 가르치셨다.

"하나님의 길로 가는 것은 쉽지 않다. 그것은 어렵고 험난하고, 또한 좁은 길과 그리고 문과 같다. 하지만 너희는 반드시 그 길로 가는 여행을 시작해야 한다."고 하시면서 더 높은 도덕률을 제자들에게 말씀하셨다.

세상의 소금과 빛(마 13:16)

소금과 빛에 관련하여 사용된 '세상'(kovsmo; 코스모스)은 땅을 의미하지 않고 세상의 사람들을 가리킨다. 사람들의 마음의 상태가 어두울 때에 소금과 빛의 역할을 어느 때보다도 중시된다. 할라스는 호머(Hommer) 이후로 소금을 뜻하며, 시적으로는 바다를, 속담으로는 오랜 친구들을 의미한다. 소금이 양념과 방부제로서 지니는 특성과 의약상의 가치는 오늘날만큼이나 고대 세계에서도 보편적인 것이었다. 헬라 사람들은 소금을 '신과 같은 것'(데이온)이라고 하였다(W. Barclay). 라틴시에는 "태양과 소금보다 더 유용한 것은 없다."(Nil utilius sole et sale)라는 구절이 있다. 예수님 당시에 소금은 순결을 연상케 하였고, 가장 일반적인 방부제였으며, 음식에 맛을 주는 것이었다. 그리스도인들은 이 세상에서 가장 유용한 사람들로 인정받아야 하고, 삶의 기쁨과 행복을 전달해 주어야 한다(롬 15:2, 갈 5:22, 23). 에안(ejavn; 만일)은 종속절의 초두에 오는 접속사이며, 가정법과 함께 사용되는데 어떤 환경에서 기대되는 바를 지시하는 역할을 한다. 모란데(그 맛을 잃으면)는 모라이노(어리석은 것을 드러내다, 무미하게 만들다)의 단순과거 가정법 수동형으로 일회적으로 발생하는 동작을 나타낸다. 따라서 '맛이 없어진다면'이라는 의미가 된다(A. T. Robertson). 수리아와 팔레스타인에서 흔히 볼 수 있는 풍경 가운데 하나는 소금이 그 독특한 맛을 잃어 버려진 채로 쌓여 있는 모습이다(B. Scotts). 그리스도인들의 신앙도 이처럼 변질될 가능성이 다분하므로 세속과의 타협을 철저히 배제하는 것이 필요하다(약 4:4).

세상을 비추는 빛

코스모스(kovsmo; 세상)는 '세계, 인류'를 의미하는데, '우주'로서 쓰인 이 단어의 첫번째 용례는 우주 자체보다는 오히려 전체성을 이루고 있는 질서를 가리키다가 후대에 이르러 이 질서에 의해 이루어진 우주를 가리키게 되었다(H.Sasse). 계시의 빛이 없을 때 이 세상은 영적인 암흑 상태가 된다(Smith). 사람들의 마음과 생각의 영역이 어두움의 상태에 머물 수밖에 없으므로 그리스도인들의 역할이 중시된다(엡 5:11). 포스(빛)는 문자적 의미에서 전이되어 '착한 행실'을 가리킨다. 빛은 보는 매체이고 보아야 할 목표이다. 빛은 자유, 구원, 희망을 가져다 준다. 영적 빛은 하나님의 현현을 동반한다. 그리스도인들은 빛의 자녀들(엡 5:8)이므로 빛의 열매를 내도록 힘쓰는 것이 마땅하다. 의로움과 착함, 진실함으로 세상을 비추지 못하면 사람들은 여전히 영적인 흑암 가운데서 행하게 되어 있다(엡 6:12).

모든 사람에게 비치는 등불

'휘포'가 장소에 대한 목적격과 함께 쓰일 때 일반적 의미의 '아래, 밑에'라는 뜻과 세력, 통치, 지배, 명령 등의 '아래'를 의미한다. 모디오스(movdio; 말)는 곡물을 되는 용기를 가리킨다(W. Baner). 이 예화는 가난한 농가의 생활상과 관계가 있다. 그 집은 방이 하나뿐이어서 조그마한 등 하나로 집안 전체를 밝히기에 충분하였다(F. F. Bruce). 등불을 말 아래에 두는 일은 없다. 마찬가지로 그리스도인들은 은둔코자 해서는 안 된다. 세상 속에 주를 증거해야 한다(행 1:8). 오이키아(oijkiva/집)는 오이코스(집)보다 좁은 의미로 쓰여서 오로지 집만을 가리키나 신약은 이 단어를 집뿐 아니라 가옥을 지칭할 때에도 사용하고 있다(마 10:12). 심지어는 '재산'을 가리키기도 한다(막 12:40). '람프사토'(비취게 하여)는 '람포'(비취다)의 부정과거 명령법으로 비취게 한다는 어떤 사건, 사실에 대한 동작을 명령한다. 이는 예수의 제자들이 처신해야 할 올바른 방향을 제시하고 있다. 그리스도인들은 예수를 통하여 하늘 아버지로부터 받은 빛을 그분을 영화롭게 하기 위해서 세상에 비취도록 허락된 사람들이다(Tdnt). '람프사토'가 명령형이라는 사실은 주의 권고가 지닌 권위와 비중을 잘 알게 한다. 등불을 켜는 목적이 집안을 밝게 비추는 것이든, 주께서 성도를 새로 지으신 목적 중 어느 하나도 이 세상의 어두움을 내어 쫓고 하늘에 계신 아버지를 영화롭게 하는 것이다. 빛을 비추는 것은 자신의 영광을 위한 것이 아니다. 빛의 근원이요 주관자이신 하나님의 영광을 위한 것이어야 한다(Smith).

율법을 완전케 하려 오신 예수

노미세테(생각지)는 노미조(생각하다, 간주하다)의 단순과거 가정법으로 본문에서는 부정사(메아니)와 함께 명령이나 권고를 표시한다. 이는 그리스도를 과격주의, 율법 파괴주의자로 오해하는 사람들의 생각이 옳지 못함을 지적하고 있다. 유대교의 지도자들은 그분에 대해 지독한 편견을 가지고 있었던 탓에 사사건건 부정적인 입장을 취하곤 했다. '카탈뤼사이'(폐하러)는 '카탈뤼오'(파괴하다, 무효케 하다)의 단순과거 부정사인데, 부정사는 목적을 표현하기 위해서 사용된다. 그리스도는 구약 전체를 일컫는 율법과 선지자를 무효로 하게 하고자 오신 것이 아니다. 그분의 행동이 율법학자의 행동과 상치되는 경우는 종종 있었으되, 율법이나 예언을 무가치하다고 폐기하신 적은 단 한 번도 없다(사 34:16). 율법과 선지자는 구약성경 전체를 가리킨다. 신약이 나오기까지는 구약을 그렇게 부르고 있었다. '플레로사이'(완전케 하려)는 단순과거 부정사로서 목적의 의미로 쓰였다. 주께서 자신을 율법의 완성자로 말씀하신 것은 유대인들이 율법을 다만 형식적으로 지킨 것과는 달리 본래의 의의(意義)대로 완전히 이루고자 오셨음을 공포하신 것이다. 그리스도는 율법을 완성하고 그것이 나타내려고 하였던 깊은 의미를 완전히 보여주시려고 오셨다(McNeile).

좁고 협착한 천국의 문(20절)

천국에 들어갈 수 있는 의(義)에 관한 그리스도의 가르침은 안이하게 일상에 대처하려는 많은 그리스도인들에게 경종을 울려 준다. 누구든지 천국에 들어가기 위해서는 그 의가 바리새인이나 서기관들의 의보다 월등하게 탁월해야 함을 나타낸다. 결국 율법을 문자대로 준수하려는 율법적인 의를 가지고서는 천국 입성이 불가능함을 보여준다. 율법의 행위로는 어떤 사람도 의롭게 될 수가 없다(롬 3:20). 유대인들도 모세의 법전을 단지 외형적이며 비영적(unspiritual)으로 적용시킬 뿐이었으므로 하나님의 의에 이르지 못했다(롬 9:31).

12

예수님의 기도

NEW TESTAMENT

예수님은 땅에서 하나님의 자녀로서 살아갈 때 필요한 것을 채우고 도와주며 또 기도하는 것에 대하여 말씀하셨다.

'너희들이 사람을 도와주려고 할 때, 조용히 돕도록 하고 그것을 일부러 자랑하며 떠벌리지 말라, 그러면 이미 너희는 너희가 하나님 아버지께로부터 받을 상을 이미 스스로 받은 것과 같이 된다.'

이 말씀을 하시면서 어떤 일을 하든지 진정성을 가지고 하나님 앞에서 하라고 가르치셨다.

'그리고 너희가 기도 할 때에, 그것을 자랑하거나 금식하거나 하는 흔적을 남기지 말도록 하거라. 그렇지 않으면 너희는 은밀히 보시는 아버지의 도우심을 얻지 못할 것이다.' 이렇게 예수님이 말씀하시며 덧 붙이셨다.

'기도하기를 원한다면 어딘가에서 조용히 기도하라. 골방이면 더 좋을 것이다. 그리고 조용히 하나님 아버지와 대화 하듯이 얘기 하거라. 하나님은 은밀히 말하는 것도 다 들으시는 분이시기 때문이다. 그리고 하나님께 기도 할 때에 이방인과 같이 했던 말을 되풀이 하지 말거라. 그러면 그것은 중언부언하는 염불과 같이 되어 아무런 의미가 없어지기 때문이다. 그리고 꼭 기억하거라 하나님은 너희의 필요한 것을 모두 아시느니라.'

그러면서 주님은 기도의 모범을 가르쳐주셨다.

'그러므로 너희는 이렇게 기도하거라.'

"하늘에 계신 우리 아버지여.

이름이 거룩히 여김을 받으시오며,

나라이 임하옵시며

뜻이 하늘에서 이루어지는 것 같이

땅에서도 이루어지이다.

오늘날 우리에게 일용할 양식을 주옵시고.

우리가 우리에게 죄 지은 자를 사하여 준 것같이

우리의 죄를 사하여 주옵시고.

우리를 시험에 들게 하지 마옵시고

다만 악에서 구하옵소서."

기도에 대한 가르침(마 6:5~15)

당시 유대인들은 하루 세 번(오전9시, 정오, 오후3시) 정규적인 기도의 시간을 가졌다(눅 18:9-14, 행 3:1; 10:9). 그러나 일부 외식주의자들은 이 시간에 고의적으로 사람들 앞에 나아가 기도하며 자신의 경건함을 과시하려 했고, 본문은 그러한 외식주의자들의 가식적인 기도와 잘못된 기도를 경고하는 동시에 참된 신앙 정신에 근거한 올바른 기도의 원형을 제시하고 있다. 실로 기도는 기도자와 하나님과의 은밀한 인격적 만남과 교제의 행위로서 성도들의 신앙적 삶의 영위에 필연적인 것이므로 참된 기도는 그 내적 동기가 온전히 우리 기도의 대상이신 하나님만을 향한 것이어야 한다. 외식적 구제와 마찬가지로 외식적 기도의 전형이 먼저 제시된다. 여기서 특별히 그 기도의 장소가 '회당' 외에 '엔 타이스 고니아이스 톤 플라테이온'(큰 거리 어귀에)으로 언급된 것은 일반적으로 그곳이 많은 사람들이 모여 상거래를 하거나 정보의 교환이 쉽게 이루어지는 곳이었기 때문이다. 이곳은 외식주의자들이 의도적으로 공개된 기도를 통해 자신의 경건성을 많은 사람들에게 과시하기에는 가장 적합한 곳이었다. 이는 곧 외식적 구제를 행할 때 찾았던 '거리'(좁은 골목)와 함께 그들의 기회주의적 면모를 확인시켜 주는 것으로서 그들의 종교 생활 전반이 곧 자신의 이기적 정욕과 세속적 명예의 획득에 그 목적을 두고 있음을 보여준다. 또한 이러한 사실은 지속적인 동작의 반복을 나타내는 현재 시상의 과거형 헤스토테스 프로슈케스다이(서서 기도하기를)와 함께 그들의 외식적인 기도 행위가 이미 습관화되어 있음을 시사해 주며, 그들이 행하는 기도의 불순한 동기를 암시케 한다.

참된 기도의 모본으로 제시된 주의 기도(9~13절)

외식적 기도, 잘못된 기도의 전형과 참된 기도의 전형을 대비시켜 진정한 기도의 내적, 외적 동기와 자세를 피력한데 이어 본문에서는 좀더 구체적으로 직접 참된 기도의 모델을 제시하고 있다. 누가복음 11장 2-4절과 병행을 이루는 본문은 십계명의 경우(제1-4계명: 대신적 의무 규정, 제5-10계명: 대인적 의무 규정)와 마찬가지로 참된 기도에 있어서 세 가지의 수직적 요소(9, 10절)와 네 가지의 수평적 요소(11-13절)를 포괄하고 있다(출 20:3-17). 곧 본문은 기도의 정형적인 틀을 문자적으로 제시한 것이라기보다는 9절 초두의 부사 후토스(이렇게)가 암시해 주는 것처럼 참된 기도의 모델, 곧 기도자가 행할 참된 기도의 방법론과 거기에 내재된 신앙 정신을 제시해 주는 것으로 이해할 수 있다.

13

두 개의 집

예수님은 긴 시간동안 말씀을 하시고, 한 이야기로 끝을 맺으셨다.

어느 날, 두 사람이 집을 지으려고 결심을 하였다.

지혜로운 사람은 그의 집을 단단한 반석위에 지었다. 어느날 홍수가 내리고 바람이 심하게 불었다. 하지만 그의 집은 굳게 서 있었다, 왜냐하면 그는 돌 위에 집을 지었기 때문이다. 만약 내가 말하는 것을 듣고 따르는 자는, 집을 반석위에 세운 지혜로운 사람과 같다.

어리석은 사람은 그의 집을 모래 위에 지었다. 모래위에 집을 지으니 만들기가 매우 쉬웠다! 하지만 홍수가 나고 바람이 불자 그의 집은 요란한 소리를 내며 무너져 버렸다.

만약 나의 말을 듣고 따르지 않는 다면, 너희는 이 어리석은 사람과 같이 될 것이다. 주 예수님께서 이 비유를 들어 말씀 하신 이유는 말을 듣는 데는 두 가지 길이 있기 때문이다.

하나는 귀로 듣는 것이고 다른 하나는 온 몸으로 듣는 것이다. 귀로 들으면 한귀로 듣고 다른 한귀로 흘려버려 질 수 있지만 온 몸으로 들으면 그럴 수가 없다. 귀는 두개가 있어서 한귀로 듣고 다른 귀로 흘려 버릴 수 있지만 몸은 하나이기 때문에 옴몸으로 들으면 듣는 것을 버릴 수 없다. 복음이란 귀로 듣는 것이 아니라 온 몸으로 듣는 것이다. 귀로 듣는다면 복음의 말씀을 유식하게 쓰는 말 잘하는 자가 될 것이고 온 몸으로 듣는 다면 그는 복음 자체가 되어 복음대로 행하게 될 것이다. 복음의 말씀이 그대로 삶이 되어 살아가게 될 것이다. 귀로 많이 듣는 자 보다는 한 가지라도 온 몸으로 듣고 온 몸으로 행하는 자가 의롭다 할 것이다.

복음이란 하늘의 복된 소리이다. 하늘의 복된 소리라는 것은 이 세상 사람들의 소리가 아닌 하나님이신 예수님의 말씀을 듣고 순종하는 것이다. 주님의 말씀을 하나님의 말씀으로 들을 때 구원을 받고 영생을 누리며 영원한 형벌과 저주에서 구원받는 것을 말한다. 이 복음을 전하는 곳을 반석위에 세워진 집이라 할 것이다. 이 집은 세상의 욕망이나 소망으로 세워진 집이 아니라 주님의 말씀으로 충만하게 세워진 믿음이다. 그러므로 반석위에 세워진 집이란 세상의 욕망과 집착을 버리고 오직 주 예수님의 뜻에 따라 살아가는 사람을 일컫는 말이다.

세상의 욕망에 의해서 세상에 세운 집은 언제라도 파괴되고 부서지는 것이지만 주님의 말씀에 의해서 세워진 사람은 세상 것으로는 파멸 되지 않는 것이니 반석위에 세운 집처럼 영원 하다고 할 수 있다.

반석 위에 지은 집이나 모래위에 지은 두 가지 종류의 집의 특징은 평상시에는 둘을 구분하기 힘들다. 즉 위험이 닥치기 전에는 구분하지 못한다는 것이다. 인생이 끝나는 시점에 판가름 나며 되돌릴 수 없다는 것이다.

'반석'과 '요새'는 팔레스타인의 지형적 여건에서 따온 용어들이다. 우선 '반석'(rock)은 가파르고 접근하기 매우 까다로운 바위를 의미한다. 위기에 처한 용사들은 곧잘 이곳에 피하여 몸을 숨기곤 하였다(삼상 13:6). 다윗도 사울의 추격을 받았을 당시에 이곳에 몸을 숨김으로써 위기를 넘기곤 하였다(삼상 22:5; 24:23). 또한 '요새'(fortress)는 가파른 바위에 둘러싸인 산 꼭대기를 의미하며, 팔레스타인 지역에는 이러한 요새들이 곳곳에 자리잡고 있다(삿 6:2) 어떤 사람을 반석 위에 집을 지은 사람과 비유하고 있는가? 바로 주의 말씀을 듣고 그대로 행하는 사람이다. 하나님의 뜻에 준행하여 살아가는 사람이다. 세상에 자신의 삶의 가치를 두기 보다 하나님의 말씀과 그 분에게 뜻을 두는 사람이다. 그런 사람은 세상 풍파가 밀어닥치고, 세상에 심판이 임해도 결코 흔들리지 않을 것이다. 그 영적인 기초를 결코 흔들리지 않는 반석 위에 세웠기 때문이다. 그러나 세상의 임시적인 것 위에 세워진 집은 쉽게 흔들릴 것이다. 세속적인 모든 것들 위에 세워진 삶은 필경 절망하고 무너져 내릴 수밖에 없을 것이다.

암벽 속의 도시 페트라

서남 아시아에 있는 요르단에 페트라라는 도시가 있다. 황폐한 산과 바위및 돌로 이루어진 거친 지방으로 유명한 곳이다. 그 가운데에 작은

구릉으로 둘러싸인 오아시스가 있고, 그것들을 안고 있는 작은 도시가 바로 페트라이다. 여기서 페트라라는 말은 돌을 의미한다고 한다. 일반적인 도시의 거리와는 전혀 다른 모습의 페트라는 불모의 황야 중간 지점에 있는 가장 험준한 산속에 숨어 있어 이 고장 사람이 아니면 찾아내기조차 어렵다.

이 도시의 입구는 거치른 산의 암벽이 갈라진 협곡으로 되어 있고 이 협곡의 깊이는 자그마치 300여 미터나 된다. 이런 험하고 어지러운 협곡을 2킬로미터쯤 지나면 돌로 지어진 도시인 페트라가 있다. 햇빛조차 침투하기 어려운 지형을 가지고 있는 이 작은 도시가 불가사의의 도시가 된 것은 어쩌면 당연한 일인지도 모른다. 경이로움과 신비함, 그리고 놀라움을 금치 못하는 바위 도시 페트라. 거리 자체가 신비하리만큼 아름다운 궁전으로 이루어져 있고, 그리고 또 하나 이 도시를 장식하고 있는 것이 묘지이다. 양쪽의 협곡이 모두 이러한 형상으로 되어 있어 마치 어느 조각가가 조각을 해놓은 것처럼 보인다. 누가, 어떻게 이러한 거대한 돌건축을 했을까? 2000년 이상의 시간이 지났는데도 아무런 상처도 입지 않고 그대로 서 있는 페트라의 건축. 산에 박힌 자연의 돌을 이용한 궁전과 묘지. 이러한 건축물이 건설될 당시 이곳을 다스리던 왕은 도둑의 무리였다고 전해지고 있다. 이들은 근처를 지나가는 상인들의 보물이나 비단을 빼앗아 부를 축적했다. 토벌대가 이들을 없애려 무진 애를 썼지만 천연의 요새인 이곳을 점령할 수는 없었다.

부를 축적한 페트라 사람들은 다른 지방을 침략하여 화가나 조각가를 잡아와 귀족들의 무덤이나 건축물을 조각하는데 이용을 했다. 그들이 만든 무덤은 바위를 파고 그 안에 자신들의 몸을 두는 식이었다. 이를 보던 페트라의 왕은 가장 아름답고 웅장한 묘를 만들겠다고 다짐을 하고 조각가와 화가를 총동원했다. 이렇게 하여 만든 묘는 마치 궁전처럼 웅장했고 아름다움 그 자체였다. 왕은 후세들이 자신의 무덤보다 더 좋은 무덤을 만들 것을 걱정한 나머지 자신의 무덤을 만드는데 참여했던 조각가와 건축 기술자들의 눈을 모두 장님으로 만들어 버렸다. 이 무덤의 높이는 우리가 보통 생각하는 10층 빌딩 크기이고 무덤의 폭은 30미터 그리고 무덤의 안에는 바위를 파낸 넓디넓은 홀이 있고 손으로 깎은 돌기둥이 우뚝우뚝 서 있다. 도대체 이러한 웅장한 건축물을 어떻게 세웠을까? 피라미드나 만리장성 만큼이나 사람들의 피와 눈물이 함께 고여 있을 페트라의 바위 건축물. 어디를 보아도 온통 돌투성이인 척박한 땅에 고대의 사람들이 어떻게 이렇게 웅장하고 아름다운 도시를 세웠는지는 아무도 모른다. 그저 불가사의라고 말을 할 뿐이다.

14

중풍병자를 고치시다

"너 나사렛에서 온 분에 대해 들었어?"

"소문이라니?"

"사람들이 그러는데 그 분은 모든 병을 다 고치실 수 있대."

이러한 소문이 유다 땅에 하루를 멀다하고 전국에 서서히 퍼져가고 있었다. 그 시대는, 오직 부자인 사람들만 의사를 부를 수 있었다. 그렇기 때문에 그 소식은 빠르게 퍼져나갔다. 예수께서 어디든지 가셔서, 아픈 사람들을 불러 고쳐주셨기 때문이다.

그는 앞이 보이지 않는 자의 눈을 뜨게 하고, 귀머거리의 귀가 들리게 하고, 벙어리의 입에서 말이 나오게 하는 기적을 행하셨다.

예수님께서는 몸이든 마음이든 못 고치시는 병이 없으셨다. 하나님께서 그에게 특별한 힘을 주셨기 때문이다.

그리고 그가 행하시는 기적들을 보고, 많은 사람들이 그가 하시는 말씀을 믿기 시작했다.

한 중풍환자가 있었다. 그의 친구들은 예수님이 모든 병을 고칠 수 있으시다는 것을 확실히 믿고 있었다.

그러나 그 중풍환자는 움직일 수가 없었다. 그래서 네 명의 친구들은 그를 들어 예수님 앞으로 나아갔다. 하지만 그곳은 수많은 사람들이 입구를 가로막고 있어서 들어갈 수가 없었다.

그래서 그들은 생각하였다. 예수님이 계신 곳의 지붕을 뜯어 구멍을 내고 그들의 친구를 내리면 어떨까 하고, 생각이 여기에 미치자 그들은 곧 의논하고 실행에 옮겼다. 결국 지붕은 뜯어졌고 하늘로부터 침상이 내려져왔다. 사람들은 갑자기 벌어진 황당한 일에 놀라 혼비백산하였다. 하지만 예수님은 4명의 친구를 보시고 그들의 친구에 대한 사랑과 믿음을 아셨다.

"너는 죄 사함을 받았다." 그가 남자에게 말씀하셨다.

"오직 하나님만이 죄를 사하실 수 있는데 당신은 어찌 그리 말하는가?" 서기관들이 말했다.

"중풍환자를 고치는 것과 죄를 사하는 것 중 어느 것이 더 쉽겠는가?" 예수님이 말씀 하셨다. "내가 그렇게 말 한 것은 나에게 죄를 사하는 권세가 있음을 너희가 알게 하려 함이라." 그리고는 남자에게 말씀하셨다.

"일어나 네 상을 가지고 집으로 가라."

그러자 그가 일어나 상을 가지고 모든 사람 앞에서 나갔다. 그 자리에서 그것을 본 모든 사람들이 놀랐다.

예수님은 믿음은 마음에 생각한 것을 입으로 시인하고 그리고 실행에 옮기는 것임을 이 사건을 통하여 제자들에게 잘 가르쳐 주셨다. 이처럼 예수님은 모든 사건을 제자들에게 믿음을 가르치시는 도구로 사용하셨다. 그래서 삼 년이라는 짧은 시간에 제자들은 많은 영적인 것을 깨달을 수 있었다.

제자들은 중풍병자를 매달아 지붕을 뜯어 내린 이 사건을 오래 오래 기억하고 후일 예수님이 하늘나라로 승천하신 이후 신약성경을 기록할 때 잊지 않고 이 사건을 기록해서 후대에 믿게 될 사람들에게 믿음이란 무엇인지를 가르쳐주었다.

이처럼 좋은 믿음은 다른 사람들을 전염시키는 힘이 있다. 중풍병자는 자신의 힘으로는 사지를 움직일 수 없는 병을 가진 사람을 말하는 것이다. 이 사람은 자신의 믿음으로 병을 고친 것이 아니라 다른 사람들의 믿음에 의해 구원받은 것이다. 믿음은 이처럼 다른 사람까지도 돕고 구원할 수 있다.

생각하는 페이지

성경에는 예수님께서 각가지 불치의 병들을 고치셨지만, 특히 중풍병의 치유에 대한 기록이 많이 나와 있다. 베데스다 연못가의 38년 된 병자와 백부장의 하인, 4명의 친구에 의해 지붕을 뚫고 예수님의 발앞에 놓음으로 칭찬받은 사람들이 그 예이다.

그런데 중풍병에 걸린 사람은 대부분 남자로 묘사되어 있는 것 같다. 실제로 중풍병은 노장년의 남자들에게서 자주 발생하는 질환이다. 뇌졸중이라고도 불리는 중풍병은 뇌혈관이 막힘으로서 생기는 질환으로 당뇨와 고혈압, 흡연, 심혈관 질환이 그 원인이 되며, 동시에 동서고금을 막론하고 가장 사망률이 높은 질환이다.

그리고 살아남은 사람은 차라리 죽는 것이 낫다고 할 정도로 심한 지체마비와 후유증으로 자신과 주위가족들에게 심한 고통을 안겨주는 질환이다.

그러기에 예수님은 중풍병자에 대해 특별한 연민과 동정심을 가지시고 그들을 고통으로부터 해방시키기 원하셨던 것 같다. 하인이 나았을 때 자신뿐만 아니라 주위 가족친지들의 기쁨은 얼마나 더 했을까?

그들은 그후 모두 예수님을 믿고 따르게 됐으리라 확신한다. 복음을 전하기 위한 표적으로 질병의 치유는 가장 보편적이고도 확실한 방법이다. 병은 문화와 인종을 초월하여 누구나 겪게 되는 인생의 근본문제이며 죄성의 결과이기 때문이다.

마태복음 8장에 가버나움의 한 백부장은 자신의 하인이 중풍병에 들어 몹시 괴로워한다고 예수님께 간구 하였다. 예수님은 가서 고쳐주시기로 하였지만, 주께서 말씀만 하시면 나으리라는 백부장의 순수한 믿음을 보시고 탄복하시며 하인의 중풍병을 즉시 고쳐 주셨다. 이런 확신은 믿음의 본질이며, 백부장의 그 믿음을 통해 말씀속에 담긴 창조주의 능력이 하인을 중풍병으로부터 해방시킨 것이다.

우리는 여기서 중풍병자를 제외한 4명의 이웃의 믿음을 보신 것인지 아니면 이웃 4명과 중풍병자를 포함한 5명의 믿음을 보신 것인 지를 알 길이 없다. 그러나 우리가 주목하고 성경 본문의 문맥이 강조하는 초점은 반신불수가 된 환자보다는 4명의 이웃에 있다.

중풍병 환자는 스스로 자신의 몸을 관리할 수 없는 사람이었다. 스스로 자신의 문제를 해결 할 수 없는 사람이었다. 깊은 상처와 무거운 짐은 그의 인생을 캄캄한 어둠으로 몰아가고 있었다. 절망만이 그의 길일 뿐이다. 그런데 그에게 희망의 빛이 되어준 사람들이 있었으니 4명의 선한 이웃이었다. 그들은 이 사람을 주님께로 인도하면 새 삶을 얻게 될 것이라는 믿음의 확신을 갖고 있었다. 그리고 이 환자를 설득하여 예수님 앞으로 인도하게 된 것이다. 한 영혼에 대한 열정의 사랑이 있었다. 캄캄한 어두운 영혼도 예수님 발 아래 데려다 놓으면 인생의 새 빛을 받을 수 있다는 믿음의 확신을 행동으로 옮긴 사람들이었다. 이들의 행동이야말로 예수님 보시기에 영웅적 행동이었다.

우리는 이 광경에서 몇 가지 진리를 발견한다. 한 영혼을 구원하기 위하여 필요한 것이 무엇인가 하는 점이다. 우리는 선한 이웃 4명의 협력이 있었음을 알 수 있다. 한 사람을 주님께로 안전하게 인도하기 위하여 4명의 이웃이 협력하였다. 오늘 우리가 새신자를 교회와 주님께로 잘 인도하기 위하여 4겹의 이웃을 필요로 한다. 여러분의 믿음이 이 4명의 믿음이 되시기 바란다. 구원받은 것으로 만족해선 안된다. 다른 이의 구원에 도움을 주는 선한 이웃이 되어야 한다. 여러분도 이만큼 믿음의 사람으로 자라는 데는 많은 사람들의 도움이 있었다.

한 생명을 구하기 위하여 4명이 협력하는데는 믿음의 확신도 있어야 하지만 용기가 있어야 했다. 남의 집 지붕을 뚫고 예수님께로 인도하는 그들의 믿음은 믿음의 확신 외에 어떤 문제도 극복하고 어떤 불이익이나 불편을 감수할 수 있다는 용기였다. 그들은 뚫은 집을 나중에 수리해 주어야 했을 것이다. 이는 경제적 손실이 아닐 수 없다. 남의 집을 파손한 것은 경제적 손실뿐만 아니라 사회적 왕따를 당할 수 있는 신변의 불이익이 충분히 예고되고 있었다. 그러나 한 생명을 구하는 일이 이들의 문제로 중단될 수 없는 큰일임을 그들은 알았다.

그들이 예수님께로 인도한 환자에게 필요한 것은 무엇보다도 육신의 건강이다. 스스로 일어나 걸을 수 있는 회복이다. 그러나 예수님께서 하신 일은 먼저 그의 영적 구원에 관심을 가지셨다. "아들아 네 죄가 용서함 받았다." 그리고 그의 육신에는 아무런 일이 일어나지 않았다. 예수님께서 그에게 우선적으로 필요한 것이 영혼 구원임을 보여주신 것이다. 우리는 몸의 건강에 집착하기 쉽다. 모든 중풍병자가 믿음으로 낳는 것은 아니다. 그러나 중요한 사실은 영적 구원보다 더 중요한 것은 없다는 것이다. 나중에 예수님은 그를 일어나 걸어 갈 수 있도록 낫게 하셨다. 그러나 이것은 전혀 중요한 일이 아니다. 오히려 그의 영적 구원을 증명하는 표징으로 나타내신 것에 불과하다. 죄를 용서받고 구원받은 하나님의 자녀가 되는 일보다 더 우선할 일이 없는 것이다.

기독교를 처음으로 공인한 로마제국의 황제 콘스탄티누스는 수도를 동쪽으로 옮기고 자신의 이름을 따서 새로운 도시 콘스탄티노플을 건설했다. 그리스-로마의 찬란한 문화와 동방의 또 다른 아름다움이 만나 비잔틴 문화를 꽃피웠다. 이것은 이스탄불(콘스탄티노플)에 있는 어느 기독교 회당 바깥 기둥과 기둥 사이 천장에 모자이크로 장식한 것이다. 파랑과 자주 계통의 화려한 색깔이 돋보이고, 어떻게 돌조각으로 저리 정교한 그림을 만들 수 있는지 신기하다. 하나님을 향한 뜨거운 정성, 자신이 가지고 있는 모든 역량을 투여하여 최선을 다하는 자세 속에서

■ 중풍병자를 고치는 예수, 13세기경, 터키 이스탄불

신앙은 예술을 초월한다. 네 명의 친구가 예수님 앞에 침상 채로 중풍병자 친구를 데려다 놓았다. 이 무례한 행동에 제자들은 못 마땅한지 고개를 돌려버린다. 그러나 주님은 그를 향해 손을 든다. 사랑과 치유와 권능의 손을! 그 손에 이끌려 누워있던 환자가 손을 올리며 서서히 일어나기 시작했던 것이다.

15

폭풍우 속에서

언제나처럼 조용한 저녁이었다. 호수는 평화롭고 잠잠하였다. 예수님과 제자들은 호수 저편으로 건너기 위하여 배를 탔다. 예수님은 하루 종일 잠시도 쉬지 못하셔서, 매우 피곤 하셨다. 그리고 배를 탄 후 얼마 지나지 않아 잠이 드셨다.

그런데 갑자기 거센 바람이 불기 시작하고 파도가 크게 쳤다. 배는 심하게 흔들렸다. 제자들은 노를 바쁘게 저었다. 그러나 예수님은 계속 주무시고 계셨다.

폭풍은 점점 심해졌다. 파도는 배의 옆구리를 부서뜨려서 배에 물이 차기 시작했다. 그들은 어부였기 때문에 처음부터 쉽사리 놀라지는 않았다. 하지만 지금 그들이 보는 것은 생전 처음 보는 폭풍이었다. 그들은 급히 예수님을 깨웠다.

"일어나세요! 일어나세요!"

그들이 외쳤다.

"우리가 곧 죽을 것 같습니다!'

그러자 예수님이 일어나셨다. 그는 거센 바람과 파도를 꾸짖으셨다.

"잠잠할 지어다!" 그가 명령하셨다.

그러자 곧 파도가 잠잠해졌다.

그리고 그는 그의 제자들에게 말씀하셨다.

"너희들의 믿음이 다 어디 있느냐?"

그러자 아무도 대답을 하지 못했다. 그들은 폭풍을 두려워했으며, 조금 전의 일을 기이하게 여겼다. 예수님은 보통의 사람과 겉모습은 똑같았다. 그러나 바람과 파도는 그의 말씀에 순종했다.

'저 분이 누구길래 바람과 파도가 순종하는 걸까?' 그들이 서로 물었다.

또 한 번은 어느 날 저녁에 제자들이 배를 타고 바다를 건너다가 맞바람이 불어 밤새껏 노를 젓느라고 애를 쓰고 있을 때 이른 새벽에 예수님께서 바다 위를 걸어서 그들에게 오셨다. 제자들이 예수님께서 바다 위로 걸어오시는 것을 보고 모두 놀라서 유령이라고 소리를 쳤다. 그때 예수님께서 제자들에게

"안심해라 나다 두려워하지 말아라."고 말씀하셨다.

제자들이 폭풍속에서 노를 젓고 있을 때 예수님은 말씀하셨다. "평안하라." 예수님은 우리에게 결코 편안한 삶을 약속하신 적이 없다. 다만 풍성한 삶을 약속하셨다. 예수님은 "내가 온 것은 양으로 생명을 얻게 하고 더 풍성히 얻게 하려는 것이라"(요 10:10)고 말씀하셨다.

인간의 행복은 편안한 삶에 있지 않다. 인간의 행복은 보람에 있고 의미 있는 삶을 추구하는 데 있다. 예수님은 태어날 때부터 불편한 삶을 사셨다. 하늘나라를 떠날 때 편안을 포기하셨다. 마굿간에서 태어나시고, 애굽으로 피신을 가셨다가 나사렛 동네에서 성장하셨다. 예수님이 어디를 가시든지 예수님을 따르겠다고 말한 사람에게 주님은

"여우도 굴이 있고 공중의 새도 집이 있으되 인자는 머리 둘 곳이 없도다"(눅 9:58)라고 말씀했다. 예수님은 공생애 기간 동안 잠시도 쉴 시간이 없을 만큼 곤궁에 처한 사람들을 돌보아 주셨다. 그러나 주님은 기쁨으로 충만하셨다. 사람들을 키우는데 기쁨으로 충만하셨다.

생각하는 페이지

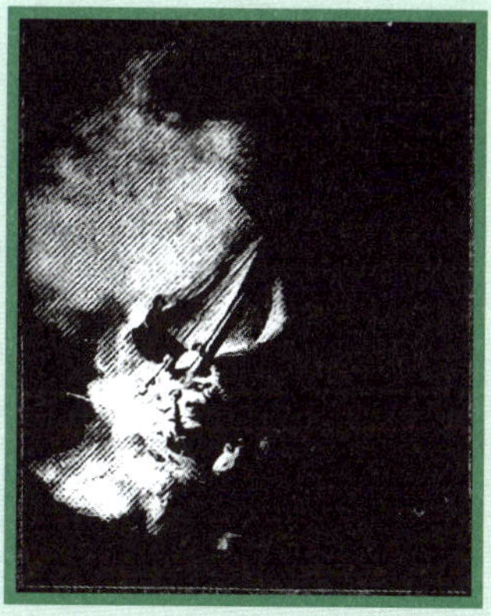

하나님의 부름을 받은 사람들의 특징은 편안한 보금자리를 떠난 사람들이라는 사실을 깨달아야 한다. 마치 어미 독수리가 새끼들을 훈련시키기 위해 보금자리를 흩뜨리는 것처럼 하나님의 사람들은 하나님의 선택을 받은 다음에 보금자리를 흩으시는 하나님의 역설적인 은혜를 맛보아야 한다. 하나님이 아브라함을 부르셨을 때, 그에게는 갈대아 우르를 떠나는 나그네 길이 기다리고 있었다. 하나님이 요셉에게 꿈을 주셨을 때 그에게는 애굽의 종살이, 감옥살이가 기다리고 있었다. 다윗이 사무엘에게서 기름부음을 받아 왕으로 부름 받았을 때, 다윗을 기다리고 있었던 것은 사울의 끝없는 추적이었다. 제자들이 예수님의 부름을 받았을 때, 그들을 기다리고 있었던 것은 배와 부친을 버려두고 주님을 좇아가는 것이었다. 그리도 생애 마지막은 요한을 빼놓고는 모두 순교자의 길을 가야했다. 바울이 다메섹 도상에서 부름 받았을 때, 바울을 기다리고 있는 것은 고난이었다(행 9:15-16). 그러나 하나님이 선택하신 사람들의 생애는 비록 불편했지만 하나님의 목적을 이루어 드리는 풍성한 삶을 살았다. 불편함이 불행한 것은 아니다 . 편암함이 행복을 보장해 주지는 않는다. 느헤미야는 불편한 길을 형통이라고 믿었던 사람이다. 안락한 수산궁에서 예루살렘 성이 훼파되고, 성문들이 불에 탔다고 하는 소식을 듣고 울며 금식하던 느헤미야가 "오늘날 종으로 형통하여 이 사람 앞에서 은혜를 입게 하옵소서."라는 기도를 드렸다(느 1:11). 느헤미야의 형통은 편안한 왕궁을 떠나서 불편하고 고통스러운 예루살렘 성벽을 재건하는 일이었다. 그의 형통은 편안함에 있지 않았다. 불편하지만 하나님의 맡기신 사명을 이루는 것을 형통으로 생각했다. 인간의 행복은 풍성한 삶에 있다. 풍성한 삶은 사명을 위해 사는 삶이다(행 20:24). 남을 섬기며 사는 것이다. 목적 있는 인생을 사는 삶이다(막 10:45). 한사람의 인생은 길이가 아닌 내용으로 평가된다. 길이와 속도에 집착하지 말라. 오히려 삶의 내용에 관심을 가지고 살라. 편안하지 않아도 풍성한 삶이라면 그 길을 선택하라. 불편한 삶이 풍성한 삶으로 가는 정로임을 기억하라(마 7:13-14).

〈뿌리깊은 영성/ 강준민/ 두란노〉

16

예루살렘을 방문하시다

어느 봄날이었다. 예수님이 유월절 행사를 위하여 예루살렘을 가셨다. 그곳에 모인 많은 무리들이 그의 가르침을 들었다

그 말씀을 듣는 사람 중에 니고데모라는 사람이 있었는데, 그는 이스라엘의 선생님이였다. 그는 예수님에 대하여 많이 들었고, 또한 그와 얘기를 나누고 싶어 했다. 그러나 그는 사람들이 그를 보는 것을 원하지 않았다. 그래서 그는 날이 어두워 진 후에 갔다. 아마 선생이었기 때문에 다른 사람들이 예수님을 만나러 가는 것을 보면 조롱을 받을 것 같았기 때문이었다. 그는 예수님을 만나자 이렇게 물어보았다.

"우리는 당신이 하나님이 보내신 분이시라는 것을 알고 있습니다." 하고 니고데모가 말을 꺼냈다.

"하나님이 함께 하시지 아니 하시면 당신이 행하시는 이 표적을 아무도 할 수 없을 것입니다."

예수님께서는 질문 속에 있는 니고데모의 마음을 알아차리시고는 대답하셨다.

"너는 훌륭한 선생이다," 하고 예수님이 말씀 하셨다.

"하지만 너는 좋은 사람이지만 아직 거듭나지는 않았다. 사람은 시작이 좋은 것으로는 충분하지 않기 때문이다. 하나님의 나라를 보려면, 반드시 거듭나야 한다."

"그것이 무슨 뜻 입니까?" 니고데모는 의아해하며 재차 물었다.

"너에게는 새로운 시작이 필요하다, 새로운 삶 즉 다시 태어나는 중생이 필요하다."

라고 예수님이 대답하셨다.

하지만 니고데모는 당장은 그 뜻을 이해할 수 없었다.

그러자 예수님은 바람을 예로 들며 설명하셨다.

"니고데모야! 바람이 불면 바람을 눈으로 볼 수 있는 사람이 어디 있겠느냐, 그러나 바람이 불면 나무의 잎이 움직이게 된다. 사람들은 바람은 보이지 않아도 나뭇잎의 움직임을 보고 바람의 실체를 알게 된다 마찬가지로 거듭나는 것이 눈에 보이지는 않지만 거듭난 사람의 삶은 그렇지 않은 사람과 확연히 구분된

단다."

예수님은 아주 쉽게 설명해 주었지만 니고데모는 아직도 알듯 모를 듯 하였다. 이는 그가 아직 영적으로 갓난아기와 같았기 때문이었다.

주님은 니고데모에게 하신 말씀에 이어서 이렇게 말씀 하셨다.

"하나님이 세상을 이처럼 사랑하사 아들을 보내주셨다. 이는 저를 믿는 자마다 멸망치 않고 영생을 얻게 하려 하심이다. 바깥은 이미 어두웠다. 집 안에는 램프가 빛나고 있다. 하나님의 빛은 세상에 가득하다."

이어서 또 예수님이 말씀하셨다.

"그러나 사람들은 어둠속에 살아서 자기 행위가 악하므로 빛보다 어두움을 더 사랑한 것이다." 하지만 아들을 믿는 자는 거듭나서 하나님 나라를 보게 될 것이다.

생각하는 페이지

인간의 문화와 유대 종교로 인하여 니고데모는 사람이 처신하는 데 필요로 하는 것을 추구했다. 사람은 선한 행동을 가져야만 하고 합당한 방법으로 하나님을 섬겨야 하기 때문에 많은 가르침이 필요하다. 니고데모는 그리스도를 하나님께로서 온 선생으로 생각했다. 이것은 그가 자신을 개선하기 위해서는 더 나은 가르침이 필요하다고 생각했음을 가리킨다. 그러나 주님은 다음 절에 있는 답변으로 그에게 필요한 것은 거듭나는 것임을 밝혔다.

거듭나는 것은 자연적인 출생에 의해 받은 인간의 생명 외에 하나님의 생명으로 다시 태어나는 것이다. 그러므로 그의 진정한 필요는 더 나은 가르침이 아니라 하나님의 생명이었다. 니고데모는 지식의 나무에 속해 있는 교훈을 추구했지만 주님의 답변은 생명나무에 속한 생명의 필요로 그를 향하게 했다(창 2:9-17참조). 주님은 니고데모에게 그에게 필요한 것은 거듭나는 것임을 아주 명백하게 말했다. 그러므로 사람의 진정한 필요는 또 다른 하나의 생명으로 거듭나는 것이다. 우리 모두의 필요는 규제하거나 고치기 위한 종교나 교훈이 아니라 또 하나의 생명, 즉 우리를 거듭나게 하는 하나님의 생명임을 깨달아야 한다.

사람에게는 하나님의 생명이 필요하기 때문에 거듭나야 하는 것이다. 사람이 얼마나 선한가에 관계없이 당신에게는 여전히 하나님의 생명이 없다. 거룩한 성품이 있는 사람에게는 생명을 영접하기 위해서는 또 한 번의 출생이 필요하다. 당신이 선한 사람이라고 느낄지라도 거듭남이 없이는 당신은 신의 성품이 있는 하나님의 생명을 갖고 있지 않다는 것을 인정해야만 한다. 당신이 다른 하나의 생명, 즉 하나님의 거룩한 생명을 영접하기 위해서는 또 한번의 태어남, 즉 거듭남이 필요하다.

니고데모에 대한 주님의 답변은 그의 인간적이고, 전통적이고, 종교적인 관념을 초월했다. 주님은 니고데모에게 이렇게 말하는 것 같다. "니고데모, 너에게 필요한 것은 교훈이 아니라 다른 하나의 생명이다. 네가 얼마나 선한가에 상관없이 너는 단지 인간의 생명만을 갖고 있다. 너에게는 하나님의 생명이 필요하다. 니고데모, 너는 지식을 추구함으로써 지식의 나무의 노선에 있다는 것을 모르는가? 너는 생명나무의 노선에 있지 않다." 니고데모는 예수님을 만나기 전까지는 새 예루살렘으로 인도하는 노선에 있지 않고 불 못으로 이끄는 노선에 있었다.

니고데모는 그가 거듭나야 한다는 말을 예수님을 통해 들었을 때, 이것이 그가 모태로 다시 들어갔다가 나오는 것을 의미하는 것으로 생각했다. 그의 대답은 그가 영을 사용하는 것을 알지 못함을 증명한다. 그는 주님의 말씀을 오해했다. 그때 주 예수님은 육으로 난 것은 육이라고 말씀하셨다. 주님은 니고데모에게 다음과 같이 말씀하시는 것 같다. "네가 몇 번이나 모태에 들어갔다가 다시 나온다 하더라도 여전히 육일뿐

이다. 육으로 난 것은 육이다. 니고데모, 너는 모태에 들어갔다가 다시 날 수 없다고 말하지 않아도 된다. 네가 그렇게 할 수 있을지라도 여전히 마찬가지이다. 네가 그와 같은 방법으로 새롭게 태어날 수 있고 다시 젊어진다 하더라도 또 다시 육칠십 년이 지나면 현재의 너와 똑같아질 것이다. 너에게 그러한 거듭남은 필요하지 않다." 니고데모는 예수님을 만남으로 시간에 있어서 다시 태어남이 필요한 것이 아니라 본질면에서 다른 또 하나의 태어남이 필요하다는 것을 알게 되었다.

17 우물가의 여인

며칠이 지나고 어느 날 오후에, 해가 지자 예수님은 제자들과 갈릴리로 가셨다. 그들이 사마리아에 있는 수가라 하는 작은 동네에 도착하였을 때, 예수님의 제자들이 먹을 것을 사러 동네에 들어갔다. 예수님은 우물가에 앉아 쉬고 계셨다. 그 우물은 매우 깊었다. 그는 한 컵 의 시원한 물을 원하셨다.

곧 사마리아 여인이 우물로 왔다. 그 시대는 유대인들이 사마리아인과는 말도 하지 않던 시대였다. 그들은 절대로 사마리아인과 같은 컵을 쓰지 않았기에, 예수님이 그 사마리아 여인에게 마실 물을 달라고 말씀하시자, 사마리아 여인은 매우 놀랐다.
사람들은 자신과 다르다는 이유로 때로는 미워하고, 또한 자신도 미움을 받는다. 인종이 다르다고, 피부가 다르다고, 지역이

다르다고, 출신학교가 다르다고 서로 미워하고 멀리한다. 하지만 그 기준은 일방적이고 자기중심적이다. 결코 성경적이지도 않고 양심적이지도 않다. 도리어 다르기 때문에 서로에 대한 더 많은 이해가 필요하고, 다르기 때문에 서로가 서로에게 배울 것이 많다. 젊은이는 노인에게 옛 것을 배우고, 노인은 젊은이에게 새것을 배울 수 있다. 이처럼 다름은 서로에게 해가 되는 것이 아니라 유익이 되는 것이다.

예수님께서는 사마리아 여인과는 많은 점에서 다르다. 예수님은 유대인이고 사마리아여인은 유대인과 원수처럼 지내는 사마리아인이다. 그래서 예수님께서 사마리아여인에게 물을 좀 달라고 하자 사마리아 여인은 유대인이 상종치 아니하는 사마리아인에게 물을 달라고 하냐고 되물었던 것이다.

이처럼 예수님 당시에도 사람들 사이의 차이들 때문에 서로 나뉘어져서 미워하고 다투었다. 바리새인, 율법학자 서기관과 세리, 죄인들 간의 종교적 차별, 갈릴리 사람, 사마리아인, 유대인들 간의 지역감정 등 여러 가지 갈등이 있었다. 하지만 예수님은 그런 차이를 넘어서서 하나님에 대한 바른 신앙 안에서 하나되게 하셨다. 이러한 예수님을 사도 바울은 에베소서에서 십자가로 둘을 하나 되게 하신 분이라고 고백하고 있다.

예수님은 사마리아 여인 역시 모든 사람들처럼 생수가 필요한 사람으로 보았다. 아무리 여러 차이가 클지라도 복음 안에서는 모두가 죄인이었으며 그래서 믿음 안에서 의롭다함을 받은 사람들이다. 주님은 말씀 하셨다.

"만일 네가 하나님의 선물과 또 네게 물좀 달라 하는 이가 누구인줄 알았다면, 너는 그에게 생명수를 구했을 것이고, 너는 영원히 목마르지 않을 것이다."

"주여!"

여자가 대답하였다.

"나는 물길을 그릇도 없고 이 우물은 깊은데 어디서 이 생수를 얻겠습니까?"

"너는 아직 이해하지 못하였다." 예수님이 말씀하셨다.

"나는 보통의 마실 물을 말한 것이 아니다. 내가 말한 것은, 새로운 종류의 생명– 나는 그것을 가지고 왔다. 그 생명수를 마시는 자는 영원히 목마르지 아니 할 것이다."

그들은 이전에 만난 적이 없었다. 그러나 그 여인은 예수님이 자신에 대한 모든 것을 알고 있다는 것을 발견하였다. 그녀는 매우 놀라고 흥분하였다. 그녀는 급히 마을로 돌아가 사람들에게 좋은 소식을 전했다.

"이리 오셔서 그 분을 만나 보십시오," 그녀가 말했다. "그분이 하나님이 약속하신 왕이 아닙니까?"

예수님의 제자들이 음식을 가지고 돌아왔다. 곧 그들은 사람들이 그들 쪽으로 급히 오는 것을 보았다.

"수확을 기다리는 익은 곡식들이 익고 수확할 준비가 되었다," 예수님이 말씀하셨다. 그리고 그는 그에게 오는 사람들을 보았다.

그는 그 마을에서 이틀을 머무셨다. 그리고 그들이 그의 말씀을 듣자, 많은 사마리아인들은 예수님께서 이 세상을 구원하시기 위해서 오신 하나님의 아들이라는 것을 믿게 되었다.

생각하는 페이지

처음 여인은 물을 좀 달라는 예수님의 부탁을 거절했다. 여인이 이렇게 반응했던 원인이 여인의 내면 문제 곧 여유 없음, 대인기피증과 같은 문제 때문이라고 할 수 없다. 왜냐하면 아무리 내면문제가 심각하다고 할지라도 물 한 모금 달라는 사람의 부탁을 거절하지는 않기 때문이다. 여인이 거절했던 원인은 다른 곳에 있었다. 그것은 유대인들의 사마리아인에 대한 차별 때문이었다. 유대인들은 같은 민족이지만 혼혈인 사마리아인들을 더러운 사람으로 취급하였다. 유대인들은 함께 행복하게 살자는 사마리아인들의 부탁을 매몰차게 거절하고, 그들의 삶의 터전과 그들의 성전을 부수었다. 유대인은 사마리아인 여자는 태어날 때부터 생리를 하는 아주 부정한 여인들이라고 하는 근거 없는 거짓 소문을 만들어 퍼뜨렸다. 그 부정한 여인과 함께 하는 사마리아 남자들과, 그 여인들이 잠자는 침대며 쓰는 그릇들이 다 부정하다고 하였다. 이런 모습은 유대인들만의 모습은 아닌 것이다. 유대인들이 이와 같은 억지와 비난은 악의적 차별의 상황에서 쉽게 찾아볼 수 있는 모습이다.

"당신은 유대인으로서 어찌하여 사마리아 여자 나에게 물을 달라 하나이까?"

이 말은 다음과 같은 뜻이 담겨 있을 수 있다. "날 때부터 생리를 하는 부정한 여인에게 어찌 물을 달라합니까? 우리가 먹는 음식과 음료수까지 부정한데 어찌하여 나에게 물을 달라고 합니까?"

사마리아인을 차별하고 있던 일반 유대인이 이런 말을 들었다면 아주 난처했을 것이다. 더 이상 아무 말도 할 수 없었을 것이다. 부정한 여인에게 물 한 모금 달라고 했던 자신의 행동이 부끄러웠을 것이다. 이런 점에서 자기 비하적인 발언은 자신의 마음에 있는 한의 표현임과 동시에 상대방에 대한 간접적인 공격이 된다. 이와 같은 상황에서 부탁을 한 사람은 목은 마르지만 "그래 내가 잘못했다." 하고 부탁을 철회하든지, 아니면 참을 수 없는 갈증을 해소하기 위해 비굴하게 우리가 잘못했노라고 인정해야 한다.

그러나 예수님은 다음과 같은 말씀을 하셨다.

"네가 만일 하나님의 선물과 또 네게 물 좀 달라 하는 이가 누구인줄 알았더면 네가 그에게 구하였을 것이요 그가 생수를 네게 주었으리라"

예수님의 대답은 의외였다. 정서적으로 본다면 심각한 동문서답이었다. 여인은 차별에 대한 한을 표현했는데, 예수님의 대답은 그런 아픔이나 한과는 아무 상관없는 뚱딴지같은 대답이었다. 이런 차별이 있었는지도 모르는 사람처럼 대답하였다. 예수님의 대답은 다음과 같이 바꿀 수 있다. "당신은 아직 나를 잘 모릅니다. 내가 먼저 당신에게 물을 달라고 부탁했지만, 실은 내가 당신의 갈증을 해소시켜 주고 싶었습니다."

예수님은 우물가라는 상황을 이용하여 자신이 주고자하는 것을 물에 비유하여 말씀하셨다. 예수님은 진지하게 내가 당신에게 주고 싶은 것, 생수가 있다고 말씀하였다. 여인은 많이 당황스러웠을 것이다. 그러나 여인은 도망가지 않고 다음과 같이 대답하였다.

"주여 물 길을 그릇도 없고 이 우물은 깊은데

어디서 이 생수를 얻겠삽나이까 우리 조상 야곱이 이 우물을 우리에게 주었고 또 여기서 자기와 자기 아들들과 짐승이 다 먹었으니 당신이 야곱보다 더 크니이까?"

여인의 반응은 조금 낮아졌다. 유대인과 사마리아인과의 차별의식에서 그들의 조상 야곱과 예수님의 비교로 넘어갔다. 물론 여인의 반응이 아주 호의적인 것은 아니다. 그럼에도 예수님에게 작은 관심을 갖는 것은 분명한 듯하다. 여인의 반응을 보시고 예수님은 보다 구체적으로 자신이 주고자하는 것을 말씀하셨다.

"예수께서 대답하여 가라사대 이 물을 먹는 자마다 다시 목마르려니와 내가 주는 물을 먹는 자는 영원히 목마르지 아니하리니 나의 주는 물은 그 속에서 영생하도록 솟아나는 샘물이 되리라."

18 안식일에 대한 논쟁

보통의 사람들은 예수님을 사랑했다, 그리고 예수님도 그들을 사랑하셨다.

자신들의 직업과 집, 그리고 가족을 떠난 사람들도 그를 따랐다. 예수님은 열두명의 제자들 외에도 자신을 따르는 많은 제자들을 가지셨다, 그러나 그분은 곧 적들 또한 가지게 되었다.

어떤 종교적 지도자들, 선생들은 예수님을 시샘하였다. 왜냐하면 예수님은 인기가 아주 많았기 때문이다.

한 안식일 날, 수확기에, 예수님과 그의 제자들은 밭 사이로 가고 있었다. 그런데 그들이 배가 고파, 이삭을 잘라 먹었다. 그러자 아주 작은 유대인의 법까지 중요시 여기는 엄격한 바리새인들이 보고 말했다.

"예수여. 당신의 제자들이 안식일에 하지 못할 있을 하였습니다."

제자들이 한 일은 안식일에는 해서는 안 될 일이었습니다.

예수님이 대답하셨다.

"죄가 없는 자를 비난하는 것은 옳지 못하다. 그리고 인자는 안식일의 주인이다."

이윽고 예수님은 유대교 회당의 앞에 올라가셨다. 그곳에는 손이 마비된 자가 있었다. 사람들은 예수님이 그를 고칠 수 있으려나 하고 쳐다보았다.

밀밭사건이 있은 직후, 예수님께서 회당에 가셨는데 그곳에서는 다시 손 마른자를 고치신 것이다.

그렇게 되면 밀밭에서 있었던 그 안식일과 회당에 간 안식일은 동일한 날이 된다. 이 때문에 안식일에 대한 논쟁장소가 밀밭에서 회당으로 바뀌었다. 회당은 율법을 가르치고, 교육을 실시하는 장소였다. 뿐만 아니라 성전을 대신하여 기도와 예배를 드렸고, 경우에 따라서는 중요한 일을 결정짓는 회의소나 집회소로 활용되었던 곳이었다. 그러므로 유대인들에게 있어서 회당은 매우 중요한 장소였다. 안식일과 절기가 되면 그들은 이곳에 모여서 율법을 듣고, 예배를 드리고, 중요한 사안을 결정지었다. 예수님께서 이곳에 가셨을 때가 안식일인 것으로 보아 이날도 많은 사람들이 모였을 것이다.

그런데 바리새인들은 이곳에서 안식일에 대한 논쟁을 벌인 것이다. 왜 그들은 사람들이 많은 이 회당에서 논쟁을 벌이려 하는 것일까?

회당은 바리새인들에게 있어서 자기 집과 같은 곳이었다. 왜냐하면 회당이라는 장소에서 항상 중심 역할을 했던 사람들은 바리새인들이었기 때문이다.

그들은 질문했다.

"안식일에 병을 고치는 것이 옳습니까?

그들이 손 마른 사람을 두고서 예수님을 향해 "안식일에 병을 고치는 것이 옳습니까?"라고 질문했을 때에는 보통 질문이 아니다.

그때 예수님이 대답을 하셨다.

"너희 중에 어느 사람이 양 한 마리가 있어 안식일에 구덩이에 빠졌으면 붙잡아 내지 않겠느냐?" 하시면서 예수님은 안식일에 구덩이에 빠진 양을 구하는 것이 옳다는 말로 대답을 대신 하셨다.

바리새인들은 안식일에 동물들에게 자비를 베푸는 것은 허락하고 있었다. 그 사실에 근거하여 예수님은 한 걸음 더 나아가 이렇게 말씀하셨다. "사람이 양보다 얼마나 더 귀하냐 그러므로 안식일에 선을 행하는 것이 옳으니라"

동물도 웅덩이에 빠졌을 때 안식일이지만 건져주기도 하고, 먹이도 던져주는데 그보다 더 귀한 사람에게 선을 베푸는 것이 옳지 않겠는가?

이제 아무도 예수님이 하실 행동에 대해 저지하거나 반론을

펄만한 사람도 없고 명분도 없었다. 오히려 몇 마디 더 거들다가는 자신들이 더 난처한 입장에 놓이게 될 지경이 되었던 것이다.

생각하는 페이지

본문은 안식일에 대한 논쟁이다. 바리새인들이 예수님의 일행들이 왜 안식일에 이삭을 잘라 먹느냐, 그리고 왜 안식일에 병자를 고치느냐고 비난했다. 이에 대해 예수님의 대답이 3장 4절에 나온다. 그리고 3장 5절 말씀과 같이 그들을 향하여 완악하다고 결론지었다. 안식일의 진정한 의미는 사람을 살리는데 있으며 사람에게 유익을 주는 것이다. 예수님도 4절 말씀과 같이 안식일은 사람을 위해 있는 것이라고 답변하였다. 주일성수는 강요가 아닌 본인이 기쁘게 선택하는 것이 되도록 하여야 한다. 안식일을 지키는 것은 복인데 불구하고 이를 강요하고 사람들을 얽어매는 것은 악이다. 안식일은 사람들에게 쉼과 복을 주기 위한 축복이다. 2장 27절에서도 안식일은 사람을 위해 있는 것이라고 말씀하고 있다. 그러므로 안식일은 지킴의 대상이라기보다는 축제이어야 한다. 경쾌하게 누릴 줄 알아야 한다. 누리지 못하면 불쌍한 사람이 된다. 안식일을 자신의 유익으로 알고 기쁨으로 누려야 한다.

유대교 안의 여러 사람들

1. 사두개파 사람들

사두개파 사람들의 표시는 분명히 사독이라는 관련 지을 수 있는데 그는 예전에 솔로몬 왕 밑에서 대제사장으로 임명 되었다. 시리아왕 안티오 쿠스 4세가 지배하는 혼란 속에서 옛날 제사장의 사독 왕조는 불

명예스러운 최후를 맞았었다.사두개파 사람들은 안식일이 아주 신중하게 준수 되어야 하고 사람들이 안식일 계명을 악화시키거나 거스리기 위해서 머리를 짜내어 생각 해낸 결의법을 통하여 이런 혹은 저런 길을 찾으려고 노력 하지 않아야 한다는 것을 엄격하게 생각 하였다. 사두개파 사람들이 이미 하스모네어 집안 밑에서 분명히 하였던 정치적인 신중성과 재치있는 행동은 헤레데스와 로마 총독들 밑에서 예루살렘에서 명망있는 관직에 취임 할 수 있게 해 주었다.

2. 바리새파 사람들

바리새파 사람이란 이름은 히브리어 페르쉼 내지는 아람어 페리솨이아, 즉 구별된 사람이라는 말에서 유래 되었다. 바리새파 운동의 시작은 유대인의 신앙을 헬라주의적 외세의 현저한 증대에 대항하여 지키려고 하던 막카베어 시대로 거슬러 올라 간다. 바리새파 사람들은 확고한 공동체로 연합 하였으며 율법의 계명을 정확하게 준수 할 수 있었다. 바리새적인 공동체에는 개개의 사제들, 특히 평신도들, 수공업자들, 농인들, 상인들에 속해 있었는데 그들은 도시 에서 뿐만아니라 시골에서 유대와 갈릴리에서 살앗다. 그들은 공동식사에 모였다. 율법을 알지도 못하고 따르지도 않는 사람들로부터 자신을 구별 하엿으며 그들과의 교제를 피하였다. 바리새파 사람들의 생활과 행동은 참된 이스라엘 공동체로서 하나님의 율법을 따르는 일에 집중 되었다.

바리새파 사람들의 그들의 생활에 다가오는 메시아 시대를 대비하게 하고 율법이 요구하는 의를 성취하도록 노력하였기 때문에 그들은 항상 어떤 잘못도 저지르지 않았다고 생각 했다.

3. 혁명당원들

혁명당원들은 로마 황제의 지배에 복종하고 그를 주라고 부르기를 거부 하였다. 그들은 바리새파 사람들 처럼 미래의 전환기를 참고 기다릴 준비가 되어 잇지 않았다. 로마인들에게는 혁명당원들이 도둑과 노상 강도 들이 었다. 왜냐하면 그들은 율법에 대하여 정열을 가지고 나타냈기 때문이었다.

4. 엣세네파 사람들

엣세네파 사람들은 사두개파나 바리새파보다 더 문란한 생활을 했던 독자적인 유대인의 운동이었다. 그들의 이름은 아람어 하사야, 즉 '경건한 사람들'에서 기원되었음이 분명하다. 그들은 바리새파와 같은 생활권에서 생겨났다. 그들은 공동체 생활을 하였고 회원들은 독신생활을 하였으나 종족보존의 목적으로 결혼하기도 하였다. 그들의 절대적 계명은 전체 공동체와 그 회원들의 의식적인 정결을 지키는 것이었다. 장로 폴리니우스에 의하면 엣세네파 사람들은 사해 바닷가에 공동체 중심지를 가지고 있었다. 그들은 로마의 핍박 가운데도 율법을 끝까지 성실하게 지켰다. 그들은 인간의 불멸하는 영혼은 하늘에서 유래되었으며 그 운명은 미리 정해져 있으나 인간 몸은 영혼의 육신적인 감옥이라고 믿고 있었다. 전쟁의 고통과 공포 속에 엣세네파 공동체도 몰락하고 말았다.

5. 테라페우테스 교단

테라페우스 교단은 마레오트 호숫가에 기도원같은 거주지를 가지고 있었으며 명상적인 생활에 전념하였다. 그들은 매일 성서를 연구하고 안식일에만 공동예배를 드렸다. 이집트의 디아스포라에서 독립적으로 발전된 엣세네파 운동의 지엽으로 볼 수 있다.

제사장

제사

모든 제사는 예루살렘 성전 앞 제단에서 제사장들이 드린다. 제사는 동물, 식물 혹은 향으로 드려질 수 있다. 공동 제사는 아침과 저녁에 드려진다. 특별한 제사는 축제 때나 안식일과 같은 특별한 날에 드려진다. 제사장들은 개인을 위해서도 제사를 드린다. 이것은 기쁨 혹은 슬픔을 표현하거나 서원을 갚는 제사가 되기도 한다. 율법에 따라 제물은 제물을 드린 사람과 제사장이 먹는다. 제물의 특정한 부분은 언제나 태워버린다. 제물의 피는 여호와께 속한 것이며 제단에 뿌려진다. 가난한 사람은 새를 제물로 드릴 수 있었다. 가난한 여인의 제물은 한 쌍의 새였다. 성전의 상인들은 이러한 제물들을 아주 비싸게 팔았다. 이러한 상황이 너무 악화되어 랍비 시몬 벤가멜리엘이 이 가격을 통제하였다. 새들은 일단 잡아서 제단에 드리기 전에 털을 뽑는다.

제사장

이 시대에는 수천 명의 제사장이 있었다. 이들은 제사와 향을 피우는 유대교의 제의 행위를 주관하였다. 일반 유대인들이 이런 일을 행하는 것은 금지되어 있다. 제사장들은 모세의 율법을 해석하는 종교적인 권위를 가지고 있다. 제사장은 신체적 결함이 없어야 하고, 아론의 후손이어야 한다. 비록 제사장과 성전의 관리들이 레위 지파로부터 뽑혔다 할지라도 이 두 그룹은 서로 구분된다. 이들은 일반인들이 내는 세금으로 살았다.

대제사장

대제사장직은 첫 대제사장인 사독의 후손이 계승한다. 바벨론에서 귀환한 후 대제사장은 국가의 지도자였다. 그런데 이 두 직책은 사독의 후손이 아닌 하스모니아 사람들에 의하여 탈취되었다. 헤롯과 로마 통치하에서 대제사장은 왕이나 로마의 통치자에 의하여 임명되고 퇴임당했으며 이들의 허수아비가 되었다.

주전 37년부터 주후 70년까지 모두 28명의 대제사장이 재임되었다. 대제사장 가문은 고위 제사장들로 귀족 계층을 형성하였다. 대제사장은 단지 안식일, 새달, 그리고 국가 축제 때만 제사를 드렸다.

바리새파의 랍비

예루살렘에 성전이 있기 때문에 모든 제사장들은 예루살렘 근처에 산다. 이런 저런 이유로 귀족적인 사두개파는 일반 백성들과는 만나지 못했고, 결국 백성들은 조언을 구하기 위해 바리새파를 찾게 되었다. 이들의 랍비는 율법 선생이었다. 이들은 전문적인 선생은 아니었고 종종 천한 직업을 가지고 있기도 했다. 랍비들은 가끔 율법을 지나치게 엄격하게 해석하여 거의 의미 없는 가르침을 주기도 했다. 안식일에 낳은 계란을 먹어도 되는지 안 되는지에 대한 논쟁은 아주 유명하다. 이들은 복잡한 율법 속에 정결에 관한 규율을 만들었다. 이들은 개인의 청결에 매우 철저하였다. 음식은 깨끗하게 씻어 청결한 그릇에 담아 깨끗한 손으로 먹었다. 이들은 부정하게 되지 않으려고 죄인의 집에서 먹는 것을 피하였다.

제사장의 의복

일반적인 제사장들은 흰색 긴 바지 위에 흰색 가운을 입고 허리에 띠를 띠고 흰색 모자를 썼다. 대제사장들은 같은 의복을 입었으나 흰색 가운 위에 발까지 늘어지는 푸른색 옷을 엽었다. 이 끝 부분에는 금종과 석류 장식술이 있다. 이 위에 그는 금, 적, 청, 자주색으로 수놓인 흉배를 걸쳤다. 가슴에는 12개의 보석이 있는 금으로 된 에봇을 입는다. 이것은 금 부로우치와 붉은 줄마노로 어깨에 매달았다.

일반 제사장의 간단한 복장은 흰색 세마포 속바지, 흰색 세마포로 만든 길게 생긴 꼭 맞는 상의, 긴 허리띠 그리고 흰색 세마포로 만든 모자로 되어 있다. 대제사장은 일반 제사장과 같은 옷을 입고 그 위에 금종과 석류 모양의 술이 장식된 푸른색 예복을 입는다. 이 위에 그는 금색, 빨간색, 푸른색, 그리고 자줘색의 수가 놓인 작은 흉배를 걸친다. 그는 가슴에 보석으로 장시고딘 금색 에봇을 입는다. 그의 모자는 청색으로 감아쌌다.

제사장의 하루

제사장은 해뜨기 전에 일어나 목욕 재개하고 옷을 입는다. 다듬어진 돌 방에서 그들은 제사 드리기, 제단 청소, 등불 켜기 등 많은 임무를 수

행한다. 해뜰 때 흠이 없는 양을 잡는다. 이것은 대리석 판 위에서 잘라 태운다. 모든 제사장과 레위인들은 성전 앞 길가에 달린 종소리를 신호로 아침 제사에 모인다. 음악과 노래로 진행되는 의식은 장시간 계속된다. 남은 아침시간은 개인 제사를 위해 보낸다. 저녁에는 두 번째 공동 제사를 드리는데 많은 기도문이 낭독된다. 밤에 성전과 성전 뜰은 제사장과 레위인들에 의해 지켜진다. 또한 제사장은 제단의 불을 지키기 위해 남는다.

구약의 안식일과 신약의 안식일

안식일은 편안히 쉬는 날이라는 뜻이다. 이는 구약의 성경(창 2:1절)에기록되어 있는 '천지창조후의 하나님의 안식'에서 유래가 되었고 이후 모세의 십계명에 4번째 계명으로 기록되어(출 20:8~) 하나님을 믿는 모든사람이 창조주의 기념일로써 지켜야할 계명, 도리, 법도, 율례가 되었다.

성경이 날짜제도의 성립보다 먼저 기록된 연고로 인하여 그 요일은 정확하게 기록되어 있지 않으나 '일곱째날'로만 기록되어 있는것으로 보아 현재에서는 '토요일'에 해당된다. 안식일에는 불을 펴지도 못할 뿐만 아니라 나무도 할수 없고 심지어 일정한 거리도 걸으면 안되는 날이었다.(민 15:32~) 편히쉬면서 창조주의 일곱째날 창조사업의 마지막을 기념하라 하신 것이다. 그러나 이는 다수의 이스라엘 백성들에게만 해당되는 말이다.

제사장들은 안식일에 제사를 드렸다.(민 28:9~) 사실 백성과 제사장은 서로가 안식일을 지키는 형식이 근본부터 달랐다. 구약에는 이렇게 안식일에 백성은 쉬고, 제사장은 제사를 드림으로 일을 하는 날이었는데 신약에 접어들어 예수님께서 오시고 나서 구약의 복잡한 제사의 규례는 없어지게 되고 대신 처음으로 예배라는 형식이 나오게 된다. 또한 제사장과 백성의 구분이 없어지고 나서 하나님을 믿는 사람 모두가 제사장이 된다.(벧전 2:9)

그래서 신약이후로는 안식일에 예배를 봄으로 해서 하나님을 믿는 모든 사람은 하나님께 제사 즉 예배를 올리게 되는 것이다. 그러나 현재에도 몇몇 나라에서 안식일에 모세의 율법대로 까다롭게 지키는 무리가 있다. 그 이유는 그들이 예수님을 그리스도로 인정하지 않기 때문에 그가 가져온 모든 진리를 무시하기 때문이다.

안식에 대하여

'안식'은 히브리어로는 '샤바트'라고 하는데 '정지, 멈춤, 휴식'의 뜻이 내포되어 있습니다. '안식'은 하나님이 천지 창조를 마치신 후 쉬신 것(창 1:1-2:3)에서부터 유래되었습니다. 하나님은 여섯째 날까지 창조사역을 모두 마치시고 일곱째 날은 복을 주시고 거룩하게 하셨으며, 안식하셨습니다. 이후에 창세기에는 안식일에 관한 이야기가 많이 나오지는 않습니다. 그러나 칠 일이라는 표현은 홍수이야기(창 7:4,10)와 관련하여 몇 번 언급되고 있으며, 야곱이 하란에서 살 때 한번 언급(창 29:27-28)되었습니다.

이후 출애굽기 16장 21-30절에서 언급되기 전까지 안식일에 관한 이야기는 나오지 않습니다. 이스라엘 백성들이 시내산에 도착하기 전에 신 광야에서 유랑할 때 하나님은 그들에게 만나와 메추라기를 보내주셨는데, 매일 각 사람 당 한 오멜씩 취하되 다음날까지 먹지 않고 나누면 벌레가 생기고 냄새가 났다는 이야기가 있습니다. 그런데 하나님은 제6일에는 각 사람이 이틀 분량의 만나를 거두라고 하였습니다.

이스라엘 백성들이 안식일 외에 이틀 분의 만나를 거두게 되면 만나에 벌레가 생기기도 하였으나 안식일에는 그 전 날 거둔 만나에 벌레가 생기지 않았던 신비스러운 일들이 발생했습니다. 그래서 이스라엘 백성들은 하나님 명령에 순종하여 안식일을 철저히 지켜서 안식일만큼은 불도 피우지 않았습니다. 또한 실제로 안식일을 범하여 산에서 나무를 하다가 잡힌 사람을 하나님의 명령에 의하여 이스라엘 백성들이 던지는 돌에 맞아 죽기도 하였습니다.

그러나 안식일에도 이루어지는 신성한 봉사와 일이 있었는데 레위지파 중 고핫자손은 매 안식일마다 하나님을 위하여 진설병을 준비하였으며, 제사장들은 안식일의 번제물 즉 일년 되고 흠없는 수양들과 그 외의 소제물과 전제물을 준비하여 안식일에 제사를 드렸습니다.

올바른 안식일 준수

안식일은 자신을 기억하게 하기 위하여 하나님이 주신 것이며, 노예들을 규칙적으로 쉬게 하는, 당시 고대 사회에서는 그 유래를 찾아보기 힘든 자비로운 제도(신 5:14 이하)였습니다. 안식일을 범하는 사람은 사형에 처해지기도 했습니다(민 15:32 이하). 그러나 이 같은 명령에도 불구하고, 안식일은 온전히 지켜지지 못할 뿐 아니라 그 의미는 이스라엘 역사 속에서 변질되기 시작하였습니다. 하나님을 위하여 지키도록 명한 안식일이 사람에게는 짐이 되어 버렸고 오히려 안식일에는 더 많은 죄가 범해졌습니다. 이스라엘 백성들은 안식일을 자신들의 일에 방해되는 날로 생각하여 무겁고 부담스러운 짐과 같이 여겨졌던 것입니다.

이러한 이스라엘 백성들의 불신앙에 의해 안식일은 하나님과 인간 모두에게 가증스럽고 부담스러운 날로 여겨지게 되었다. 그래서 안식일은 단지 지켜지기에 급급한 날로 전락해 버린 것입니다.

결국 성회와 더불어 악을 행하는 것을 견디지 못하신 하나님께서는 변질된 안식일뿐 아니라 모든 명절까지도 폐하라고 명령하셨습니다. 선지자들은 하나님의 날인 안식일이 하나님이 정하신 방법대로 지켜져야 한다고 강조하였습니다. 포로생활에서 귀환한 후 느헤미야는 안식일에 장사하는 것을 철저히 금지했습니다.(느 10:31; 느 13:15 이하) 구약과 신약의 중간기에 유대인들은 안식일을 올바로 준수하기 위한 법을 더욱 발전시켰음을 우리는 신약에서 발견할 수 있습니다.

안식일의 주인이신 예수 그리스도

구약 시대에 하나님을 알기 위한 방편으로 이스라엘 백성들에게 주어진 안식일은 그 본래의 의미를 상실하고 형식적으로 지켜지는 것에 대해서 비판하고, 사람과 만물을 복되고 거룩하게 하는 날인 안식을 본래의 정신을 깨우쳐 주신 분이 예수님이십니다. 이러한 상황 속에서 예수님은 안식일에 병을 고치거나 일을 하시는 것은 당연한 일이었지만 영적 사정을 깨닫지 못했던 이스라엘 백성은 예수를 안식일을 범하는 이단자로 규정하였고 실제로 예수님을 살해하고자 하는 동기도 안식일을 범한 데서부터 시작됩니다.

예수 그리스도는 안식일에도 쉬임 없이 수많은 기사와 이적을 베푸시며 일하셨는데 38년된 병자, 나면서 소경된 자, 18년 동안 귀신들려 꼬부라진 여자, 고창병 든 자, 손 마른 자를 고치셨습니다.

수십년 동안 시달리던 병마에서 놓임을 당하는 병자들을 보고도 오직 안식일을 범하는 것만을 문제삼은 유대인들의 경직된 모습을 일깨워 주시려는 것이 예수님의 의도지만, 그러나 근본적인 것은 예수 자신이 바로 안식일의 주인, 즉 그날을 복되고 거룩하게 하시는 하나님이심을 보여주시려는 것이었습니다.

인간은 이와 같이 예수님을 온전히 영접할 때에만 진정한 안식을 누릴 수 있습니다. 그 순간이 바로 안식일 자체가 되는 것입니다. 그러므로 안식일의 주인이신 예수 그리스도를 영접한 자들에게는 안식일의 의미가 단순히 지키는 데 있지 않기 때문에 어느 특정한 날만이 안식일이 아니라 모든 날이 안식일이며 주일이 됩니다.

주일에 대하여

안식일은 일주일의 마지막 날, 7일로서 우주완성의 날을 의미하며 이스라엘 백성의 안식일은 금요일 저녁 6시부터 토요일 저녁 6시까지입니다. 이에 비하여 주일은 안식일의 다음날인 8일째의 날로서 구원 완성의 날을 의미합니다. 이 날은 예수께서 부활하신 사실을 기념하는 날입니다. 예수께서는 지상 최후의 안식일을 돌로 막은 무덤 속에서 종결지으시고, 제 8일 만에 부활하심으로 새 날, 주일을 제창하신 것입니다.

주일이 제 7일에서 제 8일, 즉 일주일의 첫째 날로 지켜지게 된 역사적 배경은 초대교회의 사도들과 그들의 지도 아래 있는 1세기의 교회가 그리스도가 죽음 가운데서 부활하신 것을 기념하기 위해서 모이면서부터 기원됐습니다. 사도들은 예수 부활하신 바로 그날 저녁에 예배드리기 위하여 다락방에 모였으며, 오순절 성령강림 때도 안식일 이튿날 모였습니다. 초대교회 성도들은 매주일 첫날에 모여 성찬을 나누었고, 밧모섬으로 유배됐던 사도 요한이 계시를 받은 날도 이날입니다. 그래서 이날을 '주의 날'이라 합니다. 이와 같이 오늘날 지키는 주일은 그리스도의 부활을 기념하기 위해 안식일 대신 새로 제정된 중의 날입니다.

안식일이 '지키는 데' 목적이 있지 않고 하나님을 알게 하는 양육과정이었다면, 주일도 다시 오시는 예수 그리스도를 영접하기 위한 준비과정으로서 참 의미와 참 목적이 있습니다. 유대인들이 안식일의 본질을 간과한 채 지켜오다가 결국 안식일의 의미가 변질된 것같이 오늘날의 그리스도 인들도 주일을 지키는 것에만 급급하면 주일의 본래적 의미도 퇴색하게 됩니다. 안식일이 안식일의 주인이신 예수 그리스도를 증거하는 구약적 그림자라면, 주일은 다시 오시는 주님에 대한 신약적 그림자입니다.

19 의심에 흔들리는 세례 요한

요한이 옥에서 그리스도의 하신 일을 듣고 제자들을 보내어 예수님께 물어 보았다.

"오실 그가 당신이오니이까? 우리가 다른 이를 기다리오리이까?" 이에 대해 예수님께서는 요한의 제자에게 이렇게 말씀해 주셨다.

"너희가 가서 듣고 보는 것을 요한에게 고하되 소경이 보며 앉은뱅이가 걸으며 문둥이가 깨끗함을 받으며 귀머거리가 들으며 죽은 자가 살아나며 가난한 자에게 복음이 전파된다 하라 누구든지 나를 인하여 실족하지 아니하는 자는 복이 있도다 하시니라."(마 11:2-6)

NEW TESTAMENT

■ 엘 그레코 작. 세례 요한

성경을 읽는 다수는 요한에게 이렇게 말할지도 모른다. 세례

요한은 그의 공동체 안에서도 가장 비천한 자리에 있었다. 한 때 많은 사람들이 주목하고 그를 따랐지만 이제는 갇힌 자가 되었다. 그리고 그의 제자들 중 많은 사람들이 예수님의 제자가 되었다. 그의 인기는 점점 줄어들었다. 요한은 스스로에게 말했다.

"그는 흥해야만 한다. 그러고 나는 감소해야만 한다." 그러나 이 먼 거리가 감소할까? 그는 그가 어두운 지하 감옥의 바닥으로 떨어질 것이라고는 생각지 않았다.

결국 그것이 그를 의심하게 만들기 시작한 것이다. 그는 예수님을 힘써 증거하면 그가 비록 감옥에 들어와 있을지라도 곧 하나님의 나라가 임하고 그의 감옥 생활도 끝이나 석방될 것으로 기대했다. 그러나 그가 이제 죽음을 기다리는 사형수로 전락했음에도 불구하고 메시아라고 확신했던 예수님은 아무런 일도 시작하지 않는 것 같았다. 이것 때문에 더욱 의심이 들었다.

요한은 자신에게 물었다.

"그는 정말 메시아일까? 아니면 내가 오해를 한 것일까?" 그래서 그는 그의 질문에 대한 대답을 얻기 위해 예수님에게 그의 제자들을 통해서 편지를 전하기로 했던 것이다.

예수님께

저는 지금 헤롯에 의해 감옥에 수감되어 있음을 당신에게 알리기 위해 편지를 씁니다. 저는 그곳에 있었던 이래로 많은 시간 동안 생각을 하였습니다. 저는 그것들의 모두에 대해 생각해왔습니다. 저는 당신에 대해 설교했고, 심지어 그 전에도 예비하는 자로서의 일을 시작했습니다.

나는 모든 사람들에게 당신이 밭을 타작하여, 당신의 손으로 직접 키로 까부르고 당신의 알곡들을 모아들이고 쭉정이는 버릴 것이라고 말했는지 기억하십니까? 당신이 끌 수 없는 불과 함께 왕겨를 태웠을 것을 내가 어떻게 말했는지 기억하십니까? 당신이 모든 불법의 책임을 졌을 것과 당신의 청렴함으로 모든 잘못된 것들을 고치려 하려 했던 것은 나에게 의미가 있는 일이었습니다. 예수님, 저는 일찍이 이와 같은 짧은 편지를 쓸 것을 생각하지 않았습니다. 하지만 이런 저의 사정을 이제 알리지 않으면 안될 절박함 가운데 놓이게 되었습니다. 그래서 제가 한 일과 당신이 하시는 일에 대해 많이 생각을 했습니다. 저는 당신이 세상을 바로 잡으시리라는 것과 당신의 나라를 세우려 하신다는 것을 확신합니다. 그럼에도 시간은 촉박한데 소문에 의하면 헤로디아가 나의 머리를 원한다는 것입니다. 만약 당신이 깨끗하게 하려고 키질을 시작하실 때가 지금이라고 생각됩니다. 제가 죽고 나면 그것이 무슨 의미가 있을까요? 정말 우리가 기다리는 그분이 당신이신지 궁금합니다. 답장을 보내어 주십시오.

세례 요한 올림

며칠이 지나고, 우편부가 요한의 독방 감옥으로 편지를 배달해 왔다. 예수님은 그 소식을 듣고는 놀라워하셨다. 그리고 그가 예수님을 통해 감옥으로부터 빨리 석방하게 만드시기를 원한다는 사실도 아셨다. 그래서 답장을 보내시기로 하셨다.

세례요한에게,

눈먼 장님은 눈을 뜨게 되고, 절름발이는 걷게 되고, 나병 환자는 깨끗해지고, 귀머거리는 듣게 되고, 죽은 자는 살아나고, 가난한 자들에게 복음이 전해진다.

하나님의 사랑으로

예수

추신: 천국을 누리는 것은 나를 넘어 죄로부터 지키는 자이다.

우리는 세례 요한의 질문과 예수님이 하신 대답을 통해 우리가 기다리는 메시아는 어떤 분인가 살펴보자.

실제로 예수님을 보았을 때 세례요한은 예수님을 가리켜 "보라 세상 죄를 지고 가는 하나님의 어린양' 이라고 외쳤고, 자신에게 세례를 받으러 나오신 예수님을 보면서 "세례요한 자신이 오히려 예수님께 세례를 받아야 할 터인데 어떻게 나에게 와서 세례를 받으시려 하느냐?"고 말한 적도 있었다. 그리고 무엇보다 예수님께서 세례를 받으실 때 '하늘이 열리고 하나님의 성령이 비둘기같이 내려 예수님 위에 임하는 모습과 하늘로서 소리가 있어 이는 내 사랑하는 아들이요 내 기뻐하는 자' 라는 하나님의 음성이 들리는 현장에 누구보다 가까이 있었다. 그런 그가 옥에 갇히게 되었다. 마태복음에서는 그가 옥에 갇히게 된 이유를 14장 3절과 4절에서 밝히고 있다. 즉 그 당시 분봉 왕이었던 헤롯이 동생 빌립의 아내 헤로디아를 취한 일과 그의 모든 악한 일들을 세례요한이 단호하게 책망한 일 때문이었다. 그런데 요한은 옥에 갇혀 있으면서도 지금까지 자신이 증거 해 왔던 예수에 대해 이런 저런 얘기를 듣게 되었다. 그런데 감옥에서 들리는 말에 의하면 메시야라고 믿었던 예수님께서 유대인들의 기대하는 것과 같이, 자신이 기대하는 것과 같은 일들을 하시지 않고 계신 것이다. 사람들을 모아 가르치기는 하지만 사람들에게 로마에 대한 적대감을 일으키고, 힘을 모아 로마 사람들을 몰아 내야 한다는 이야기는 단 한 마디도 하지 않는 것이다. 오히려 그것보다는 사랑에 대하여 가르치는 것이다. 사랑하되 원수까지도 사랑하라는 것이다. 세상은 강한 자만이 살아 남는 것이다. 로마 보다 더 강해져야 로마 사람들을 몰아 낼 수 있는데 "부드러워야 한다. 낮아져야 한다. 온유한 자, 겸손한 자가 복이 있다"고 가르치는 것이다. 그분이 제자로 모은 사람들은 고기 잡는 어부 등 남자가 12명인데 그 분 주위에는 남자보다 여자와 아이들이 더 많다고 한다. 여자와 아이들을 데리고 어떻게 혁명 과업을 완수할 수 있겠는가? 감옥의 세례 요한에게 의심이 생기기 시작하였다. 많은 기적과 큰 능력을 행하시는 분으로 곧 사람들은 모으고, 로마 사람들을 몰아내고, 예전 다윗 왕이 세웠던 것과 같은 찬란한 왕국을 세울 것이라고 기대하고 있었는데, 그는 지금 감옥에 갇혀 있고, 곧 헤롯 임금에 의해 생명을 잃을 것이기에 이스라엘의 독립과 새 왕국이 건설되는 것을 볼 수 없을 것 같아 많이 안타까운 것이다.

"기다리던 메시야가 바로 예수님이야, 그런데 왜 이스라엘의 왕국을 건설하려는 어떠한 움직임도 없는 것일까? 혹시 내가 사람을 잘 못 본 것은 아닐까?"

이런 저런 생각을 하던 세례 요한은 결국 제자를 보내어 예수님께 직접 묻기로 하였다. "하나님께서 선지자들을 통하여 약속하신 그 메시야가 바로 당신입니까? 아니면 우리가 다른 사람을 기다려야 합니까?"

백성들은 메시아를 기다리고 있었다.

예수님 당시 모든 사람들은 한결같이 메시아를 기다렸다. 세례 요한도 역시 메시아를 기다렸다. 오랜 시간 동안의 기다림이었다. 그들이 기다린 메시아는 정치적인 메시아였다. 민족의 새로운 지도자, 다윗 같은 왕이 오시기를 기다린 것이다. 예수님 당시나 지금이나 사람들은 메시아를 기다리고 있다. 유대인들이나 한국인들이나 메시아를 기다린다. 시대와 장소를 초월하여 사람들은 메시아를 기다리고 있다.

먼저, 세상이 정치적으로 타락해 있기 때문이다.

예수님보다 6개월 먼저 태어나서 불로 세상을 심판하실 메시아를 기다리며 회개의 세례를 선포하던 세례 요한은 남다른 기대를 가지고 메시아 오시기를 기다렸다. 그는 부패한 세상을 바라보면서 이런 세상은 속히 멸망하고 새로운 세계가 와야 한다고 생각하였다. 그는 어려서부터 이 사회를 등지고 광야로 나가 메뚜기와 석청을 먹으면서 야인(野人)으로 생활을 하였다. 그의 광야 생활은 바로 이 부패한 사회에 대한 반발이요 부정을 의미하는 것이었다. 따라서 그가 예비하는 메시아에게 거는 기대는 각별할 수밖에 없었을 것이다. 메시아가 오시면 이 썩어 빠진 세상을 심판하시고 새로운 세계를 이루실 것이라는 기대를 가졌던 것이다. 이제 메시아가 오셨으니 모든 불의한 세력들을 때려부수고, 의의 세력들을 규합하여 새로운 사회를 이룩하기를 목마르게 기다렸다. 그런데 그가 기대한 메시아인 예수가 나타나셨는데도 아무런 변화가 일어나지를 않았다. 오히려 자신은 헤롯왕에 의해 억울하게 옥에 갇혀 있다. 그는 감옥에서도 이제나 저제나 하고 기다렸다. 그렇지만 들려오는 소식은 나사렛 예수가 예루살렘에는 얼씬도 하지 않고, 저 변두리 갈릴리 지역에서 바리새인들을 피해 다니며 병든 자들이나 고쳐 주고, 몇 가지 기적을 행할 뿐이라는 것이었다.

질문을 받은 예수님은 예(yes), 아니오(no)라고 쉽게 대답했다면 좋겠는데 그렇게 하지 않았다. '너희가 듣고 본 것을 가서 말하라'고 한다. 예수님의 말씀을 들은 것 그리고 예수님께서 행하신 여러가지 치유의 사건들을 보았을 터인데 그것을 가서 말하라고 했다 그들이 본 것이 무엇인가? 5절에 있는 말씀이다. "소경이 보며 앉은뱅이가 걸으며 문둥이가 깨끗함을 받으며 귀머거리가 들으며 죽은 자가 살아나며 가난한 자에게 복음이 전파된 것" 이다. 이것은 예수님을 통해서 일어났던 사건들이다. 소경 바디메오가 눈을 떴다. 38년 된 병자가 일어났다. 문둥병자 열 명도 고침을 받았다. 죽었던 나사로와 회당장 야이로의 12살 된 딸도 살아났다. 수많은 가난한 사람들에게 복음을 통해 소망이 전해졌다. 이것은 이사야 61장에 이미 예언하고 있는 바와 같이 메시아가 와서 일으키는 종말적인 사건이다. 이것을 가서 이야기하라는 것이다. 즉 내가 메시아 다라고 직접 말하지 않고 그러한 것을 보고 알라는 것이다. 주님은 언제나 우리가 기대하는 수준의 대답을 하시지 않는 것 같다. 여기서도 마찬가지이다. 요한의 질문에 "내가 바로 메시아다" 라고 말씀하시든지 아니면 "아니니까 기다려라"라고 하시면 될 것 같은데, 왜 이렇게 말씀하신 것일까? 사실 맹인을 눈뜨게 하고, 앉은뱅이를 일으키고, 문둥병 자를 깨끗하게 하고, 청각장애인이 듣게 되고, 죽은 자를 살아나게 하고, 가난한자에게 복음이 전파되게 했다는 얘기는 이미 감옥에 갇혀 있는 지금 제자들을 통해 다 들은 얘기였다. 그런데 다 알고 있는 이 이야기를 예수님께서 요한의 제자들에게 명하시기를 "가서 요한에게 이같이 전하라"고 하셨다. 왜 예수님은 요한이 이미 들었던 얘기를 반복해서 말씀하고 계시는 것일까?

사실 앞에서 언급한 일들은 모두 예수님께서 행하신 이적들이다. 그런데 이런 이적을 이해하기 위해서는 무엇보다 예수님 그분을 먼저 알아야 한다. 오늘날 많은 사람들이 예수님을 믿지 못하는 이유가 무엇인지 아는가? 그분의 이적과 그분의 활동에 대해 먼저 생각하기 때문이다. 그분이 누구인지를 알면 아무런 문제가 되지 않는 것도 그분에 대한 이해가 없기 때문에 믿어지지 않는 것이다. 그렇다고 세례요한이 예수님을 믿지 못했다는 말은 아니다. 지금 요한은 영적인 침체에 빠져있다. 그래서 주님은 자신이 누구인지를 그에게 먼저 일깨워주고 계시는 것이다.

사실 병자를 고치고, 천국복음을 전파하는 일은 세례요한이 그의 사역을 시작할 때, 자신이 외쳤던 내용들이었다. 세례요한은 이사야 선지자의 글을 인용해서 그의 사역초기에 예수님에 대해 강력하게 외쳤다. 그런데 지금 자신이 처해 있는 그 열악한 환경 때문에 오히려 "당신이 오실 그분입니까? 아니면 우리가 다른 분을 기다려야 합니까?"라는 말을 하고 있다. 그래서 주님께서는 요한에게 선지자가 예언했던 내용들을 기억하고 처음상태로 돌아가라는 강력한 촉구였다. 선지자가 예언한 내용이 무엇인가? "그때에 소경의 눈이 밝을 것이며 귀머거리의 귀가 들릴 것이며 그때에 저는 자는 사슴같이 뛸 것이며 벙어리의 혀는 노래하리라"는 것과 "가난한자에게 아름다운 소식을 전하게 하려 하심이라"는 것이었다. "메시야가 와서 그 일을 하게 될 것"이라는 예언이었다. 그런데 지금 예수 자신이 그 일을 하고 있다는 것은 자신이 메시야인 것을 요한에게 알리고 있는 것이다. 이 소식을 들고 간 제자들을 만난 세례요한은 과연 어떤 반응을 보였을까? 그 이후의 이야기는 성경은 전해주고 있지 않다. 그러나 분명한 것은 세례요한조차도 또 한번 주님에 의해 변화되어야 했다는 것이다. 주님은 광야에서 불의를 보며 거품을 내 품었던 세례요한이 아니라 겟세마네 동산에서 세상의 온갖 죄를 대신 짊어지시고 땀방울이 핏방울처럼 되도록 기도하신 분이요, 십자가에서 당신을 못박는 자들을 위해 오히려 '아버지여, 저들은 자기들이 지금 무슨 일을 하는지를 알지 못한다. 하오니 저들을 용서해 달라' 고 기도했던 분이시다. 고발과 질책이 아니라 끝없는 사랑과 자비를 베푸신 분이 바로 우리 주님이셨다. 그런 분을 구주로 고백하는 자가 바로 우리 그리스도인들이다. 우리는 과연 이런 분을 기다리고 있는 것인가?...

예수님은 가난한 사람을 살리러 오셨다.

예수님은 세례 요한의 제자들에게 말씀하셨다. "가난한 자에게 복음이 전파된다 하라"(마 11:5). "주의 성령이 내게 임하셨으니 이는 가난한 자에게 복음을 전하게 하시려고 내게 기름을 부으시고 나를 보내사 포로된 자에게 자유를 눈먼 자에게 다시 보게 함을 전파하며 눌린 자를 자유케 하고."(눅 4:18)

이 세상에서 가장 서글픈 일은 가난하여 배고픈 일이다. 이 세상에서 가장 부끄러운 일은 가난하여 의복 없이 헐벗는 일이다. 이 세상에서 가장 비극적인 일은 가난하여 집 없이 사글세방을 전전하는 것이다. 가난이 죄는 아니지만 자랑도 또한 아니다. 가난은 부끄러운 일이다. 예수님은 가난을 친히 체험하셨다. 아무 것도 부족할 것 없는 하나님의 아들이시지만 호화로운 왕궁에서 태어나지 않고 가난한 목수의 집에서 태어나셨다. 시설이 잘 갖추어진 산부인과 병원이 아니라 외양간에서 태어나 구유에 누워 계셨다. 평생 머리 둘 곳도 없이 살다가 마지막에는 십자가에서 마지막 걸친 옷까지 벗긴 채 죽으셔야 했다. 죽으신 후에도 묻힐 묘소가 없어 아리마대 사람 요셉의 무덤을 사흘동안 빌려야 했다. 예수님은 가난하여 주린 사람들에게 생명의 양식을 주러 오신 메시아이다. 예수님은 헐벗은 자에게 피로 씻은 세마포 흰옷을, 집 없는 자에게 하늘나라 영원한 집을 주시기 위해 오신 메시아이다.

예수님은 범죄한 사람을 구원하러 오셨다.

"누구든지 나를 인하여 실족하지 아니하는 자는 복이 있도다"(마 11:6). "내가 의인을 부르러 온 것이 아니요 죄인을 부르러 왔노라"(마 9:13). 모든 사람들이 죄인시하고 가까이하지 않는 세리 마태와 삭개오를 찾아가 구원해 주신 주님은 또한 창녀를 찾아가 구원하시고, 간음하다 현장에서 잡힌 여인이나, 남편 여섯을 두고도 만족할 줄 모르는 사마리아 여인도 구원하여 주셨다. 십자가에서 죽으시는 순간에도 옆에 있던 흉악한 강도에게 "네가 나와 함께 낙원에 있으리라"고 하셨다. 이런 사람만 죄인이 아니다. "의인은 없나니 하나도 없으며"(롬 3:10) 하신 말씀처럼 우리 모두는 예수님의 도우심이 없이 살 수 없는 죄인이다. 바로 저와 여러분들을 구원하러 오신 메시아가 바로 예수 그리스도이신 것이다.

20

헤롯왕의 생일

세례요한은 근심이 있었다. 헤롯 안티파스왕이 헤로디아와 결혼하기 위해 그의 부인과 이혼했기 때문이다. 그 부인은 원래 그의 이복동생인 빌립의 아내였다. 이것으로 인하여 요한이 그 사실을 책망하자 헤롯왕이 요한을 체포하고 감옥에 가둬버렸기 때문이다. 하지만 그는 요한이 의로운 사람이라는 것을 알고 있었기 때문에 두려워하면서도 보호하며, 또 그의 말을 들을 때 크게 화를 내면서도 달게 들었다.

그런데 헤롯의 생일이 되었다 그리고 헤로디아는 기회를 잡았다. 그녀의 딸이 헤롯의 잔치에 온 손님들에게 춤을 추어 기쁘게 하였다. 그 왕은 아주 기뻐하였다. 그리고 그는 그녀에게 무엇이든지 원하는 것을 말하라고 하였다.

워터하우스 - Mariamne Leaving
e Judgement Seat of Herod

"요한의 머리를 접시에 담아 주기를 원한다고 말씀 드려라," 헤로디아가 그녀에게 말했다. 그리고 그 딸은 그 말에 복종했다.

해롯은 매우 근심하였다. 그러나 자신이 맹세한 것과 거기에 앉아 있는 사람들 때문에 그것을 거절할 수 없었다.

헤롯이 시위병 하나를 보내어 요한의 머리를 가져오라고 명했다. 그러자 그 사람이 나가 요한을 목 베어 접시에 담아 여아에게 주었고, 그녀가 또 그의 어미에게 주었다.

요한의 제자들이 이 소식을 듣자, 와서 장사를 지냈다. 그리고 그들은 예수에게로 가서 말했다.

세례 요한에 대하여 예수님은, "여자가 낳은 자 중에 세례 요한보다 큰 이가 일어남이 없도다"(마 11:11)

라고 말씀하셨다. 이러한 평가를 받은 인물의 삶은 어떠했을까?요한은 광야에서 생활했으며, "약대 털옷을 입고 허리에 가죽띠를 띠고 음식은 메뚜기와 석청이었더라"(마 3:4)라고 성경은 말한다. 인간의 눈으로 보았을 때, 결코 화려하거나 편안한 삶이었다고 말하기 힘들다. 더구나 우리 인간의 눈으로 더더욱 이해하기 힘든 것은, 바로 요한의 죽음이다.

요한은 분봉왕 헤롯이 그 동생의 아내 헤로디아를 강탈한 것을 책망하였고, 헤롯은 그에 격분하여 요한을 옥에 가두었다.

그러나 헤롯 역시 일말의 양심이 있고, 또 요한을 선지자로 여기고 있었으므로 요한의 말에 귀를 기울이기도 하였다. 그러던 중, 이와 같이 어처구니 없는 일이 일어난 것이다.

헤로디아라는 아주 독한 여자로서 그 딸을 빙자하여 요한의 목을 요구하였고, 헤롯은 체면 때문에 요한의 목을 베는 일이 발생한 것이었다. 예수님께서 "여자가 낳은 자 중에 가장 큰 자"라고 평하신 그 세례 요한은 그렇게 부질없는 죽음을 당했던 것이다.

■ 카라바조, 세례 요한의 참수, 160 년, 361*520cm, 성 요한 대성당 (말타 섬) 세례 요한은 그리스도의 길을 예비한다. 그 끝은 끔찍한 참수다. 노파는 얼굴을 감싸고…망나니에게 자비는 없다. 한 번에 목을 베지 못하자 뒤 허리춤에서 단도를 꺼낸다. 이 공포 앞에서 신앙인은 멈칫한다. 참 신앙은 이 두려움을 넘어가는 곳에서 피어난다. 화가는 요한의 목에서 흐르는 피로 그림 하단에 서명을 했다.

생각하는 페이지

■세례 요한의 동굴

세례 요한은 아비야 반열의 제사장인 사가랴와 엘리사벳 사이에서 태어난 인물이다. 그리고 세례 요한의 모친인 엘리사벳과 예수님의 모친인 마리아는 친족 관계에 있었다. 세례 요한은 예수보다 6개월 먼저 태어났다. 세례 요한의 임무와 사역은 구약의 선지자들에 의해 이미 예언되어 있었다. 먼저 이사야 선지자는 "외치는 자의 소리여 가로되 너희는 광야에서 여호와의 길을 예비하라 사막에서 우리 하나님의 대로를 평탄케 하라"(사 40:3)고 말했으며 구약의 마지막 선지자인 말라기는 "보라 내가 내 사자를 보내리니 그가 내 앞에서 길을 예비할 것이요"(말 3:1)라고 예언했다. 구약 선지자들의 예언대로 메시아 예수님보다 6개월 먼저 세상에 태어난 세례 요한은 유대 광야에서 백성들을 향해 회개를 외치고 세례를 베풂으로써 메시아 예수님의 길을 준비하고 평탄케 했다.

세례 요한이 예언자로서 그 첫 모습을 드러낸 곳은 요단강 하류의 유대 광야였다. 구약의 마지막 선지자 말라기가 그를 '엘리야'에 비유한 대로(말라기 4:5) 세례 요한은 엘리야 선지자처럼 약대 털옷에 가죽띠를 띠고 메뚜기와 석청을 먹는 금욕생활을 하면서 청빈하게 선지 사역을 감당했다. 제사장 가문에서 태어나 율법에 통달한 세례 요한은 유대 광야에서 백성들의 죄악을 지적하며 회개를 외쳤다. 그리고 회개하는 자들에게는 회개의 표식으로 요단강에서 세례를 베풀었다. 공생애를 시작하기 전에 예수님도 세례 요한에게서 세례를 받았다. 이처럼 설교하고 세례를 베풀었기 때문에 '세례 요한'이라는 명칭을 얻었다. 회개를 외침에 있어 세례 요한은 지도자나 권력자라고 해서 결코 예외를 두지 않았다. 오히려 더욱 통렬하게 죄악을 꾸짖었다. 그래서 당시 불법으로 동생의 아내를 취한 통치자 헤롯 안디바를 신랄하게 꾸짖다가 감옥에 갇혀 결국 순교한다.

영국 고고학자 시몬 깁슨이 이끄는 고고학 발굴팀이 세례 요한의 탄생지로 전해지는 에인 케렘 마을에서 4km 떨어진 추바 키부츠(공동농장)에서 한 동굴을 발견했는데, 이 동굴은 이스라엘의 철기시대인 기원전 500~800년에 처음 조성된 것으로 추정되며 길이 21m, 폭과 깊이는 각 3.6m다.

〈에이피통신〉 등은 이 동굴 안에서 발견된 수많은 항아리 파편과 발 씻기에 사용된 돌, 성서에 나오는 요한을 설명하는 조각물에 근거해 이 동굴을 신약성서 속에 나오는 세례 요한이 추종자들에게 세례를 행했던 장소로 추정된다고 전했다. 발굴팀은 또 동굴의 천장 가까이에서 발견된 조각들도 세례 요한의 생애를 설명하는 내용이라고 설명했다. 깁슨은 "복음서상의 인물에 불과했던 세례 요한이 이제 살아났다"며 이번 동굴 발견에 의미를 부여했다. 성서를 보면, 어머니쪽 계열로 예수님의 먼 친척이었던 세례 요한은 회개를 강조하는 열성적 전도사였고 많은 추종자를 거느렸다.

헤롯

헤롯은 '영웅의 아들'이라는 뜻으로 팔레스타인과 그 근접 지역을 B.C. 55-A.D.93년까지 다스린 왕조의 왕들을 통틀어 헤롯이라고 한다

그 중 대 헤롯(헤로데)이라 불리는 헤롯대왕은 로마 제국이 임명한 유대의 왕(BC 37~4 재위)이다. 그는 많은 성채 · 수로 · 극장 · 공공건축물을 세웠으며, 전반적으로 유대를 번영시켰지만 말년에는 정치적 음모와 골육상쟁의 중심인물이 되었다. 〈신약성서〉는 그를 전제군주로 묘사하며, 나사렛 예수가 그의 왕국에서 태어났다고 전한다.

헤롯은 팔레스타인 남부에서 태어났으며, 그의 아버지 안티파트로스는 에돔 사람(사해와 아카바 만 중간 지역에 사는 아랍인)이었다. 안티파트로스는 큰 영향력과 부를 지녔고, 당시 부흥하던 나바테아 왕국의 수

■ 악티움 해전, B. Britten

도 페트라(요르단 강 남서부) 출신의 귀족 딸과 혼인하여 그 영향력과 부를 더욱 증가시켰다. 그러므로 헤롯은 비록 유대인 행세를 했으나 부계와 모계 둘 다 아랍 혈통이었다.

BC 63년 폼페이우스(BC 106~48)가 팔레스타인을 침공했을 때 안티파트로스는 그의 원정을 지원함으로써 로마와 오랜 관계를 시작했고, 로마로부터 그와 헤롯은 혜택을 받았다. 6년 뒤 헤롯은 마르쿠스 안토니우스를 만나 평생 친구가 되었다. 율리우스 카이사르 역시 헤롯 가문을 좋아하여 BC 47년 안티파트로스를 유대 총독으로 임명하고 그에게 로마 시민권을 주었는데, 그 신분은 헤롯 및 그의 자녀들에게까지 계승되었다. 같은 해 헤롯은 아버지로부터 갈릴리 총독으로 임명받아 정치무대에 나섰다. 6년 뒤 마르쿠스 안토니우스는 그를 갈릴리 분봉왕으로 삼았다. BC 40년 파르티아 사람들이 팔레스타인을 침공하고 내전이 일어나자 헤롯은 로마로 도망갔다. 로마의 원로원은 그를 유대 왕으로 임명하고 그 지역을 충분히 장악할 만한 군대를 주었다.

BC 37년 헤롯은 36세의 나이에 감히 아무도 도전하지 못하는 유대의 통치자가 되어 32년 동안 그 지위를 유지했다. 권력을 더욱 강화하기 위해 아내 도리스와 이혼하고 그녀를 아들과 함께 궁 밖으로 쫓아낸 뒤 하스몬 왕가의 공주 마리암과 재혼했다. 그가 재혼한 목적은 유대 민족의 지도자이며 제사장 가문인 하스몬가(家)와의 불화를 끝내려는 것이었지만, 결혼한 뒤 마리암을 깊이 사랑하게 되었다.

두 집정관 옥타비아누스와 안토니우스 사이에 카이사르의 권력을 계승하기 위해 갈등이 생기자, 헤롯은 친구 안토니우스를 지원했다. 그는 안토니우스의 정부이며 이집트의 여왕인 클레오파트라가 안토니우스에 대한 그녀의 영향력을 이용해 헤롯의 가장 좋은 영토를 많이 차지했어도 안토니우스를 계속 지원했다.

BC 31년 악티움에서 안토니우스가 최종적으로 패배한 뒤 헤롯은 승리한 옥타비아누스에게 자기가 누구 편을 들었는지 솔직히 고백했다. 이

전에 로마에서 헤롯을 만난 적이 있던 옥타비아누스는 그가 로마가 원하는 대로 팔레스타인을 다스릴 유일한 인물임을 알고서 그를 다시 왕으로 인정해주었으며, 또한 클레오파트라가 차지했던 땅을 헤롯에게 돌려주었다. 헤롯은 아우구스투스의 대행정관 마르쿠스 빕사니우스 아그리파와 절친한 친구가 되었으며, 그의 이름을 따서 손자와 증손자의 이름을 지었다.

황제와 대행정관은 헤롯에게 국빈으로 로마를 방문할 기회를 주어 그는 다시 이탈리아를 2번 방문했다. 아우구스투스는 그에게 키프로스 구리 광산 감독권을 주고 이익의 절반을 할당해주었다. 그는 BC 22, BC 20년에 헤롯의 영토를 2배로 늘려주었기 때문에 헤롯의 영토는 팔레스타인뿐만 아니라 요르단 강 동편, 즉 오늘날 요르단 왕국의 일부지역과 레바논 남부, 시리아를 포함하게 되었다. 그는 원래 나바테아 왕국도 헤롯에게 줄 뜻이 있었지만, 당시 그 왕국의 권좌가 공석이었을 당시 헤롯은 정신과 육체 모두 쇠약해 있었기 때문에 이루어지지 않았다.

헤롯은 자기 영토에 수많은 요새와 화려한 도시들을 건설했다. 그 가운데서 가장 큰 두 도시는 주로 이교적인 새 도시로 하나는 요파(야파)와 하이파 사이의 해안에 있는 팔레스타인의 항구도시 카이사레아로, 훗날 로마령 팔레스타인의 수도가 되었고, 다른 하나는 고대 사마리아의 옛터에 세워진 세바스테였다. 그는 예루살렘에는 안토니우스 요새와 웅장한 왕궁(그 일부가 성채 안에 남아 있음)을 지었다(→예루살렘 성전).

■ 루벤스 그림. 헤롯의 영아 대학살

안토니우스 요새

는 그 일부가 오늘날 비아 돌로로사(예수가 십자가에 달리기 위해 걸어간 길)에 세워진 수도원들 밑에 남아 있다. 그가 지은 건축물들 가운데 가장 웅장한 것은 성전으로서, 그는 그 전체를 다시 건축했다. 넓이가 14헥타아르에 이르는 성전 바깥 뜰은 오늘날도 '알 하람 아시 샤리프'라는 이름으로 남아 있다. 그는 또한 베이루트, 다마스쿠스, 안티오크, 로도스 등 외국 도시들과 많은 성읍들을 장식했다. 헤롯은 올림픽 경기의 의장이 되어 그것을 후원했다.

자기 왕국에서는 유대교의 주도적인 파벌인 바리사이파를 거스르는 것을 우려하여 마음껏 자기를 과시하지 못했다. 바리사이파는 그를 외국인으로 간주했기 때문에 언제나 그와 대립해 있었다. 헤롯은 자기에게 감사를 잊지 않는 이교도들의 후원자로서 뿐만 아니라 팔레스타인 바깥 지역에 사는 유대인들의 보호자로도 자임했고, 모든 힘을 동원하여 그 유대인들이 사는 지역 군주들의 환심을 사려 했다.

불행하게도 헤롯은 나이가 들수록 점점 뚜렷하게 어둡고 잔인한 성격

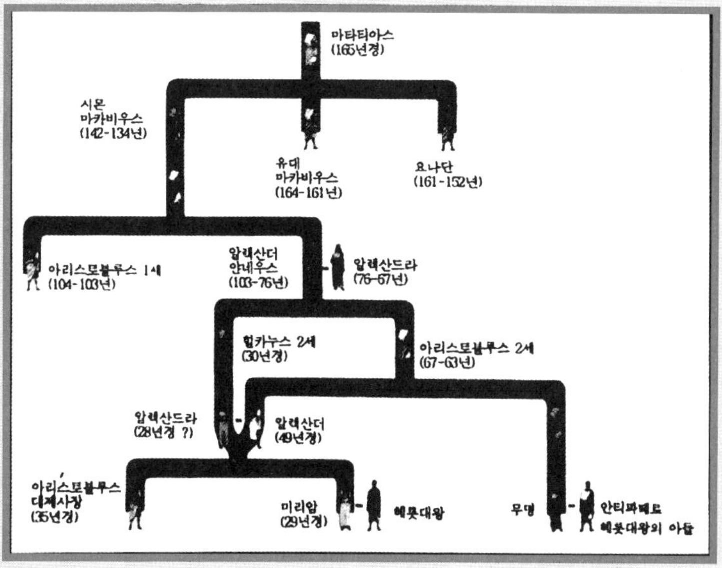

■ 헤롯의 계보

을 드러냈다. 더구나 그의 정서불안은 가정 내부에서 계속된 음모와 술수 때문에 더욱 깊어졌다.

마리암을 깊이 사랑한 그는 질투심이 일어나면 과격한 행동을 서슴치 않았다. 헤롯의 누이 살로메(그녀의 증조카, 즉 헤로디아의 딸 살로메와는 다른 인물)는 남을 쉽게 의심하는 그의 성격을 교묘하게 이용해 헤롯이 아내를 미워하게 만들어 두 사람의 관계를 깨뜨렸다. 결국 헤롯은 마리암과 그녀를 통해 낳은 두 아들, 그녀의 오빠와 할아버지, 그녀의 어머니를 모두 살해했는데, 마리암의 어머니 또한 야비한 사람으로서 살로메의 음모를 종종 돕곤 했다. 헤롯은 도리스와 마리암 외에도 8명의 아내가 더 있었으며, 그 가운데 6명의 아내를 통해서 14명의 자녀를 낳았다.

유대인의 왕

주전 40년 안토니는 바대인들의 침략 소식을 처음 접하고 이집트를 떠나 북쪽 두로를 향해해 갔다. 그러나 그가 할 수 있는 것은 아무것도 없었다. 그는 소아시아(터키)를 거쳐 그리스로 가서 그곳에서 현 상황에 대하여 낱낱이 조사하였다. 대부ㅜ분의 그의 군대는 시이저의 조카이며 양자인 옥타비안과의 사이에 적대감이 발생한 곳인 서쪽에 있다는 사실을 알게 되었다. 안토니는 즉시 이탈리아로 갔는데 옥타비안은 그의 상륙을 반대하였다. 내전이 다시 불붙었으나 각 진영의 베테랑들은 서로 환영하였고 그 여파로 이 상황을 벗어날 수 있었다. 새로운 조약이 체결되었고 옥타비안은 그의 누이 동생 옥타비아(Oclavia)를 안토니의 아내로 줌으로써 조약에 조인하였다.

헤롯은 가을에 이집트에 도착하였다. 그는 안토니를 따라서 소아시아를 거쳐 이탈리아로 갔으며 로마에서 안토니에게 안티고누스에 대항하는 것을 도와달라고 많은 돈을 바쳤다. 돈도 돈이었지만 안토니는 헤롯만이 유대를 다스릴 사람이며, 바대인들에 대해 저항할 수 있는 믿을 만한 사람이라는 것을 깨달았다. 그는 옥타비안과 원로원을 설득하려고 애를 썼고, 헤롯은 유대의 왕으로 지명되었다. 안토니와 옥타비안의 주선으로 헤롯은 카피톨(Capitol: 주피터의 신전)에 올라가 주피터에게 제사까지 드렸다. 왕으로서 헤롯의 첫 행위는 그의 통치를 특징지워 준다. 비록 그가 유대에서 유대인의 율법을 준수하였다 할지라도 그는 단지 몸만 유대인이었고, 마음은 이방인이었다.

■ 헤롯의 궁

시간을 지체하지 않고 헤롯은 동쪽으로 항해하여 시리아 남쪽 지역의 악고에 도착하였다. 그는 자신이 떠나온 이래 포위 속에 있던 마사다(Masada)의 가족들을 염려하였다. 물 부족으로 지독하게 고생하던 그들은 물 저장고에 고인 빗물로 연명하였다. 그는 많은 군사를 모으고 또 로마 군인의 도움을 받아 갈릴리로 진격하였다. 그의 연락망을 유지하기 위하여 욥바까지 밀어 붙였다. 항구를 점령하자마자 그는 이두메아로 진군할 수 있었고 마사다를 구할 수 있었다.

헤롯은 예루살렘을 포위하려고 북쪽으로 향했다. 이때가 한 겨울이었는데 로마 장군은 식량 부족을 이유로 군대를 겨울 막사로 후퇴시킬 것을 주장하였다. 요세푸스는 그가 뇌물에 매수되었다고 주장한다. 헤롯은 사마리아에서 식량을 가져오려고 노력하였으나 로마 병사들은 예루살렘 포위를 반대하였다.

로마의 봉신

헤롯은 유대 왕으로 임명되어 로마에 충성을 다해야만 했다. 그는 자신의 왕국을 마음대로 통치할 수 있는 자유가 있었지만, 만약 실수를 저지르면 폐위될 수도 있었다. 그러나 외교 정책만은 로마의 재가를 받아야만 했다. 헤롯의 이런 위치는 특별한 것이 아니라 이러한 많은 봉신 가운데 하나였다. 로마 사람들은 결코 제국이라는 것을 자랑스럽게 여기지 않았다. 그들은 많은 이유 때문에 여러 나라를 정복하였다. 사실은 자기 방어가 주된 동기였으나 헤롯이 다스리기 200년 전부터 욕심과 명예가 중요한 동기로 등장하기 시작하였다. 영광과 명예는 중요한 동기가 되었으며 탐욕은 여러 지방을 다스리는 이유가 되었다.

동맹국

로마 사람들은 다른 나라의 내정에 관여하였을 뿐 아니라 이들과 동맹을 맺었을 때 이들을 좌지우지하려 하였다. 어떤 나라도 이러한 관계에서 벗어나는 것이 허락되지 않았다. 벗어나려는 어떠한 행동도 반란으로 간주되었다. 로마인들이 생각하는 친선 관계가 무엇인지 잘못 이해하고 있던 동맹국들은 이러한 일로 종종 큰 충격을 받을 수밖에 없었다. 자발적으로 동맹을 맺은 왕도 아주 사소한 구실로 실각되고 다른 왕으로 교체되거나 심지어는 로마의 총독으로 대체되곤 하였다. 아주 작은 나라의 속국왕은 왕이라는 명칭조차 쓰지 못하고 분봉왕(tetrarch)이라고 불렸다.

21

믿는 것, 그리고 용서하는 것

유대인들은 로마의 군인들을 싫어하였다. 그러나 그들 모두가 나쁜 것은 아니었다. 로마의 가버나움에 한 백부장은 존경을 받았다. 그는 자신의 돈으로 유대교 회당을 지었다.

그런데 그의 사랑하는 종이 병들어 죽게 되었다. 그는 예수님의 소문을 듣고 유대인 장로 몇 명을 그에게 보냈다.

"이 로마인은 훌륭한 사람입니다." 그들은 예수님에게 말하였다. "그는 우리의 사람들을 사랑하고 회당을 지어주었습니다." 그래서 예수님은 그들과 함께 갔다.

"나는 주님께서 저희 집에 들어오는 것을 감히 감당치 못하겠습니다." 그가 말했다. "그저 오직 저의 종에게 곧 나으라고만 말씀만 하셔서 그를 낫게 해주십시오."

예수님은 그의 말을 듣고 놀라서 말하였다.

"나는 유대인들의 사이에서도 이만한 믿음을 찾아 보지 못하였다."

라고 예수님이 말씀하셨다. 그 보내었던 사람들이 집으로 돌아가 보니 종이 이미 건강해 져 있었다.

그 후에 예수는 바리새인인 시몬의 저녁에 초대받았다. 그들은 로마식으로 된 테이블에 앉았다, 그런데 초대받지 못한 한 여자가 거리에서 왔다. 그는 향유를 담은 병을 가지고 왔다.

그녀는 예수님의 옆에 앉아서 울며 눈물로 예수님의 발을 적셨다. 그리고 그는 그녀의 긴 머리카락으로 씻고 향유를 부었다.

시몬이 이것을 보고 부끄럽게 여겨 당황하였다. 그 여자는 죄인이었다. 그런데 어떻게 예수님을 만질 수 있단 말인가?

예수님은 그가 무슨 생각을 하는지 알고 계셨다.

"시몬아," 그가 말씀하셨다, "많은 돈을 빚진 사람과, 적은 돈을 빚진 사람 둘의 빚을 탕감 해 주었는데, 둘중에 누가 저를 더 사랑하겠느냐?" 그가 명백하게 대답했다.

"당연이 많이 탕감 받은 사람입니다."

예수님이 그 여자에게 말씀 하셨다.

"옳도다. 너는 죄 사함을 받았다. 너의 믿음이 너를 구원하였다."

말씀의 하나님

"태초에 말씀이 계시니라" 고대의 성경 해석자인 베짜는 이를 라틴어로 '태초에 설교가 있었다'로 해석 했다. "하나님이 가라사대 빛이 있으라 하시매 빛이 있었고…" 이렇게 하나님께서는 아무것도 없는 혼돈된 우주 공간에서 말씀을 주셨을 때에 무가 유가 되며 부족한 것이 완벽해지는 창조의 역사가 일어났다. 창조시에 전해지던 그 말씀이 우리에게도 동일하게 들려진다. 말씀의 책인 성경이 읽혀지고 선포되는 곳에 이런 창조의 역사가 일어난다. 우리가 성경을 읽을 때 하나님의 설교의 음성이 내 마음에 들리고,하나님의 책망의 음성이 내 마음에 들리고,하나님의 위로의 음성이 내 마음에 들리고,하나님의 축복의 음성이 내 마음에 들리는 이유는 성경은 하나님의 설교를 담은 책이기 때문이다.

말씀 속에는 하나님의 속성이 들어 있다. 하나님의 신적인 성품,하

나님의 전적인 인격, 하나님의 실체, 하나님의 사랑, 하나님의 은혜, 하나님의 축복, 하나님의 능력과 하나님의 생각, 하나님의 전부가 말씀 속에 있는 것이다. 그러므로 하나님이 가라사대라고 말씀 할 때에는 하나님의 전 인격이 그 말씀 속에서 우리들에게 쏟아져 나오는 것이다.

말씀으로 우리에게 임하시는 하나님

주님의 사랑을 받고 싶으면 말씀을 가까이 해야 한다. 나인성 과부의 죽은 외아들이 "청년아 일어나라"는 한마디에 살아났고,죽은 나사로가 "일어나 나오라"는 주님의 말씀에 부활했으며, 갈릴리 바다의 풍랑도 "잔잔하라"는 말씀 한마디에 잔잔해지고 병자들이 예수님 품으로 나왔을 때에 "네가 병에서 나음을 받았다" 한마디에 깨끗이 고침을 받았다. 말씀이 이렇게 능력이 있음을 말씀은 하나님이시며, 말씀 안에는 하나님의 전부가 들어 있기 때문이다. 그러므로 여러분의 진정한 행복은 말씀에서 찾으시길 주의 이름으로 축원한다.

완전한 말씀의 역사

말씀 속에는 미완성이라는게 없다. "빛이 있으라" 하니 완전하게 말씀이 선포하는 그대로 이루어졌다. 여러분이 인생의 해답을 받고 싶거든 말씀에서 해답을 찾아 보시기 바란다. 본문에 "하나님이 보시기에 좋았더라"라는 말이 일곱번이나 나오는데 이것은 하나님이 자신이 약속한 그 약속대로 다 하시고 나서 바라보며 만족했다는 것이다. 하나님이 보실때 그렇게 좋았다는 것이다. 하나님이 그렇게 좋아 할 정도로 우리의 생활에 말씀대로 살면 그대로 되는 놀라운 축복이 있다.

길자연(왕성교회 목사)

예수님은 때로 책망하셨다. 예수님의 행적 가운데는 꾸중하고 나무라시는 모습이 종종 나타난다. 하지만 예수님의 책망은 비판이나 비난이 아니라 관심과 사랑에 근거한 강력한 권면의 메시지이다. 예수님은 오직 한 가지 이유,곧 믿음이 없거나 믿음이 부족할 때 책망하셨다. 이렇게 믿음 없음과 믿음 부족에 대하여 책망하신 이유는 분명하다. 예수님은 모든 상황에서 믿어야 할 이유를 충분히 가르치셨고 많은 이적을 통하여 믿지 않을 수 없는 확고한 증거들을 계속 보여주셨다. 그럼에도 불구하고 사람들이 믿음을 갖지 못했거나 믿음이 약할 때, 예수님은 책망을 통해 보다 강한 믿음을 촉구하셨다.

누구를 책망하셨나?

예수님과 가까이 지내는 제자들이 도리어 부족한 믿음을 드러낼 때 예수님은 책망하셨다. 베드로가 처음에 믿음으로 물위를 담대히 걷다가 바람을 보고 두려워하여 실족했을 때 예수님은 "믿음이 적은 자여, 왜 의심하였느냐?"라고 책망하셨다(마 14:31). 그리고 제자들이 자신들을 영접하지 않는 사마리아 마을에 화가 나서 불을 내려 그들을 멸하라고 청했을 때(눅 9:55), 또한 제자들이 부활의 증거를 믿지 않았을 때(막 16:14) 예수님은 제자들을 책망하셨다. 벙어리귀신 들린 소년의 아버지가 "하실 수 있거든" 도와달라고 부탁했을 때도 예수님은 "할 수 있거든이 무슨 말이냐 믿는 자에게는 능치 못할 일이 없느니라!"라고 하시면서 그의 믿음 없음을 꾸중하셨다(막 9:21~24). 또한 예수님은 권능을 많이 베푸셨지만 여전히 믿음 없이 회개하지 않는 마을에 대해서도 크게 책망하셨다(마 11:20

~24).

책망이 아니라 칭찬을 들어야

그렇게도 열심히 가르치고 증거하였으나 여전히 믿음이 없거나 믿음이 약한 사람들을 보면서 예수님은 오죽 답답하셨을까! 이제 우리는 예수님께 책망이 아니라 칭찬을 들어야 한다. 예수님께 칭찬을 듣는 비결은 무엇일까? 아주 간단하다. 크고 강력한 믿음을 보일 때 예수님은 기뻐하시고 칭찬하신다. 이를테면 로마 백부장의 경우(마 8:8~10)와 가나안 여인의 경우(마 15:27~28)가 그렇다. 이들 두 사람은 비록 이방인이었지만 예수님을 전적으로 신뢰하는 큰 믿음을 보임으로써 크게 칭찬받았다. 기억하라! 언제나 큰 믿음에는 큰 칭찬이, 믿음 없음에는 책망이 뒤따른다는 것을!

백부장은 이론적으로 100명의 지휘관이지만 실제는 50~100명이었다. 신분은 하사관으로, 그들이 장교의 계급으로 승진하는 것은 어려운 일이었다. 신약성서에 로마병제에 의한 백부장의 인용이 있는 것은 당시 팔레스타인이 로마의 속주로서의 지위에 있었던 것을 반영한다.

신약성서에 다섯 명의 백부장이 나온다. 최초로 언급되는 백부장은 종이 병들어 죽게 되는 가파르나움의 백부장이다(마 8:5~13, 눅 7:2~10). 다음은 《사도행전》에 나오는 고넬료로, 그는 경건하여 온 집과 더불어 하나님을 경외하는 자였다고 기록되어 있다. 다른 백부장은 아구사도대의 율리오(행 27:1~43)로, 바울을 로마로 호송하는 책임을 맡은 것이 나온다. 그리고 예수의 십자가 곁에서 로마병을 지휘한 백부장(마 27:54)과 예루살렘에 주재하여 치안유지에 힘쓰는 백부장이 나온다(행 22:25).

천부장, 백부장, 오십부장 등 구약성서에 나오는 것은 확실히 군사적 지도자로 여겨진다. 그러나 《출애굽기》 18장에서는 재판관(조정관)으로서의 책임이 맡겨져 있다. 즉 천부장을 비롯한 지도자들이 선임된 것은 재판을 위해서이고 그것 이외의 일에는 언급되어 있지 않다. 신명기 1장에도 이들 천부장을 비롯한 지도자들은 '재덕이 겸비한 자, 신실무망, 불의한 이를 미워하는 자'로 인정받는 자들이라고 나타나 있다. 이것은 당시 군사적 지도자와 재판관이 분명히 구별되어 있지 않고 양쪽 모두를 수행한 것으로 보인다.

22 훌륭한 양치기

예수님께서 말씀하실 때, 모든 사람들이 그의 말씀을 들었다. 심지어는 어린 아이들조차도 조용히 이야기를 들었다. 예수님은 하시고자 하는 말씀이 이해하기 어려울 때는, 이야기를 하실 때 자주 비유를 쓰셨다. 그는 사람들이 그것에 대하여 생각하기를 원하셨다.

만약 그들이 진실로 그를 따르기를 원한다면, 그들은 그 비유의 의미를 알아야 했다.

"귀 있는 자는 들으라." 예수님은 자주 이렇게 말씀 하셨다.

"깊이 생각하고, 그것을 이해하려고 노력하라."

예수님은 그의 친근한 이야기를 매일 들려주셨다.

NEW TESTAMENT

이스라엘의 한 언덕에 양떼를 지키는 양치기가 있었다.
"백마리의 양이 있다," 예수님이 말씀하셨다.

"그런데 한 마리의 양을 잃어버리면, 양치기는 어떻게 하느냐? 그는 아흔 아홉 마리의 양을 안전한 곳에 두고, 한 마리의 양을 찾으러 가지 않겠느냐?"

그는 모든 곳을 찾고 양이 있을 만한 곳을 찾아다닌다. 그는 아무리 피곤하고, 오래 걸려도, 그 한 마리의 양을 포기하지 않을 것이다.

그리고 그가 그 양을 찾으면, 그 양치기는 매우 행복해 하며, 그 양을 어깨에 메고 집으로 돌아와 그의 친구들을 모두 불러서 이렇게 말할 것이다.

"이리와서 나와 함께 즐기자, 내가 잃어버린 한 마리의 양을 찾았다."

"나는 하나님 밖에서 길 잃고 헤메이는 자 들을 하나님의 품으로 다시 보내기 위해 이 땅에 내려왔다."

"나는 목자다." 예수님이 말씀 하셨다. 그는 결코 그의 무리를 떠나지 않으신다. 그는 사람들을 찾아 신선한 잔디와 깨끗한 물이 있는 곳으로 인도하신다.

하나님은 그의 모든 어린 양 들을 알고 계신다. 그리고 그는 늑대의 공격으로부터 그 양들을 지키신다. 그 양들은 목자를 잘 따른다. 왜냐하면 그들은 목자의 목소리를 알기 때문이다.

"나는 선한 목자다. 그들은 나를 알고 그들은 나를 믿는다. 나는 그들을 이끌고 보호한다. 그리고 나는 그들을 위해 죽을 준비가 되어 있다."

생각하는 페이지

목자와 양의 비유를 기록한 사도 요한은 선한 목자 되시는 예수님과 삯꾼 목자의 모습을 비교하면서 항상 선한 목자이신 예수님의 말씀을 좇는 성도가 되기를 원하고 있습니다. 본문 말씀을 통해서 선한 목자와 삯꾼 목자에 대해 상고하고자 합니다.

삯꾼 목자(요 10:12)

책임감이 없음(요 10:12, 겔 34:2-4)

위급하면 양을 버리고 달아남(요 10:12-13, 벧전 5:2)

양을 맡고 있으면서도 사랑치 않음(요 10:5, 유 1:12, 딛 1:16)

선한 목자(요 10:11)

책임지고 양을 보호함(요 6:37, 10:27-28)

양을 위해 자기 목숨을 아끼지 않음(요 10:11, 14-15, 요일 3:16)

양을 자기 몸과 같이 사랑함(요 10:9, 요 15:9-10)

선한 목자이신 예수님 우리의 생명되심(요 14:6)

예수님은 우리를 죄에서 구원하신 구세주이심(딤전 2:4-5, 갈 1:4, 마 16:16)

예수님은 우리 생명의 양식이심(요 14:6, 6:51, 53-55)

우리는 그리스도 안에서 믿음으로 영생을 얻음(요 6:40, 10:28, 요일 5:13, 유 1:21)

23

예수님의 놀라운 능력

NEW TESTAMENT

"선생님! 저는 야이로라고 하는 사람입니다. 열두 살 밖에 안된 제 어린 딸이 다 죽게 되었습니다. 부디 제 집에 오셔서 그 아이에게 손을 얹어 병을 고쳐 주십시오."

예수님은 항상 많은 종류의 문제 속에 계셨다. 예수님의 일행이 배를 타고 호숫가 건너편에 도착해서 얼마 안 되어 수많은 군중들 틈을 비집고 지체가 높아 보이는 점잖은 한 사람이 예수님 발 앞에 엎드렸다.

예수님은 그 사람을 한참 바라보시다가 입을 떼셨다.

"나를 어떻게 아십니까?"

회당장인 야이로라는 사람이 예수께로 와서 발 아래 엎드려 도움을 구했다.

"내가 잘 아는 이가 말하기를 선생님은 병자들을 다 고쳐주시는 분이라고 알려주었습니다."

"그럼 앞장 서시오. 당신 집으로 가봅시다."

"그녀가 곧 죽을 것 같습니다. 제발 빨리요!"

그래서 예수는 야이로의 집으로 갔다, 그리고 무리들도 예수님을 따라서 함께 갔다.

길을 가는 도중에, 무리 중에 12년 동안 혈루증을 앓던 여자가 있었다. 그 열 두 해 동안 아무에게도 고침을 받지 못하였다. 그런 그녀에게 예수님은 유일한 희망이었다.

"만약 내가 그분의 옷을 만질 수 있다면 …." 그녀가 말했다, "나는 내가 나을 것을 알고 있다."

곧 그녀가 예수님의 옷자락을 만졌다. 그때 그 즉시 그녀의 병이 나았다.

"누가 나의 옷자락을 만졌느냐?" 예수님이 물으셨다. 그는 누군가의 병이 고쳐진 것을 알고 계셨다.

그 여자가 숨기지 못 할 줄을 알고 예수님의 앞으로 떨며 나아갔다. 그리고 손을 댄 이유와 곧 나은 것을 모든 사람 앞에서 말하였다.

"너의 믿음이 너의 병을 고쳤다." 예수님이 말씀하셨다. "평안히 가거라."

그 때, 회당장의 집에서 사람이 헐레벌떡 뛰어와서 말하였다. "더 이상 그 분을 괴롭히지 마십시오, 당신의 딸은 이미 죽었습니다," 그들이 그에게 말했다.

"걱정하지 말아라," 예수님이 야이로에게 말씀하셨다. "두려워 하지 말고 그저 믿기만 하여라, 그리하면 네 딸이 구원을 얻을 것 이다." 그 동안 회당장 야이로는 딸의 병을 고치기 위해 많은 의사에게 찾아가서 치료를 받게 했었을 것이다. 그러나 딸의 병세가 점점 악화되어서 마침내는 빈사상태에 이르렀다. 그러자 회당장 야이로는 자포자기할 지경이 되고 말았다.

그의 딸이 죽었다는 비보를 전해 받고 흔들리고 있는 야이로에게 걱정과 공포를 갖지 말고 믿음을 보존하라고 하신 것이었다. 신앙은 공포와 두려움과 함께 존재하는 것이 아니다.

예수님의 일행이 회당장의 집에 도착하니 안에서 곡소리가 들렸다. 예수님께서는 야이로의 집에서 죽음을 슬퍼하며 통곡하는 사람들에게 말씀하셨다.

"왜 떠들며 울고 있느냐? 그 아이는 죽은 것이 아니라 자고 있는 것이다."

그러자 이 말을 들은 사람들은 코웃음을 치며 자기들끼리 빈정거렸다.

"저 양반이 무슨 소리야? 아니 죽어서 숨이 끊어진 아이를 죽은 것이 아니라 잠자고 있는 것이라니? 저 사람 정신이 어떻게 된 것 아냐?"

예수님은 먼저 예수님의 말씀을 비웃고 믿음 없는 무리들을 그 집안에서 내어보냈다. 그리고 야이로와 부인, 세 명의 제자만 데리고 아이 있는 곳으로 들어 가셨다. 야이로의 딸은 정말 마치 잠을 자는 듯 반듯하게 누워 있었다.

예수님은 먼저 그 아이 곁으로 다가가서 손을 잡으셨다. 이 모습을 야이로 부부와 세 제자는 숨죽여 지켜보고 있었다.

예수님은 "달리다굼!" 하고 소리를 지르셨다. 이 말은 "소녀야, 어서 일어나라."는 뜻으로 기도보다는 명령이었다. 그러자 파리하던 소녀의 얼굴에 불그스레 혈색이 돌아오면서 몸을 움직이기 시작했다. 그러더니 곧 자리에서 일어나서 예수님의 일행을 쳐다보았다.

예수님은 그 아이의 부모를 바라다보시며 "아이에게 먹을 것을 주시오."라고 하셨다. 야이로의 집은 예수님의 한 말씀으로 울음에서 기쁨으로, 슬픔에서 행복으로, 죽음에서 생명으로 변했다. 그런데 이 모든 기쁨은 예수님을 믿었던 야이로의 깊은 신앙심으로 인해 이루어졌다.

그녀의 어미와 아비는 그들에게 일어난 일에 대해 믿기 않았다. 그러나 그들은 다시 그 작은 딸과 함께 행복하게 살았다.

야이로는 회당장이었다. 회당은 그리스어로 '시나고가'로 기도와 집회의 장소였다. 그래서 보통 회당이라 하면 유대인이 기도하는 곳을 가리키는 말이다.

또한 넓은 의미로 기도하는 모든 장소를 가리키기도 한다. 즉 해변, 강가, 옥외 등에서도 기도하면 여기도 역시 회당이라는 의미에 포함되었다.

예수님 시대에는 예루살렘에 회당이 480여 개가 있었던 것으로 전해진다. 또한 바벨론, 시리아, 소아시아, 마케도니아, 그리스, 이탈리아, 아프리카 등지에도 유대인이 있는 곳이면 회당이 세워졌다. 회당을 건설할 때 예루살렘 쪽을 향하도록 하고, 회당 안에는 모세의 율법을 넣어두는 상자가 놓여있었다.회당은 이스라엘 사람들에게 성전을 대신하는 가장 중요한 장소였다. 그러므로 회당장은 원로들 가운데서 뽑힌 행정관이 맡았다.

회당장은 회당의 최고 책임자로 유다인 사회에서는 존경받는 위치에 있던 지도자들 가운데 한 사람이다. 아마도 예수님은 그의 겸손한 모습을 좋게 보셨을 것이다.

24

하나님의 나라

예수님은 오셔서 사람들에게 하나님의 나라의 새 삶을 주셨다. 하나님은 스스로 계시고 만왕의 왕이신 분이시다. 그의 백성들은 행복할 것이다. 그의 나라에는 죄도 없고 죽음도 없다.

하나님의 나라는 지금 시작되었다. 예수님은 하나님의 나라에 대한 많은 훌륭한 이야기를 들려주셨다.

씨 뿌리는 사람

"한 농부가 씨를 뿌리기 위하여 밖으로 가고 있었다."

예수님이 말씀을 시작하셨다. "그는 씨를 뿌렸다. 그런데, 어떤 것 들은 길가에 떨어져 새들이 다 주워 먹었다. 또 어떤 것 들은 돌 밭에 떨어졌다. 그것들은 뿌리를 깊게 내리지 못하여 자라지 못했다. 또 어떤 것 들은 가시 사이에 떨어졌는데, 숨이 막혀 죽고 말았다. 하지만, 좋은 땅에 뿌려진 씨앗들은 수 십 배의 수확을 거뒀다.

예수님은 이 이야기를 설명하셨다.

"이것은 하나님의 말씀이다,"

그가 말했다. 사탄은 너희를 움켜쥐기 위하여 다시 올 것이다.

가라지의 비유

예수님은 다른 이야기를 들려주셨다.

한 농부가 그의 쟁기로 밭을 갈고 밀알을 심었다.

그 씨앗은 좋은 씨앗이었다. 그런데 그 농부에게는 원수가 있었다. 모두가 자고 있을 때, 그의 원수는 와서 가라지를 심었다.

곡식이 싹이 나고 자랄 때 까지도, 아무도 그것을 알지 못했다.

"저희가 이 가라지들을 뽑을까요?" 그의 종들이 물었다.

> "그러지 말거라, 가라지를 뽑다가 곡식까지 뽑을 까 걱정 되는구나."

이 이야기를 마친 후 무리들이 집으로 돌아가자, 비유를 이해하지 못한 제자들이 그 비유의 의미를 물었다.

"나는 씨 뿌리는 사람이요," 예수님이 말씀하셨다. "땅은 세상이다. 그 좋은 새는 천국의 아들들 이지만, 그 가라지는 하나님의 원수인 마귀다. 그 추수는 세상의 끝에 할 것이다."

겨자씨의 비유

예수님은 겨자씨를 심은 한 남자에 대하여 얘기해 주셨다.

한 남자가 아주 작은 겨자씨를 심었다.

그리고 그는 그것을 땅에서 키웠다. 그 씨앗은 마치 아주 작은 티끌 같았다. 그러나 그 씨앗이 자라자, 곧 큰 나무가 되었다. 그것은 점점 더욱 더 커져서, 새가 그 나무에 둥지를 틀 정도가 되었다.

"하나님의 나라도 이와 같이 점점 자랄 것이다." 예수님이 말씀하셨다.

땅에 묻힌 보화의 비유

한 남자가 땅에 묻혀있는 보화를 발견하였다.

그는 매우 기뻤다. 그러나 그 땅은 그의 땅이 아니었기 때문에 그는 그 보화를 흙으로 다시 덮어두었다. 그리고는 자신의 소유를 모두 팔아서 그 땅의 주인에게로 가서 그 땅을 샀다.

그리고 그 보화는 그의 것이 되었다.

"천국을 너의 것으로 만들어라!"

진주의 비유

진주를 사고파는 한 상인이 있었다. 어느 날 그는 지금까지 한번 도 보지 못한 아주 좋은 진주를 보게 되었다. 그것은 크고, 또 아름다웠다. 그는 자신이 그 진주를 가지기 전에는 결코 행복할 수 없다는 것을 알았다.

그래서 그는 그의 모든 재산을 팔고, 그것을 샀다.

"천국은 이것과 같다. 그것은 그 어느 것보다도 가치가 있다."

생각하는 페이지

비유란 어떠한 실체를 특성이 비슷한 것에 빗대어 표현하는 방법이다. 성경에는 장래에 나타낼 실상이 비유로 기록되어 있다.

예수께서는 비유가 아니면 어떠한 '천국 비밀'도 말씀하시지 않으셨다(마 13:34~35). 그 까닭은 첫째, 하나님께서 옛 비밀한 것을 비유를 베풀어 후대에 전하라(시 78:2)고 하셨기 때문이요 둘째, 장래에 이룰 천국 비밀을 '대적이 알지 못하도록' 감추기 위해서이다.

구약에서는 오실 예수님에 관한 것을 대부분 사실 그대로 예언했다. 처녀가 아이를 낳는다, 베들레헴에서 난다, 나귀 새끼를 타고 예루살렘에 입성한다. 등

그러나 신약은 다르다. 말세에 관한 거의 모든 예언이 비유로 기록되었다. 신약에서는 만국을 다스릴 아이가 일곱 머리와 열 뿔 가진 붉은 용 앞에서 해, 달, 별을 가진 여자에게 난다 하였고, 그곳을 하늘이라 하고 있다. 따라서 이와 같은 비유의 참뜻을 풀지 못하면 예언이 실상으로 이루어져도 그 사실을 알 수 없고, 천국 비밀도 알 수가 없다.

바울은 증거 하기를 성령은 하늘의 깊은 것까지 통달한다고 한다.(고전 2:10) 그의 말에 비추어볼 때 성령이 함께 하는 사람은 천

국 비밀인 비유의 말씀까지도 알게 된다. 따라서 천국 비밀 비유의 말씀을 알지 못하는 것은 성령을 받지 못한 증거라 할 수 있다. 예를 들어 계시록 9장을 보면, 하늘에서 떨어진 별이 무저갱

을 여니 연기 가운데서 황충들이 나와 사람들을 해한다 하였고, 꼬리에 머리가 있는 말들의 입에서 불과 연기와 유황이 나와 사람 삼분의 일을 죽인다고 하였다. 이 말씀의 참 뜻을 알지 못하면 사건이 나타날 때 구원 받을 수 있겠는가.

현 시대 많은 목자들은 천국 비밀과 예언을 자기 생각으로 해석하여 거짓되게 풀거나, 아예 등한시 하고 역사와 교훈에만 치중하여 설교하고 있다. 그렇다면 교인들의 영은 과연 살아있다고 할 수 있겠는가? 지각 있는 성도는 소경된 무지한 목자에게 구원이 없음을 깨닫고 성령의 가르침이 있는 곳을 찾아갈 것이다.

예수님께서는 비유의 뜻을 모르면 영적인 이방인이 될 뿐 아

니라 죄 사함을 받지 못 한다고 하셨다(막 4:10~13). 예수님 말씀에는 아랑곳하지 않고 비유한 천국 비밀을 모르는 사람은 기독교인이라 할지라도 사실상 예수님을 믿는 자라고 할 수 없다.

대부분의 내용이 비유로 기록된 요한계시록을 일점일획이라도 가감하면 천국에 못 들어간다(계 22:18~19). 그러면 일점일획이 아니라 요한계시록 전장을 몰라도 염려가 없는 신앙인의 영은 죽은 것이 아니겠는가? 성도는 살기위해 약속한 참 목자를 찾아 비유한 말씀을 깨달아야 한다.

25

배고픈 무리

그날은 식사를 하지 못할 정도로 바빴다. 예수의 가르침을 들은 무리들이 그를 따랐다. 해가 지고 그들은 모두 배가 고팠다.

'사람들을 보내어 먹을 것을 사오게 합시다.' 예수님의 제자들이 말했다.

'그러지 말거라,' 예수님이 대답하셨다. '우리는 저들 모두에게 음식을 주어야 한다. 그러려면 돈이 얼마나 있어야 하느냐?'

안드레가 말했다.

'여기 이 소년이 다섯 개의 보리떡과 두 마리의 생선을 가지고 있습니다. 그러나 이것으로는 턱 없이 부족합니다.'

'모두에게 잔디위에 앉으라고 말하거라,' 예수님이 말씀하셨다.

(그곳의 사람들은 약 5,000명이었다.)

예수님은 떡을 가져 축사를 하신 후에, 제자들이 음식을 둥글게 놓았다. 그리고는 앉은 자들에게 나눠주고, 고기도 마음대로 가져가게 하셨다. 그런데도 모두가 배불리 먹고 난 후에도, 남은 음식을 바구니에 채우니, 열 두 광주리나 되는 놀라운 기적이 일어났다.

다음날, 예수님은 다른 종류의 떡들에게 말씀을 하셨다.

'나는 생명의 떡이다.' 그가 말씀하셨다. '나에게로 오라, 그러면 내가 너희에게 필요한 만큼 줄 것이다.'

요한복음 5천 명을 먹이시다: 마 14:13-21, 막 6:30-44, 눅 9:10-17

이 일이 있은 후에 예수님께서는 디베랴 바다라고도 알려져 있는 갈릴리 바다를 건너가셨다. 수많은 군중이 예수님의 뒤를 따랐다. 병자를 고치시는 이적을 보았기 때문이다. 그들은 예수님께서 가시는 곳이면 어디나 따라갔다. 그들 중에는 유월절 축제에 참여하러 예루살렘으로 올라가는 순례자들도 많이 포함되어 있었다. 그래서 예수님께서 제자들과 함께 산등성이에 올라가 앉으셨을 때에는 예수님을 따라 올라온 군중들로 금방 그 산등성이가 메워졌다. 예수님께서 몰려드는 군중을 둘러보시며 빌립에게 물으셨다. 빌립아, 이 사람들을 모두 먹일 만한 음식을 구할 수 있겠느냐?' 이것은 다만 빌립을 떠보시려고 하신 질문일 뿐 예수님께서는 이미 어떻게 하시겠다는 것을 작정하고 계셨다. 빌립이 대답하였다. 이 사람들을 다 먹이려면 200데나리온어치의 떡을 사온다 해도 부족할 것입니다.' 그러자 시몬 베드로의 형제인 안드레가 나서서 예수께 말하였다. 여기 이 아이가 보리떡 다섯 덩이

와 물고기 두 마리를 갖고 있습니다. 하지만 이것으로 어떻게 이 많은 사람을 다 먹일 수 있겠습니까?' (8절과 같음) 예수님께서 말씀하셨다. 모든 사람을 그 자리에 앉게 하라.' 그들이 모두 풀밭 위에 앉았다. 남자의 수만 해도 약 5천 명이나 되었다. 그러자 예수님께서는 떡을 들어 하나님께 감사기도를 드리신 다음 앉아 있는 사람들에게 나누어 주셨다. 그리고 물고기도 그와 같이 하여 원하는 대로 나누어 주셨다. 사람들은 모두 배가 부르도록 먹었다. 그들이 다 먹은 후에 예수님께서 제자들에게 이제 남은 것을 다 주워 모아 버려지는 것이 없게 하라' 하고 이르셨다. 그래서 남은 부스러기를 모았더니 열두 광주리에 가득 찼다. 이 큰 표적을 보고 사람들은 이분이야말로 우리가 기다리던 그 예언자이시다' 하고 말하였다. 그들은 예수님을 어떻게든 모시고 가서 왕으로 세우려고 하였다. 그러나 이를 아신 예수님께서는 사람들을 피하여 혼자 높은 산으로 올라가셨다.

요한복음 · 5천 명을 먹이신 이적: 막 6:30-44, 눅 9:10-17, 요 6:1-14

예수님께서는 이 소식을 들으시고 곧 그곳을 떠나 배를 타고 혼자서 광야로 가셨다. 그러나 군중이 이 소문을 듣고 여러 동네에서 나와 걸어서 예수님을 따라왔다. 예수님께서 배에서 내렸을 때는 이미 엄청난 군중이 기다리고 있었다. 이를 보신 예수님께서는 그들을 측은히 여겨 그 중에 있는 병자들을 고쳐 주셨다. 저녁이 되자 제자들이 와서 말하였다. 이미 저녁 시간이 지났는데 여기는 빈들이어서 아무 것도 먹을 것이 없습니다. 그러니 군중을 헤쳐 제각기 마을에 들어가서 음식을 사먹도록 하는 것이 좋겠습니다.' 그러나 예수님께서는 그럴 필요가 없다. 너희가 먹을 것을 주어라' 하고 말씀하셨다. 무슨 말씀을 하십니까! 저희에게는 떡 다섯 덩어리와 물고기 두 마리밖에 없습니다' 하며 제자들이 의아해 하자 예수님께서 그것을 이리 가져 오너라' 하시고 군중을 풀밭에 앉게 하였다. 그리고 떡 다섯 덩어리와 물고기 두마리를 손에 들고 하늘을 우러러 감사의 기도를 드리신 다음, 떡을 떼어 제자들에게 주면서 사람들에게 나누어 주라고 하셨다. 사람들이 모두 배불리 먹고 남은 조각을 주워 모았더니 열두 광주리에 가득 찼다.

먹은 사람은 여자와 어린아이들을 빼고도 남자만 5천 명 가량이 되었다.

마가복음 5천 명을 먹이신 이적: 마 14:13-21, 눅 9:10-17, 요 6:1-14

사도들이 여행에서 돌아와 자기들이 행한 일과 가르친 것을 낱낱이 예수님께 말씀드렸다.

그러자 예수님께서는 그들에게 여기를 떠나 잠시 한적한 곳에 가서 쉬자' 고 말씀하셨다. 너무도 찾아오는 사람이 많아 제자들과 조용히 식사할 겨를조차 없었기 때문이다.

예님과와 제자들은 배를 타고 한적한 곳을 향해 떠났다. 그러나 많은 사람들이 그것을 보고 사방에서 달려 나와 해변길을 따라 그곳에 먼저 가 있었다. 예수님께서는 배에서 내려 많은 군중이 모여 있는 것을 보시고 그들이 마치 목자없는 양처럼 측은히 여겨져 그들에게 많은 것을 가르쳐 주셨다.(민 27:17 참조, 왕상 22:17, 겔 34:5) 저녁때가 되자 제자들이 예수님께 와서 말하였다. 모인 사람이 너무 많으므로 제각기 음식을 사먹도록 근처 마을이나 농가로 보내는 것이 좋겠습니다. 여기는 외딴 곳이라서 먹을 것이 아무 것도 없고 시간도 이미 늦었습니다.'(35절과 같음) 그러나 예수님께서 말씀하셨다. 너희가 먹을 것을 주어라.' 제자들이 무엇을 가지고 먹입니까? 이 많은 사람이 먹을 만큼 사오려면 200데나리온은 있어야 합니다' 하고 말하자 예수님께서 물으셨다. 지금 가지고 있는 음식이 얼마나 되느냐? 가서 알아보아라.' 그들이 돌아와서 떡 다섯 덩이와 물고기 두 마리가 있다고 보고하였다. 예수님께서 많은 무리에게 모두 앉으라고 명하시자 그들은 50명씩, 100명씩 떼를 지어 풀밭에 앉았다(39절과 같음).

예수님께서는 떡 다섯 덩이와 물고기 두 마리를 손에 들고 하늘을 우러러 감사기도를 드리셨다. 그리고는 떡을 여러 조각으로 나누어 물고기와 함께 제자들에게 주시며 사람들에게 나누어 주라고 하셨다. 많은 무리가 모두 배불리 먹었다. 그리고 남은 떡덩이와 물고기를 주워 모으니 열두 광주리에 가득 찼다. 그날 떡을 먹은 사람은 남자만도 5천 명이나 되었다. (43절과 같음)

누가복음 5천 명을 먹이시다; 마 14:13–21, 막 6:30–44, 요 6:1–14]

제자들이 돌아와 자기들이 행한 일을 예수님께 모두 보고 하였다. 예수님께서는 따로 그들을 데리고 뱃새다라는 마을로 떠나셨다. 그러나 예수님께서 떠나신 것을 안 군중들이 곧 뒤따라 왔다. 예수님께서는 그들을 따뜻이 맞아 하나님 나라에 대해서 가르쳐 주시고 병든 사람들도 고쳐 주셨다.

저녁때가 되자 열두 제자가 예수님께 와서 말하였다. 사람들을 가까운 마을이나 농가로 내려가게 해서 각자 잠잘 곳과 먹을 것을 찾게 해야겠습니다. 여기는 외진 벌판이니 말입니다.' 그러자 예수님께서는 너희가 그들에게 먹을 것을 주어라' 하고 말씀하셨다. 제자들이 대답하였다. 저희에게는 떡 다섯 덩이와 물고기 두 마리밖에 없습니다. 어디 가서 이 많은 군중이 먹을 것을 사오라고 하십니까?' 거기에는 남자만 해도 5천 명 가량이나 있었다. 예수님께서 사람들을 50명씩 떼를 지어 앉게 하라' 말씀하시자 제자들이 그대로 하였다. 예수님께서는 떡 다섯 덩이와 물고기 두 마리를 들고 하늘을 우러러 기도하신 후에 그것을 떼어 제자들에게 주시며 군중들에게 나누어 주게 하셨다.

그래서 모두 배불리 먹고 남은 음식이 열두 광주리나 되었다.

26

변화산 위에서 하신 말씀

무리들은 예수님의 가르침을 들었다. 그들은 그가 행하시는 놀라운 기적을 보았다.

'무리가 나를 누구라고 하느냐?'

예수님이 그의 열두 제자에게 물었다.

'어떤 사람들은 당신을 세례 요한이 다시 살아났다고 하고, 어떤 사람들은 당신을 선지자라고도 합니다.'

그들이 대답했다.

'그러면 너희들은 내가 누구라고 생각하느냐?'

베드로가 대답하였다.

'당신은 하나님이 약속하신 왕, 살아계신 하나님의 아들이십니다.'

예수님은 만족스럽게 베드로의 대답을 들으셨다. 그래서 그는 그의 제자들에게 앞으로 있을 일에 대하여 말씀 하실 수 있었다. 그가 말씀하셨다.

'나는 예루살렘으로 가야한다. 그러나 그들은 하나님의 왕인 나를 받아주지 않을 것이다. 그들은 나를 죽음으로 몰아넣을 것이다. 그러나 3일 후에 나는 다시 부활 할 것이다.'

예수님은 그의 제자들에게 경험을 기대하라고 또한 말씀 하셨다.

'만약 누군가 나와 함께 가기 원한다면, 그가 말씀 하셨다, '그는 반드시 십자가를 지고 나를 따라와야 할 것이다.'

이 일이 있은 후 8일 쯤 되어, 예수님은 베드로와 요한과 야고보를 데리고 기도하시러 높은 산을 오르셨다. 그들이 그곳에서 기도 하던 도중에, 그의 얼굴과 옷이 눈부시게 하얗게 변하였다. 그는 두 명의 다른 빛나는 사람과 이야기를 하고 계셨다.

세 명의 제자들은 졸려 잠을 잤다. 그들이 일어났을 때, 예수님의 영광과 함께 선 두 사람을 보았다. 그들은 매우 겁에 질려 두려워 했다.

그 때, 구름이 그들을 덮었고, 구름 속에서 목소리가 들렸다.

'이는 내 아들이다. 그의 말을 들어라!'

왕이신 그리스도의 변형된 모습을 보라(17:1-13)

생각하는 페이지

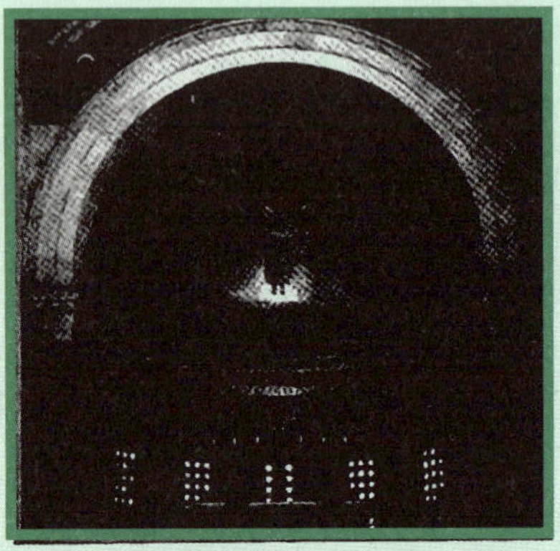

■변화산기념교회 내부 전경

누가는 이 사건이 '팔 일쯤 후'에 일어났다고 기록했는데(눅 9:28), 이는 6일의 공백기를 제외한 계산이었다. 높은 산이란 가이사랴 빌립보에서 가까운 헬몬산을 가리킨다. 거기서 예수님은 세 명의 제자들 앞에서 변형되었다. 이것은 예수님께서 장차 최종적으로 도래하실 때의 모습이었다. 그리고 30절에 모세와 엘리야가 예수님과 더불어 말씀하고 있었다고 기록하고 있는데 이는 아마도 율법과 선지자의 모든 증거를 대표하고 있음을 나타내는 장면으로 볼 수 있다. 왜냐하면 율법과 선지자는 곧 기록된 하나님의 말씀을 가르치기 때문이다. 구름 가운데서 들려온 소리는 예수님을 하나님의 아들로 확증하는 음성이었다. 하산한 뒤에 예수님은 제자들에게 침묵할 것을 요구하셨다. 이는 당시에 예수님을 잘못 인식했던 유대인들에게 오해를 사지 않기 위한 하나의 방편이었다. 주의 재림을 믿는 성도라면 현재 나에게 닥친 고난에도 감사할 수 있어야 되지 않겠는가?

예수님의 신성을 나타내시기 위함.

예수님은 인간의 몸을 입고 오셔서 당시 사람들은 인간 예수 즉, 요셉의 아들로만 알고 있었다. 그래서 예수님은 자신을 메시아이며, 하나님의 아들(성자 하나님)임을 후에 증거 하셨다. 이적과 기사를 보이시면서 그의 신성과 메시야임을 증거 하신 것이다.

모세를 보이신 이유.

모세는 유대인들이 영웅시하던 인물이다. 그를 보이므로 해서 예수님의 신성과 위대하심을 알릴 수 있는 것인데 실제 목적은 모세처럼 이미 죽은 자가 그것으로 끝나는 것이 아니라 살아있다는 것을 보여 주시기 위함이다. 이는 마지막 때에 죽은 자가 먼저 살아나서 변화되어 부활하는 것의 샘플이다.

엘리야를 보이신 이유.

예수님을 가리켜 엘리야가 왔다고 했던 것처럼 엘리야는 살아있는 모습으로 승천했는데 그 승천한 엘리야도 살아 있다는 것을 보이시기 위함이다. 즉 이것도 마지막 때 살아 있는 자도 엘리야처럼 변화하여 들림받게 된다는 교훈을 주시기 위함이다.

성경에 보면 오직 두 사람만이 모든 인류가 당하는 죽음을 보지 않고 하늘로 올라갔다. 그들은 바로 에녹(창 5:21-24; 히 11:5, 6)과 오늘 본문의 엘리야이다. 이들은 죄로 말미암아 "한 번 죽는 것은 사람에게 정하신 것이요 그 후에는 심판이 있으리니"(히 9:27)라는 말씀에서 예외가 된 사람들이다. 죽음을 보지 않고 살아서 들림을 받았으니, 이 얼마나 놀랍고도 영광스러운 일인가?

구약의 엘리야 승천 사건

엘리야의 승천 사건은 하나님께서 죽음의 과정을 거치지 않고 하나님의 백성들을 하늘로 올리워 가실 수 있는 능력 있는 분이심을 가르쳐 준다. 모든 인간은 죄를 범해 하나님의 영광에서 멀어졌다(롬 3:23). 그 죄의 대가는 죽음이요 사망이다(롬 6:23). 결국 죄 때문에 모든 인간들은 한 번 죽게 되어 있다(히 9:27). 엘리야의 승천 사건은 이렇게 모든 사람이 죄 때문에 반드시 겪어야 할 죽음조차도 하나님의 능력에 의해 죽음을 경험하지 않고 영원한 삶으로 옮겨질 수 있다는 것을 가르쳐 준다. 하나님은 말씀으로 천지를 창조하신 분이시다. 그분은 우리에게 생명을 주셨고, 그분의 능력에는 제한이 없다. 따라서 하나님께서 원하시기만 하면 그 누구도 죽지 않고 들림 받아 승천할 수 있다. 주님은 분명히 이렇게 말씀하셨다. "나는 부활이요 생명이니 나를 믿는 자는 죽어도 살겠고 무릇 살아서 나를 믿는 자는 영원히 죽지 아니하리니"(요 11:25,26). 진실로 그렇다. 그리스도 안에 있을 때 우리에게는 영원한 생명이 보장되어 있다. 그리고 그 주님이 재림하시는 순간에 우리가 살아 있다면, 우리는 죽음을 맛보지 않고 홀연히 변화 받게 될 것이고, 영광스러운 가운데 주님을 영접하게 될 것이다. 하나님의 능력은 죽음이 아니라, 그 어떤 것으로부터도 제한받지 않으며, 우리를 영원한 생명으로 인도하실 수 있다. 일차적으로 엘리야의 승천 사건은 바로 예수님의 승천을 예표하는 사건이었다. 그 사건은 온 세상의 죄와 싸워 승리하고 부활 승천하신 예수님의 승천을 미리 보여 준 사건이었다. 그러나 엘리야의 승천은 거기서 더 나아가 장차 구속함을 입은 모든 성도들이 누리게 될 부활과 승천에 대한 예표이다. 바울은 그것을 고린도 교인들에게 이렇게 설명한다. "보라 내가 너희에게 비밀을 말하노니 우리가 다 잠잘 것이 아니요 마지막 나팔에 순식간에 홀연히 다 변화하리니 나팔 소리가 나매 죽은 자들이 썩지 아니할 것으로 다시 살고 우리도 변화하리라"(고전 15:51, 52).

엘리야는 육체를 가진 채 하늘로 올리웠다. 즉 그는 육체를 가진 존재로서 영원한 생명을 부여받았다. 물론 그의 육체는 하늘나라의 삶에 적합하게 변화되었을 것이다. 우리는 이런 사실을 부활하신 예수님을 통해 분명히 알 수 있다. 부활하신 주님은 영혼만 가진 분이 아니었다. 그 분은 분명히 육신도 가지고 계셨다. 그 육체는 십자가에 달려 죽으신 육체가 아니라 변화된 육체였다. 그리고 주님은 그 변화된 육체로 하늘로 승천하셨다. 우리는 이 신비한 육체가 어떤 것인지 정확하게 알 수는 없지만, 분명한 것은 장차 우리들도 주님이 재림하시는 순간 홀연히 변화되어 육체의 부활과 함께 영과 육을 모두 가진 신비한 부활체로 천국에서의 삶을 누리게 될 것이라는 사실이다. 엘리야의 승천 사건은 바로 이것을 우리에게 가장 분명하게 가르쳐 주고 있다.

엘리야의 승천 사건은 고난 받는 성도들과 교회의 위로요 승리의 보장이다. 엘리야의 승천 사건에서 우리는 성도들의 위대한 승리를 보게 된다. 그런 의미에서 엘리야의 승천은 엘리야 개인의 구원 체험을 위한 것이 아니라, 하나님의 교회의 공동체를 위한 구원의 계시요 승리의 사건이다.

예수님께서 베드로와 요한과 야고보 세 제자들을 데리시고 어느 산에 올라가셨는데 그들 앞에서 변형되셔서 그 얼굴이 해같이 빛나며 옷이 빛과 같이 희게 되었다. 그 때에 모세와 엘리야가 나타나 예수님과 더불어 말씀하는 것이 그들에게 보였다. 당황한 베드로가 세 분을 위하여 초막 세 개를 짓겠다고 하였다. 그 때에 홀연히 빛난 구름이 저희를 덮으며 구름 속에서 소리가 나서 가로되 이는 "내 사랑하는 아들이요 내 기뻐하는 자니 너희는 저의 말을 들으라"는 소리가 들렸고, 제자들은 두려워 엎드려 일어나지 못했다. 제자들에게 이것은 놀라운 경험이었고, 부활 이전에는 아무에게도 알리지 말라고 예수님께서 당부하셨다.

이 변화산의 이야기가 뜻하는 것은 무엇인가? 혼란에 빠진 제자들에게 확신을 주신 사건으로서의 의미가 있다. 이 변화산 사건이 있기 전에 16장에서 베드로의 "주는 그리스도시요 하나님의 아들이십니다"라는 신앙고백이 있었고, 이어서 예수님께서 고난당하여 죽으셨다가 삼일만에 다시 사실 것을 처음으로 말씀하시자, 베드로가 이를 말리므로 "사탄아 내 뒤로 물러가라. 너는 나를 걸려 넘어지게 하는 자"라는 책망을 듣게 된 사건이 있었다. 이런 일이 있은 지 엿새 후에 변화산 사건이 있었다. 이 변화산 사건은 따라서 베드로의 고백을 확인하는 자리가 되었음을 알 수 있다. 베드로가 고백한 대로 예수님은 그리스도시며, 하나님의 아들이심을 분명하게 알게 하신 사건이었다. 특별히 5절에 보면, 구름 속에서 들려온 "이는 내 사랑하는 아들이요 내 기뻐하는 자니 너희는 저의 말을 들으라"는 소리를 통하여 예수님이 하나님의 아들이라는 사실과 고난 받아야 할 하나님의 종임이 확인되었다.

제자들은 사실상 모순과 혼란에 빠져 있었다. 예수님이 하나님의 아들이신데 왜 그가 고난을 당하여야 하는 지를 이해할 수 없었다. 하나님의 아들이라면 전능한 분이요, 그가 고난당할 이유가 전혀 없다는 것이 제자들의 이해인데, 예수님은 갑자기 제사장들과 서기관들에게 붙잡혀 고난 받고 죽임을 당할 것이라고 하시니 서로 모순된 논리일 수밖에 없었다. 그리고 또 사흘만에 다시 살아나리라고 하신 말씀도 무슨 뜻인지 이해하지 못하였다. 이런 모순과 혼란에 빠진 제자들에게 변화산 사건은 이 모든 의문에 대한 확실한 답이 되었을 것이다. 물론 제자들은 이 변화산 사건 자체의 의미조차 분명하게 깨달은 것은 예수님께서 십자가에 죽으셨다가 부활하신 후였다.

예수님은 구약 성경에 나타난 계시나 신앙과는 별도로 새로운 계시

새로운 신앙을 우리에게 주신 것이 아니라 그 모두를 포함하면서 통일시킨 새로운 복음을 우리에게 주셨다. 그러므로 예수 그리스도 안에서 하나로 어우러진 하나님의 구원의 역사가 완성되었다. 구약의 율법이 지향했던 하나님과의 언약, 그리고 예언을 통하여 바라보았던 새 하늘과 새 땅이 예수 그리스도 안에서 성취되었음을 뜻한다. 그래서 우리 기독교는 구약성경을 버리지 않고 신약성경과 함께 하나님의 말씀으로 받아 그 속에 나타난 하나님의 구원의 역사와 그의 뜻을 헤아려 오늘 이 땅에 하나님의 나라를 이루어 가고 있다. 둘째로, 변화산 사건은 오늘의 삶과 죽음 이후의 삶이 통일된 하나의 세계임을 보여주었다. 변화산에서 예수님은 변형되셨다고 하였다. 그 얼굴이 해 같이 빛나며 옷이 빛과 같이 희어졌다고 하였다. 칼빈은 그의 주석에서 "그의 신성의 가시적 형상"이라고 하였다. 다시 말해서 우리의 육체와는 다른 부활 후의 완전한 몸을 뜻하는 것이라고 본다. 예수님께서 십자가에서 죽으시고 다시 부활하셨을 때 그는 완전한 몸을 입으셨다. 그래서 문이 닫혀 있는 방에도 들어오시고 갑자기 그 방에서 사라지기도 하셨다. 변화산에서의 변형은 바로 완전한 몸으로의 변형이었다. 또한 거기에 함께 한 모세와 엘리야도 형체를 가지고 나타났다. 아시는 대로 엘리야는 죽지 않고 바로 하늘로 들려 올라갔다. 그렇지만 그가 가졌던 이 땅의 몸은 변화되어 하늘나라의 새 몸으로 변형되어 지금 변화산에 나타난 것이라고 할 수 있다. 모세도 마찬가지로 이미 죽은 사람이지만 지금 변화산에 나타난 것은 그가 부활하였고 새 몸을 입고 나타난 것이라고 하겠다. 결국 이 변화산의 세 분의 모습 속에서 제자들은 죽음 후의 세계를 보았다. 그런데 중요한 것은 바로 엘리야가 죽지 않고 승천한 것처럼, 예수님도 바로 변형되어 그 얼굴이 빛났고, 옷이 희어졌다. 엘리야의 승천이나 예수님의 변형은 지금 우리가 살고 있는 세계와 죽음 후의 세계가 완전히 다른 두 세계가 아니라 하나의 세계임을 보여주신 것이다. 아니 둘로 나뉘어서 막혔던 담을 헐고 하나의 세계로 만드시기 위하여 예수님께서 오셨고,

그래서 십자가를 지셨다. 예수님의 십자가는 지금 우리의 삶과 죽음 후의 삶을 갈라놓았던 죽음의 권세를 깨뜨리시고 하나의 통일된 세계로 만드셨다. 그것을 변화산에서 미리 보여주셨다. 여기에 중요한 부활신앙이 담겨 있다. 우선 우리가 흔히 가지고 있는 생각은 대체로 지금 이 땅의 세계와 죽음 후의 세계는 서로 오갈 수 없는 단절된 세계라는 것이다.

실제로 우리는 이 불완전한 몸을 가지고 있는 한 죽음 후의 세계를 넘나들 수는 없다. 그것은 바로 우리가 가진 몸이 불완전한 것이기 때문이다. 그러나 중요한 것은 그렇다고 완전히 단절된 세계가 아니라는 점이다. 성령께서 강림하신 이후 단절되었던 두 세계가 하나로 연결되었다. 성령이 우리에게 하나님의 비밀과 그 세계에 속한 것들을 알려 주시므로 죽지 않고도 죽음 후의 세계를 맛볼 수 있게 되었다.

27

두 아들들

예수님의 말씀을 들으러 오는 사람들 중에는 좋은 사람들만 있는 것은 아니었다.

그의 말씀을 듣는 사람 중에는 선한 사람과 그렇지 못한 사람들이 섞여 있었다.

어느 날 예수님은 이런 얘기를 들려 주셨다.

두 아들을 가진 한 남자가 있었다. 둘째 아들은 아버지에게 재산을 나눠 달라고 하였다. 그가 그것을 얻자, 그는 집을 나가버렸다. 그는 그 돈을 가지고 외국으로 가서 흥청거리며 돈을 써버렸다. 그가 모든 돈을 다 써 버렸을때, 그 나라에 흉년이 들었다. 그래서 그는 매우 궁핍하였다. 그는 돼지를 키우는 직업을 얻었다. 그는 매우 배고파서 돼지에게 주는 콩 꼬투리 조차 먹고 싶어 했지만 사람들은 그것을 주지 않았다!

그는 또한 향수병에 걸렸다.

'이것은 매우 어리석은 짓이구나.' 그는 생각했다. '나의 아버지에게로 돌아가면, 양식이 얼마나 풍부할까. 하지만 지금 나는 굶주려 있지 않은가! 집으로 돌아가야 겠다. 아버지에게로 돌아가 잘못했다고 빌어야 겠어. 나는 아버지의 아들은 될 수 없겠지만 품꾼의 하나로는 될 수 있겠지?'

그래서 그는 집으로 돌아갔다. 그의 아버지는 그가 오는 것을 보고 달려나가서 그를 맞았다. 그는 하던 일을 내팽개치고, 아들을 안았다!

■ 렘브란트 작, 돌아온 탕자

'이 아이에게 새 옷을 가져 오거라.' 그는 그의 하인을 불렀다. '그리고 송아지를 잡아라. 우리는 큰 잔치를 열어야 한다. 나는 내 아들이 죽은 줄로만 알고있었다, 그러나 그는 살아 있었다.'

그의 형이 집으로 돌아오자, 그는 매우 화를 냈다.

'저는 아버지를 위해 몇 년 간이나 일을 했습니다. 그러나 아버지는 저를 위해 결코 잔치를 열어 주신 적이 없습니다.' 그는 그의 아버지에게 말을했다. '하지만 아버지는 나의 좋지 못한 동생을 위하여 상으로 송아지를 잡으셨습니다.'

그의 아버지가 말했다. '너는 나와 항상 함께 있으니, 내 것이 다 네것이다.' '우리는 이 날에 기뻐하는 것이 마땅하다. 너의 동생을 잃어 버렸지만, 지금은 다시 찾았기 때문이다.'

생각하는 페이지

누가복음 15장의 둘째아들 탕자의 비유가 말하고 있는 것은 무엇인가? 탕자란 무엇에 대하여 탕자인가? 아버지를 떠난 것을 말하는가, 아

니면 아버지의 재산을 탕진한 것을 말하는가, 자식이 장성하면 부모를 떠나야 하고, 재산이란 있다가도 없고 없다가도 있는 것이다. 이 아들은 어찌하여 탕자라는 이름을 얻었는가? 그가 방탕했으므로 재산을 탕진한 것인가, 만약 재산을 더 많이 모았다면 탕자가 아닌가? 사람이 아무리 방탕해도 재산을 더 많이 모을 수도 있지 않을까. 쓸모없는 땅이 갑자기 수 천 배로 오를 수도 있고, 방탕하다 만난 배우자가 천하에 갑부로써 재산을 남기고 죽을 수도 있는 것이 아닌가? 재산도 말씀에 대한 것이요. 관계도 말씀 즉, 진리에 대한 관계를 말하고 있는 것이다. 그러므로 재산을 탕진했다는 말은 말씀을 버렸다는 것이요. 진리에 관심을 저버리고 세상의 법을 따라 갔다는 말이다. 진리인 아버지를 떠나면 진리에서 멀어질 수밖에 없고, 진리에서 멀어지면 삶의 의미가 없어질 수밖에 없고 그러면 흉년이 들 수밖에 없고, 돼지 같은 생활과(재물이 있던 없던) 쥐엄 열매로 죽지 못해 살아갈 수밖에 없다는 말이다. 이러한 삶은 관념이 아니라 실재로 일어나는 삶으로 경험될 때만이 자신의 것이 되는 것인데, 큰아들과 같이 그러한 경험이 없이 아버지 곁에 있는 줄 알고 있는 관념으로의 삶은 곧 믿음이라고 생각하는 것이요, 자신이 신앙생활을 잘하고 있는 줄로 알고 있는 착각이라는 것이다. 그러므로 자신은 아버지의 명을 지켜 어김이 없으나 아버지는 그에게 아무런 것도 주지 않았다고 불평할 수밖에 없는 것이다.

큰아들은 당시의 유대인들을 말하는 것이지만 오늘날 역시 아버지의 명을 지켜 어김이 없이 신앙생활을 하고 있는 줄 아는 가련한 종의 삶을 살고 있는 사람들을 가리키고 있지 않은가? 아들은 아버지의 명을 지키려고 노력하지 않는다. 비록 아버지의 명이 어떠하다 해도 그 명령의 중심을 아는 것이 아들이다. 입술로는 싫습니다, 라고 할 수 있으며 돌아와서 다시금 아버지의 명을 따를 수 있는 것이 아버지를 참으로 아는 아들이지 입술로는 예, 예 하면서 도무지 실천하지 아니하는, 아니 실천할 능력이 없는 아들은 이미 아들이 아닌데도 그 입술로 예, 예하는 것이 마치도 아버지의 명을 지켜 어김이 없는 줄로 알고 있는 것이 바로 큰아들이란 말이다. 이것이 신앙이라는 관념이다. 속지 말라!

탕자는 언제부터 탕자인가? 그가 "주려죽는구나"라고 깨닫는 시점부터 그는 탕자이지 잘 나갈 때에는 전혀 탕자가 아니다. 깨달음이란 바로 이것이다. 이것이 시작이지 끝이 아니다. 아무리 많은 부를 누리며 호사를 누려도 주려죽는 자신을 발견하는 그 순간이 비로소 탕자가 되는 것이다. 누구나 인생은 신앙이 있던 없던, 무신론자든 유신론자든 큰아들을 지나 작은아들로 그리고 탕자를 지나 아버지 집에 이를 수밖에 없다. 그대가 큰아들일 때나 작은아들일 때나 탕자일 때나 돌아온 때나 아버지의 아들이 아닌 적은 전혀 없다. 그러나 아들에게서는 각각 다른 양태로 나타난다는 사실이다. 큰아들은 작은아들의 잔치자리에 들어오지 못한다. 그리고 아버지를 원망한다. "나는 언제나 아버지 곁에서 명을 어긴적이 없거늘 나를 위하여는 염소 새끼 한 마리도 잡지 않으시더니,..." 그래서 돌아온 동생을 위한 잔치에 아버지를 원망할 수밖에 없는 것이다. 〈아버지의 살림을 창기와 함께 먹어버릴 수 있다고 생각하다니, 하기야 아버지의 재산을 창기와 함께 먹어버리지 않고서야 어찌 아버지를 알까보냐? 아버지의 재산, 그것이 아버지로 보이지 아니하고 재산으로 보이는 한 그는 아버지의 명을 지켜 어김이 없을지는 몰라도 결코 아버지를 누리지는 못한다. 아버지의 재산은 창기와 함께 먹을 수 있을지는 모르지만, 그런데도 아버지는 "얘야, 너는 나와 같이 늘 있어서 내 것이 다 네 것인데 무얼 그러느냐?"라고 한다. 이것은 아버지의 입장에서의 일뿐이다. 큰아들의 입장에서는 전혀 아버지의 것이 자신의 것이 아니다. 창기와 함께 먹어 본 적이 없다. 그러니 아버지의 맛을 더욱 알 수가 없다. 이러한 면에서 보면 이 큰아들도 역시 탕자와 같이 돼지우리에 있는 것이고 돼지가 먹는 쥐엄 열매도 주는 자가 없어 주려 죽을 지경인 것은 큰 아들도 마찬가지이다. 그런데 큰아들은 아버지 곁에 있고 탕자는 떠나 있다. 바로 탕자의 구분은 여기에 있다. 나는 지금 어디에서 무엇을 먹고 있는가? 돼지우리에서 돼지가 먹는 쥐엄 열매를 찾아 동분서주하고 있으면서 아버지집에서 명을 지키느라 여념이 없다고 생각하는가? 그것이 위선이요, 거짓된 신앙이다. 탕자인가, 큰아들인가? 탕자이면 그 쥐엄 열매로는 도저히 살 수 없는 사람이 된 것이다. 그래서 떠나는 것이다. 아버지의 집으로 말이다. 쥐엄 열매는 돌이 떡이 된 것이다. 예수의 첫 시험이 이것이다. 주려죽을 지경에 돌로 떡을 만들어 먹으라는 사탄의 명을 좇아 살 것이냐? 하나님의 입에서 나오는 모든 말씀으로 살 것이냐의 선택이다. 탕자란 바로 이러한 시험을 통과하여 아버지를 향해 발걸음을 옮긴 사람이라는 말이다. 의인은 한 사람도 없다. 그러나 죽을 죄인 역시 한 사람도 없다. 다만 큰아들은 의인인 줄로 알고 있는 그것이 죄이다. 왜냐하면 그 생각이 아버지의 어떠하심을 깨닫지 못하게 가로막기 때문이요, 돼지 우리에서 열심히 쥐엄 열매를 긁어모으느라 세상모르게 살았던 것이다. 탕자는 자신을 알고 아버지의 어떠하심을 향하여 걸음을 옮길 수 있게 한 그것이 그의 의인 것이다.

28

바리새인과 그들의 질문

바라새인과 제사장들은 예수님을 매우 질투했고 그를 따르는 사람이 많을수록 걱정했다.

그들은 예수님을 싫어하고 그를 쫓아내고 싶어했다. 그래서 그들은 예수님을 시험하는 질문을 하여 함정에 빠지게 했다. 그러나 예수님은 항상 그 질문에 대답을 하셨다.

좋은 사마리아인

'선생님이여,' 어떤 율법사가 예수님을 시험하려고 물었다. '영생을 얻으려면 어떻게 해야 합니까?'

예수님이 대답하셨다.

'율법에 무엇이라고 적혀 있느냐?'

그 남자가 대답했다.

'네 마음과 목숨과 힘을 다하여 하나님을 사랑하고 나의 이웃을 내 몸과 같이 사랑하라고 했습니다.'

'네 말이 옳다.' 예수님이 말씀하셨다.

그 남자가 물었다.
'하지만 그것이 무슨 뜻 입니까? 나의 이웃이 누구입니까?'

그러자 예수님이 그에게 이 이야기를 들려 주셨다.

한 남자가 혼자서 예루살렘에서 여리고로 내려가는 여행을 하던 도중, 강도들의 공격을 받았다. 그들은 그의 돈을 훔치고 그를 심하게 때렸다.

잠시 후, 한 성직자가 그 앞을 지나게 되었다. 그는 그 남자를 보고도, 그를 돕지않고 모른척 하고 지나갔다.

EW TESTAMENT

또 이번에는 하나님의 율법을 가르치는 선생이 그 앞을 지나가게 되었는데, 그도 역시 돕지 않고 그냥 지나갔다.

하지만 한 사마리아인은 즉시 멈춰서 그에게로 다가가 그를 씻겨 주고 그의 상처를 붕대로 감싸 주었다. 그리고 그를 자신의 당나귀에 태워 그를 주막으로 데려다 주었다. 다음날 그가 떠날 때, 그는 주막 주인에게 돈을 주었다.

"그를 잘 돌봐 주시오" 그가 말했다. "그리고 만약 돈이 더 필요하면, 내가 돌아와서 그 돈을 지불하겠소."

그 사마리아인은 강도의 공격을 바아 거의 죽게 된 그 남자를 위해 할 수 있는 한 모든 수단을 동원하여 그를 도와주었다. 원래 사마리아인은 유대인들이 경멸하던 사람들이었다.

예수님은 다시 그 율법사에게 되물었다

'네 생각에는 이 세 사람중에 누가 강도 만난 자의 이웃이 되겠느냐?'

'그를 친절히 도와준 사람입니다.'

예수님이 말씀하셨다.

'그러면 가라. 그리고 그와 같이 되라.'

생각하는 페이지

예수님은 성전에서 여러 종교지도자들과 벌였던 그의 논쟁을 듣고 있던 무리와 제자들에게 저들의 권위는 인정하되 위선적인 그들의 행위는 본받지 말라고 경고하셨다. 그들은 사람들에게 무거운 짐을 지우고 정작 자기들은 의롭게 살지 않았다. 그들의 모든 행위는 순전히 사람에게 보이고자 함이었다. 그들은 왼팔과 이마에 매었던 경문(구약성경의 구절들이 적힌 띠들을 담은 작은 가죽 주머니)은 넓고, 기도용 유술은 길어서 쉽게 눈에 띄였다. 그들은 명예로운 자리를 좋아했고, 자기들이 학자들임을 암시하는 랍비라는 칭호로 불리는 것을 즐겼다. 그러한 것은 예수님의 추종자들에게 합당한 태도가 아니었다. 예수님은 지도자의 직위 그 자체가 목적이 되어서는 결코 안되며, 오히려 남을 섬기기 위한 기회로서 사용되어져야 함을 말씀하셨다. 누구든지 자기를 높이는 자는 낮아지고 자기를 낮추는 자는 높아지기 때문이다. 여기서 우리는 우리 자신들에게 한번쯤 이러한 질문을 해보아야 하지 않을까? "나는 현대판 바리새인

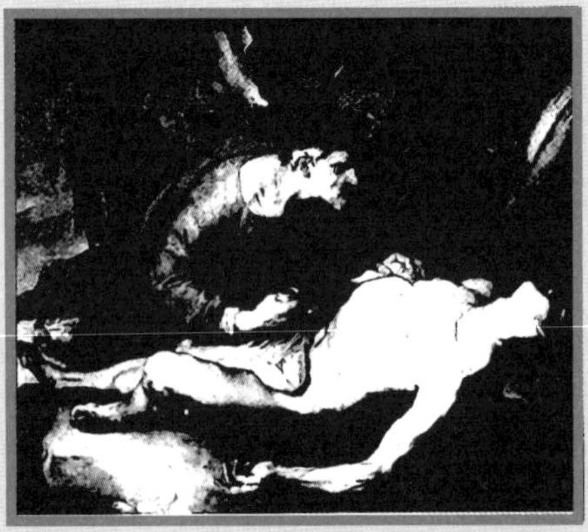

■ 조르다노(Luca Giordano, 1632-1705), <착한 사마리아 사람>, 1685년경, 유화, 123*250cm, 루앙 미술관, 프랑스. 작가는 이 작품을 연극의 한 장면처럼 극적으로 묘사하였다. 착한 사마리아 사람은 강도 당한 사람의 상처에 기름을 바르며 온갖 정성으로 돌보고 있다. 이처럼 큰 이웃 사랑의 힘으로 죽어가던 사람이 소생할 수 있게 되었다.

이 되지 않았는가?'

바리새인들에게 있어서 이혼 문제는 예수님을 비판하기 위한 좋은 시비거리였다. 이혼에 관한 질문을 던져 예수님의 의중을 떠보려고 하는 바리새인들의 악한 의도를 알고 계셨다. 그래서 예수님은 바리새인에게뿐 아니라 다른 사람들에게도 결혼과 가정에 관한 성경적 개념과 하나님 나라와의 관계에 대해서 가르쳐 주셨다. 예수님은 태초에 하나님께서 그분의 형상대로 남자와 여자를 지으신 목적이 무엇인지를 생각토록 하셨다. 따라서 예수님은 남자와 여자는 하나님이 보시기에 이미 한 몸이기 때문에 결코 나뉠 수 없고, 또 하나님이 한번 정하시고 결혼을 통하여 두 남녀를 결속시킨 것을 결코 사람이 나눌 수 없다고 말씀하셨다. 모세는 사람의 완악함 때문에 이혼을 허락했던 것이다. 그러나 한편으로 '하나님 나라를 위하여'라는 원칙을 가지고 사는 사람들이라면 결혼하지 않을 수도 있음을 천명하고 있다.

유대교의 여러 파벌들

사두개파

주전 2세기 말경 유대교는 사두개파와 바리새파 두 개의 파로 갈라졌다. 사두개파는 제사장, 레위인, 영주, 상인, 법률가 등으로 구성된 귀족사회였다. 사두개파는 모세의 율법을 문자적으로 받아들이고 여기에 기록되어 있지 않는 것은 무조건 반대한다. 이들은 여호와는 일상 생활에 관심이 없기 때문에 개인의 문제를 자신이 해결해야 한다고 믿었다. 이들은 죽은 자의 부활, 영혼의 불멸 그리고 메시아에 대한 믿음을 거부했다.

서기관과 바리새인

서기관은 원래 사본을 정리하고 필사하는 임무를 수행했다. 이러한 일은 이들을 사본에 관한 한 최고의 권자로 만들었다. 시간이 흐름에 따라 이들은 바리새파와 동등한 위치에 올랐다. 바리새파는 중류 계층의 사람들로 모세의 율법을 생활 율법으로 믿고 이에 대한 계속적인 해석이 필요하다고 생각했다. 그들의 선생은 이들이 믿는 율법에 고취되도록 지도하였다. 이들은 영혼 불멸을 믿었고 죽은 자의 부활 그리고 마귀와 천사를 믿었다. 바리새파는 어떤 특별환 마을 혹은 한정된 장소에서 공동체를 이루고 있었다.

바리새파의 랍비

예루살렘에 성전이 있기 때문에 모든 제사장들은 예루살렘 근처에 산다. 이런 저런 이유로 귀족적인 사두개파는 일반 백성들과는 만나지 못했고, 결국 백성들은 조언을 구하기 위해 바리새파를 찾게 되었다. 이들의 랍비는 율법 선생이었다. 이들은 전문적인 선생은 아니었고 종종 천한 직업을 가지고 있기도 했다. 랍비들은 가끔 율법을 지나치게 엄격하게 해석하여 거의 의미 없는 가르침을 주기도 했다. 안식일에 낳은 계란을 먹어도 되는지 안 되는지에 대한 논쟁은 아주 유명하다. 이들은 복잡한 율법 속에 정결에 관한 규율을 만들었다. 이들은 개인의 청결에 매우 철저하였다. 음식은 깨끗하게 씻어 청결한 그릇에 담아 깨끗한 손으로 먹었다. 이들은 부정하게 되지 않으려고 죄인의 집에서 먹는 것을 피하였다.

산헤드린

산헤드린은 최고 평의회이며 유대인들의 법정이다. 여기서 모세 율법의 의미를 결정한다. 산헤드린은 사두개파가 장악하고 있었다. 이들이 헤롯을 반대했기 때문에 헤롯은 왕이 되었을 때 71명의 회원 가운데 45명을 죽이고 단순한 종교적인 평의회로 그 권한을 축소시켰다. 평의회 회원은 반원탁에 앉으며 그 뒤에 3열로 제자들이 앉았다. 의장은 양쪽에 원로들을 대동하고 가운데 앉았다. 결정사항은 두 명의 기록관이 그들 앞에서 기록하였다.

에세네파

1947년 겨울 양을 잃어버린 베두인 소년이 사해가 내려다보이는 절벽을 올라갔다가 사본이 차 있는 동굴 안으로 굴러 떨어졌다. 이것들은 2천여 년 전에 살았던 종교적 공동체의 도서관인 유명한 사해 사본들이었다. 사본을 쓴 이들은 에세네파로 바리새파 가운데 극단주의자들이다. 이들은 예루살렘의 종교 행위를 인정하지 않고 유대 광야로 들어왔다. 이들의 종교지도자는 의의 선생이라 불렸는데 후에 십자가에 처형된 듯하다. 에세네파의 관습은 초기 기독교와 매우 유사하다. 이들은 공동생활을 하였고 재산을 서로 나누었다. 이들의 공동 식사는 기독교 성찬식과 유사하다. 이들 역시 세례를 거행하며 세상의 종말이 임박했다고 믿었다. 유대와 갈릴리에 에세네파 공동체들이 있었다. 이들이 세례 요한과 나사렛 예수의 영향을 받았다는 것은 의심할 여지가 없다.

29

예수님과 아이들

사람들은 예수님이 축복해 주기를 바라고, 그들의 아이를 예수에게로 데려왔다, 예수님의 제자들은 그들을 막으려고 했다. 하지만 그는 말씀하셨다. '아이들이 나에게로 오게 하라. 그들을 막지 말거라. 하나님의 나라는 이런 어린 아이들의 것이다.

누구든지 하나님의 나라로 들어오길 원하면 반드시 어린 아이와 같이 되어야 한다.'

마르다, 마리아 그리고 나사로

이스라엘 땅 베다니라는 촌락에 세 남매가 사이좋게 살고 있었다. 마르다와 마리아 자매,그리고 오라비 나사로가 그들이었다. 주님은 이들 세 남매를 무척 아끼고 사랑했다. 세 남매가 예수님을 즐겨 따랐고 순수한 마음으로 헌신했기 때문이었다. 세 남매 중 마르다는 집안일을 도맡아 함으로써 실질적인 가장의 역할을 감당했다.

특히 그녀는 활동적인 성격으로 손님 접대를 잘하고 봉사하는 일을 즐겼다. 어느날 예수님은 마르다의 초청을 받고 그녀의 집을 찾았다. 마르다는 주님과 그분의 제자들을 대접할 수 있게 되어 무척 기뻤다. 그래서 마르다는 정성을 다하여 많은 것을 준비하느라 애쓰고 수고했다. 음식 준비할 것들은 너무도 많은데 시간은 별로 없었다. 이것도 해야 하고, 저것도 만들어야 하고 마르다는 정신없이 바쁘게 움직였다. 그런데 자신을 도와서 일을 거들어야 할 동생 마리아가 보이지 않았다. "이렇게 바쁜데 얘는 도대체 어딜 갔지?"

한편 마리아는 안방에서 주님 앞에 다소곳이 앉아 열심히 말씀을 듣고 있었다. 마르다는 그런 동생이 무척 야속했다. 그래서 주님께 부탁한다. "주여, 내 동생으로 저를 도와주라 하소서"(눅 10:40) 마르다는 주님이 응당 자신의 부탁을 들어주실 줄 알았다.

"그렇지. 마리아야. 나가서 언니 좀 도와주려무나. 혼자서 얼마나 바쁘겠느냐"하면서 말이다.

그런데 예수님께서는 마르다의 이러한 예상과는 완전히 빗나간 말씀을 하셨다. 오히려 주님은 마르다를 조용히 나무라셨다. "네가 너무 많은 일로 염려하는구나. 몇 가지만 하든지 혹은 한 가지만 해도 족하도다." 다시 말하자면 음식 준비는 적당히 하고 마르다도 빨리 들어와 마리아처럼 말씀을 들으라는 의미였다. 마르다는 덜 좋은 것을 위해 더 좋은 것을 놓치면서 스스로 힘들고 바쁘게 자신의 몸을 정신없이 움직였던 것이다. 그때에 주님은 "마르다야, 마르다야" 자상하게 부르시며 인자한 미소로 말씀하셨다. "네가 너무 많은 일로 염려하고 근심하도다, 몇 가지만 하든지 혹은 한 가지만 해도 족하도다"

살아난 나사로

주님은 이미 4일전에 나사로가 죽었음을 알고 계셨다. 제자들에게 다시 살리실 것을 미리 말씀하셨다. 그리고 무덤에 오셨다. 주님께서 나사로를 살리시려 무덤에 오셨으나 죽음으로 인한 슬픔은 사라지지 않았다.

예수님은 함께 있는 모든 사람들에게 주님과 함께 한 하나님의 영광을 보이시기 위하여, 즉 나사로를 살리시려고 돌을 옮겨 놓을 것을 명령하셨다. 주님은 자신이 하신 말씀을 언제나 신실히 지키시는 분이신 것이다.

예수님의 말씀에 제일 먼저 반대한 사람은 마르다이다. 마르다의 믿음은 예수님께서 하나님의 아들로서 부활이시며 생명이심을 알고 있다. 그럼에도 주님께서 죽은 지 4일이나 지나 썩은 냄새가 나는 사람을 살리려고 하시는 것은 가능한 일이 아니라고 단정하고 있는 것이다.

주님은 주님의 말씀을 믿지 않은 마르다에게 책망과 권고를 말씀하신다. 즉, "하나님의 영광을 보리라 하지 아니하였느냐"라고 하시는 이 말씀은 마르다를 다시금 믿음으로 이끄시는 것이다. 주님은 우리 인생들을 아시고 연약한 믿음을 권고하셔서 다시금 주님의 말씀을 신뢰하도록 이끄시고 있다.

마르다는 주님의 말씀을 듣고 순종함으로 돌을 옮겨 놓았다. 주님은 먼저 하나님께 감사의 기도를 드리시며 주님과 하나님의 관계를 잘 드러내시는 기도를 하신다.

'아버지여 내 말을 들으신 것을 감사하나이다' (41절)

주님은 하나님께 나사로를 살리실 기도를 하셨으며 하나님께서는 주님의 기도를 들으셨다. 이 말씀에서 주님은 나사로를 살리신 것이 하나님 아버지이심을 모든 이들로 알게 하고 있다.

'항상 내 말을 들으시는 줄을 내가 알았나이다' (42절上)

아버지와 아들은 언제나 함께 하시며 언제나 아버지는 아들의 말을 들으시는 분이시라는 것을 보여 주신다(요 10:30).

곧 아버지께서 나를 보내신 것을 저희로 믿게 하려 함이니이다(42절下). 이러한 하나님께 드리는 감사의 기도를 통해 예수님께서는 하나님의 영광을 본 많은 사람들이 다른 생각이 들지 못하도록 하신다.

모든 사람은 죄에 익숙하며 죄로 인해 죽음 아래 있다. 여기에 인간의 비참함이 있다. 그러나 하나님께서는 죄인들을 다시 살리시기 위해 아들인 예수 그리스도를 보내셨다. 그리고 죽은 자가 다시 사는 것이 아들을 믿는 그 믿음 안에 있음을 보이시고 있다(고전 15:53, 57).

큰소리로 "나사로야 나오라"(43절) – 주님은 무덤에 들어가시거나, 죽은 나사로에게 다른 어떠한 일도 하지 않으시고 단지 큰 소리로 나사로를 부르시고 있다. 여기에 주님의 말씀의 위엄과 능력을 잘 드러내시고 있다. 이 은혜를 눈으로 보게 함으로 주님의 음성이 죽은 생명을 살리는 힘이 있음을 보여주신 것이다.

죽은 자가 수족을 베로 동인 채로(44절) – 예수님의 위엄과 권능의 말씀으로 죽은 나사로가 장사지냈던 그 모습으로 무덤에서 나왔다. 그리고 주님은 풀어 놓고 다니게 하심으로 함께 있었던 모든 유대인들이 실제로 나사로를 보고 만지며 이야기하게 하신 것이다. 주님의 이 일은 참으로 많은 유대인들에게 믿음을 주었으며, 하나님께 영광을 돌리게 하였다. 나사로가 다시 살았을 때 많은 유대인들은 주님을 하나님의 아

들로서 믿을 마음을 갖게 된 것이다. 그중에 어떤 자는 바리새인들에게(46절) – 주님의 행하신 일로 하나님의 영광을 보게 된 사람들 중에는 더욱 주님을 시기하여 바리새인들에게 가서 예수님께서 나사로를 살리신 일을 알린다. 죽은 자가 다시 산다는 것은 참으로 놀라운 일이다(롬 5:12, "이러므로 한 사람으로 말미암아 죄가 세상에 들어오고 죄로 말미암아 사망이 왔나니 이와 같이 모든 사람이 죄를 지었으므로 사망이 모든 사람에게 이르렀느니라"). 특히 살 소망이 전혀 없는 죄인인 우리가 다시 산다는 것은 사실 전혀 있을 수 없는 것이다. 그러나 하나님께서는 가장 선하신 은혜를 택한 백성에게 베푸시길 기뻐하셨다. 그리고 하나님의 놀라운 사랑은 죄인인 우리를 하나님의 아들을 통하여 참 생명의 길로 인도하신 것이다(롬 6:23, 롬 8:11). 그러므로 우리 죽을 몸이 오직 예수 그리스도를 인하여 다시 살게 된 것이다. 이와 같은 하나님의 선하신 은혜를 받은 우리는 더욱 우리의 육신의 소욕을 죽이며 의에 소망을 두고 오직 주 하나님께 감사와 찬양을 드리는 것이다.

마르다는 혼자 분주하고 염려되는 마음을 이기지 못하고 예수님께 불평섞인 원망을 털어놓았다. "주여 제 동생을 시켜서 저를 좀 도와주라고 해주세요. 제가 이렇게 바쁜 걸 뻔히 보고만 계실 건가요? 저는 주님을 기쁘시게 하기 위해 이렇게 애쓰고 있지 않습니까?" 예수님은 마르다의 심중을 읽고 계셨다. "마르다야, 마르다야. 많은 일로 인해 네가 분주하고 염려하고 있구나. 한 가지만 하든지 몇 가지만 하거라. 그리고 마리아는 좋은 편을 택하였으니 빼앗기지 않을 것이다. 혹시 나의 삶이 요즘 계속 바쁘고 꼬이는 일들로 진행되고 있지는 않은가? 마르다처럼 주를 위한 섬김이 초심을 잃고 주님의 인격보다는 일 자체에 매여서 분주함과 염려와 다른사람에 대한 원망이 나오지는 않는가? 이제 우리의 지치고 낙심 되고 부담스런 모든 삶의 중심을 주님께 내어 드렸으면 한다. 마리아처럼 주님의 말씀을 듣는 것을 선택함으로 빼앗기지 않는 주님의 축복과 신실하신 인도하심을 받으며 지금 바로 공부와 일, 직장생활, 가정생활, 심지어 복음사역까지도 주님의 말씀을 먼저 듣는 것에 집중하는 방향을 선택하여 살아가야 한다. 그 말씀이 나의 모든 분주함과 염려함과 원망을 씻으며 주님을 위한 섬김도 주님과의 인격적인 교제와 분리되지 않게 하실 것이다. 주님의 인격과 주님에 대한 섬김은 따로 떨어질 수 없다. 오늘도 주님안에 거하는 자신의 모습을 순간순간 발견하는 기쁨을 누리시길...

예수님을 위해 분주히 헌신하던 마르다는 자신의 태도만이 제일인 것으로 생각하며, 자신을 돕지 않고 말씀만 듣고 있는 마리아의 행동을 이기적인 것으로 비난했다(눅 10:40). 이처럼 오늘날 많은 교인들 중에도 이해심 부족과 편협으로 인해 다른 성도의 헌신을 비난하는 경우가 많다. 그러나 진정 하나님의 일을 하는 데 있어 자기와 다른 방식으로 하나님께 헌신할 수 있음을 깨달아 관용할 줄 알아야 하겠다(갈 6:2).

마리아의 행동을 불평하는 마르다에게 예수님께서는 마리아가 '이 좋은 편을 택하였으니 빼앗기지 아니하리라'고 말씀하셨다(눅 10:40-42). 이는 전적으로 마르다의 봉사가 잘못되었다는 의미가 아니라 더 근본적인 일, 곧 주님의 말씀을 듣는 일이 더 우선되어야 함을 말한다. 오늘날 우리 교회 내에서도 이러한 우선권을 바로 두지 못함으로써 봉사를 하면서도 원망과 불평을 하는 경우는 없는가?

말씀을 먼저 상고한 마리아에 비해 말씀 경청은 소홀히 하고 외적인 일에만 분주했던 마르다가 비록 예수님의 훈계를 들었으나, 예수님을 사랑하여 그를 대접하고자 헌신을 아끼지 않았던 마르다의 아름다운 봉사 자체는 오늘의 우리 성도들이 본받아야 할 바이다(눅 10:38).

'주는 그리스도시요 세상에 오시는 하나님의 아들이신 줄 내가 믿나이다' 라는 마르다의 고백에도 나타나듯이 마르다는 신앙이 좋은 봉사자였다(요 11:27). 이는 주의 일을 행함에 있어 무엇보다 주께 대한 믿음이 바탕 되어야 함을 교훈 한다. 아무리 많은 봉사와 직분을 맡아 행한다 할지라도 예수님에 대한 바른 믿음과 신앙고백이 없다면 그것이 무슨 의미가 있겠는가?

30

■■■

예루살렘으로 올라가시는 길

갈릴리와 베뢰아 지경에서의 전도 사역을 마치신 예수님께서 유월절 행사에 참석키 위해, 그리고 구약에서 예언되었고 자신도 예언하신 그대로 수난과 죽임을 당하기 위하여 예루살렘을 향하여 길을 떠나셨다. 생애의 마지막 순간을 보낼 예루살렘에 가까이 옴에 따라 예수님의 메시아 되심은 사람들에게 더욱 더 널리 전파되고 있었다. 한편 예수님께서는 자신이 걸어가야 할 길이 끝내는 고난의 십자가를 향한 것임을 알고 계셨기 때문에 이 길이 하나님의 뜻을 실현하기 위한 희생과 대속의 길이라고 하는 비장한 각오를 더욱 깊이 마음에 새기고 계셨다.예수님께서는 "평화와 겸손을 상징"하는 나귀를 타시고 예루살렘성으로 입성하셨으며, 눈에 보이는 메시아 왕국을 세우실 것이라는 그릇된 기대를 가지고 있었던 수많은 사람들은 호산나("이제 구원하소서" 라는 뜻)를 외치며 환호하였다. 예수님께서는 성전에 들어가셔서 모든 것을 둘러 보셨다. 그리고 웅장하고 아름답게 장식된 성전 속에서 인간의 위선, 탐욕, 가증스러움, 이기주의의 죄악이 가득차 있음을 보셨다. 다음 날, 예수님께서는 이처럼 더럽혀진 성전을 깨끗게 하시기 위해 채찍을 드셔야 했다.

왕의 재림의 징조(마 24:3~14)

예수님은 그의 영광의 재림에 앞서 일어날 사건들을 묘사하시면서 재림의 징조를 설명하셨다. 그 징조는 첫째 거짓 그리스도의 출현(4~5절) 둘째 난리와 난리의 소문(6절), 그리고 셋째 기근(7절)이었다. 예수님은 이 모든 것이 재난의 시작이 될 것이라고 말씀하셨다. 여기서 "재난"이란 "산고"란 뜻으로 마치 임산부의 고통이 아기의 출생을 예고하듯이 이러한 세계적 분쟁과 재난은 왕이신 그리스도의 재림이 멀지 않을 것임을 암시하고 있음을 말한다. 그러나 그리스도의 제자들은 "그의 이름을 위하여"(9절) 그리스도의 수욕을 감당해야 하기 때문에 항상 고난받을 준비를 하고 있어야 한다. 그렇지 않으면 거짓 선지자의 미혹에 빠지기 때문이다. 그러므로 끝까지 견디는 성도가 되어야 한다. 그리고 이러한 천국 복음이 모든 민족에게 증거되기 위해서 온 세상에 전파될 때 세상의 끝이 오게 될 것이다. 왕의 재림의 징조가 들리는가? 그 때에 우리의 할 일은 무엇인가?(24:13)

달란트의 비유를 배우라(마 25:14~30)

고대 세계에서 부자들은 종종 이익을 남길 목적으로 자기 돈을 장사꾼들에게 맡겼다. 이 비유에 나오는 어떤 사람은 위험을 무릅쓰고 자기

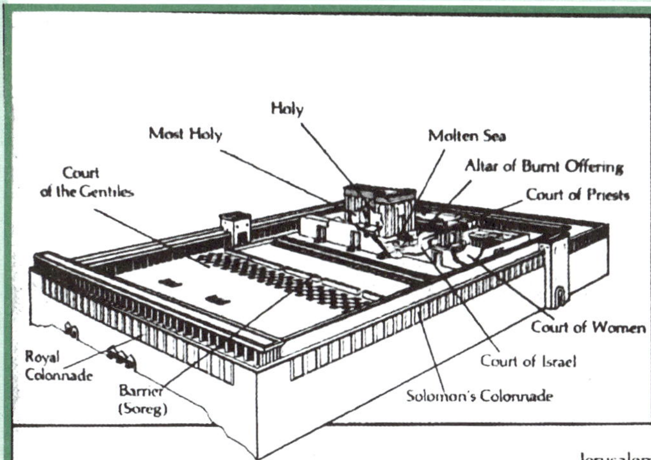

Diagram of the reconstructed temple area as it existed in the first century C.E.

Jerusalem as it likely appeared in the first century. Here Jesus boldly preached to the festival crowds

재산을 종들에게 나눠주었다. 그리고 그는 종들을 믿었다. 그 액수는 종들의 능력에 따라 달랐지만 책임에 대한 분량은 같았다. 주인의 돈을 받은 세 종들 중 두 사람은 자기들의 책임을 다했다. 그러나 세번째 종은 한 달란트를 안전하게 지키기 위해 땅 속에 숨겨두었다. 주인이 돌아온 후에 종들과 회계를 하게 되었는데, '5달란트 받은 자'와 '2달란트 받은 자'는 자기 능력에 맞게 성실하게 장사하여 이익을 남겨 주인으로 부터 칭찬을 들었다. 그러나 세번째 종은 자신의 게으름을 변명하였고 자신을 합리화 시켰다. 그러자 그 주인은 그가 가지고 있던 달란트를 빼앗아 열 달란트를 가진 자에게 주었고 그를 저주했다. 이 비유에서 마태는 하나님 나라의 백성이 되기 위해서는 순종이 동반되어야 함을 말씀하고 있다. 지금 우리는 하나님께로부터 받은 우리의 달란트를 땅에 묻고 있지는 않는가?(25:23)

성막과 성전의 역사

성경은 성막에 대한 충분한 설명을 주지 않는다. 이는 성경이 자료집이 아니라 인간에 대한 하나님의 구속 사건의 기록이기 때문이다. 그러나 그 성막의 건축에 대해서는 비교적 자세한 언급이 주어진 것은 이것이 갖는 구속사적 의미가 크기 때문이다. 반면 성막 건립 후 성전으로 대체될 때 까지의 역사가 모호한 것은 이스라엘 백성이 성막에 대한 규례를 철저히 지키지 못했기 때문인 것으로 짐작할 수 있다. 모세시대의 성막이 솔로몬 성전으로 대체될 때 까지의 성막의 역사를 간단히 살펴본다.

1. 성막의 건립

성막은 모세가 시내산에서 하나님으로부터 받은 명령대로 만들어 졌다. 이스라엘 백성이 시내산에 도착한 때가 3월이며(출 19:1) 성막의 봉헌이 그 이듬해 1월1일에 있었다.(출40:2) 이 때 하나님께서는 영광을 보여주심으로(출 40:34) 하나님께서 성막에 임재하심을 나타내셨으며, 구름기둥과 불기둥으로 이를 보호하셨을 뿐만 아니라 성막의 이동 시점을 계시하셨다(출 40:37-38).

2. 광야의 성막

이스라엘은 성막 봉헌 후 50일간을 시내산에서 더 머물렀으며 그 해 2월20일에 이동을 시작했다(민 10:11). 이 때 레위인은 법궤 등 성막의 기구들을 어깨에 메고 옮겼으며(민 4:5) 성막 본체는 해체하여 주로 수레에 실어 이동했다(민 7:1-11). 광야 여행 도중 그들의 이동경로는 부분적으로 확인되나(민 33:16-49) 성막을 세운 장소는 불명확하다. 이는 항상 전쟁을 염두에 두며 행군을 준비하는 가운데 정규적으로 희생제사를 드리거나(암 5:25) 정상적인 성막을 세우기 힘들었기 때문일 것으로 추측된다.

3. 길갈의 성막

요단강을 건넌 후 가나안 정복이 진행되는 동안 성막이 임시로 안치된 장소는 여리고 근처의 길갈이었다(수4:16; 5:10; 9:6). 이곳은 사람이 살지 않았고 땅이 무덤으로 더렵혀 지지도 않았으므로 적당한 장소로 여겨졌을 것이다.

4. 실로의 성막

가나안 정복이 일단락된 후 성막은 에브라임 지파의 성읍인 실로로 옮겨졌다(수 18:1). 여기서 성막은 '여호와의 전'으로도 불리워지는데(삼상 1:9) 이는 이곳이 고정된 장소였음을 암시한다. 한편 사사 시대에는 성막이 실로에 있었음에도 불구하고 각 지역에 다른 예배처소를 만들었으며(삿 18:31) 실로에서의 제사 역시 형식에 그친 정도였다(삼상 2:14). 이러한 배교로 인해 법궤는 블레셋에게 빼앗겼으며(삼상 4:11) 실로도 함락되었다(시 78:60, 렘 7:12).

5. 모호한 시기

실로 함락 후 성막은 다시 길갈에 세워진 것으로 추정된다. 이는 사무엘과 사울이 길갈에서 번제와 화목제를 드렸다는 기록에서 암시받을 수 있다(삼상 10:8). 그러나 이와 별도로 성막의 주요 성물의 하나인 법궤는 블레셋 사람의 손에서 반환되어 벧세메스에 잠시 머물렀으며(삼상 6:19) 기럇여아림에 20년 동안 있었다(삼상 7:1-2).

6. 놉의 성막

놉땅에 제사장 아히멜렉이 있었으며 그가 여호와께 드렸던 거룩한 진설병이 있었다는 기록(삼상 21:1-6)을 볼 때 사울 시대에 성막이 놉땅에 있은 적도 있었을 것으로 추정된다.

7. 기브온의 성막

옛적 모세가 광야에서 지은 여호와의 장막과 번제단이 다윗 당시 기브온 산당에 있었다(대상 21:29).

8. 성막의 병존(竝存) 시기

다윗은 기럇여아림에 있는 법궤를 모시기 위해(삼하 6:11) 시온에 성막을 새로 만들었다(삼하 6:17). 따라서 당시는 제단이 있는 기브온의 원래 성막과 법궤가 있는 예루살렘의 새로운 성막이 병존했을 것으로 추측된다(왕상 3:1-3).

9. 성전의 건립

솔로몬이 예루살렘에 성전을 건립함으로써 성막의 기능은 성전으로 옮겨졌다. 따라서 B.C.1445년에 만들어진 성막은 B.C.959년까지, 즉 487년간 예배의 처소로 존속했다. 그 이후에는 예루살렘 성전의 종교적 유물로 보관되었으나(왕상 8:4) 바벨론왕 느브갓네살에 의한 성전 파괴시(B.C. 586)없어진 것으로 보인다.

성전의 역사

성전은 성막(Tabernacle)의 발전 형태다. 이스라엘 역사상 성전은 세 번에 걸쳐서 세워졌다. 솔로몬 성전(B.C. 959: 왕상 6:1-38), 수룹바벨 성전(B.C. 516: 스 6:15-18), 그리고 신약시대의 헤롯 성전(B.C. 20-A.D. 63)이 바로 그것이었다. 또한 이런 성전들은 다 무너졌다. 하나님의 상징적 임재 처소인 성전이 무너질 때마다 이스라엘은 크게 놀랐다. 그러나 이것은 결코 놀랄 일이 못되었다. 왜냐하면 돌과 쇠로 만든 건물 자체가 하나님이나 아니면 하나님의 처소였던 것이 아니라 백성들이 순종할 때만 하나님이 그 속을 당신의 처소로 삼아 주신 것에 불과했기 때문이었다.

이제 그 자체가 하나님의 임재의 상징적 처소요, 우리 주님의 사역의 예표이며, 그 흥망의 역사가 이스라엘 신앙의 역사와 궤를 같이하는 이스라엘 성전의 역사를 함께 모아 정리하면 다음과 같다.

1. 솔로몬 성전

출애굽한지 480년 만인 B.C. 966에 착공하여 총 공사 기간 7년 6개월 만인 B.C. 959년, 예루살렘의 모리아산(Mount Moriah) 위에 이스라엘 역사상 제 1성전이었던 솔로몬 성전이 준공되었다(왕상 6:1-38). 그러나 이 성전은 준공된지 373년만인 B.C. 586년에 바벨론의 느부갓네살의 제3차 침공 때 남 왕국 유다의 멸망과 함께 완전히 훼파되었고, 성전의 금, 은, 놋 기명과 보물들은 모두 바벨론으로 옮겨졌다. 흥미로운 것은 훗날 헤롯 성전은 이 솔로몬 성전과 같은 달, 같은 날 즉 아빕월(포로 귀환 후 니산월로 이름이 바뀜 : 태양력 3-4월에 해당됨) 9일에 멸망했다.

2. 스룹바벨 성전

이스라엘 역사상 제 2성전인 스룹바벨 성전은 B.C. 586년 솔로몬 성전이 함락된 후 B.C. 516년 건축한 것으로서 옛 성전에 비해 크게 초라했다. 또한 포로 귀환 이후 바사(persia) 식민지 상태에서 건축한 것으로서 학개서에도 언급되었듯이 그 과정에 우여 곡절이 많았다. 또한 B.C.167년 중간사 시대에 헬라인들에게 크게 모독 당하기도 했었다.

3. 헤롯 성전

이방인 이두매(Idumea) 출신인 헤롯은 유대인들에 대한 유화 정책으로 헤롯 성전을 건축하였다. 옛 성전 터전위에 B.C.20년에 착공하여 외형은 9년만에 완성되었으나 세부공사는 A.D.63년경에야 비로소 완성되었다.

한편 예수님은 이같은 헤롯 성전을 가리켜 이것을 헐면 3일만에 다시 세우겠다고 말씀하셨었다. 이것은 하나님 임재 처소의 상징에 불과한 건물 자체를 가리키신 것이 아니라 그 건물에 임재하시는 하나님 자체이신 당신을 죽이면 삼 일만에 다시 사실 것을 비유로 말씀하신 것이었다(요 2:19). 아무튼 근 80년이 넘게 걸려 세워진 이 헤롯 성전은 그 성전의 주인되신 하나님을 믿지 않은 불신의 결과 그저 죽은 건물로 존재하다가 완공된지 불과 수년 후인 A.D.70년에 로마군에 의해 돌 위에 돌 하나 남지 않고 완전히 파괴되고 말았다(저항하던 예루살렘이 로마군에 의해 함락되고 성전을 불타 버렸다. 그런데 성전에 있던 금들이 화재속에서 녹아 돌 사이에 스며들었고 로마 군인들이 이 금을 찾기 위해 모든 돌을 다 해쳐버려 돌 위에 돌이 남지 않았던 것이다). 그리고 헤롯 당시 성전의 바깥 벽 중 일부 약 450M 정도가 아직도 남아 있는데 이를 통곡의 벽이라고 부른다. 이는 유대인들이 이곳에 와서 성전이 파괴된 것과 나라를 잃은 자신들의 처지를 슬퍼하여 통곡하였기 때문에 붙여진 이름이라고 한다. 이곳 통곡의 벽은 유대인들이 기도하는 거룩한 장소이다. 오스만 시대부터 이스라엘은 물론 전 세계에 흩어진 유대인들이 이곳에 순례차 와서 소원이 적힌 쪽지를 벽의 돌 틈새에 끼워 가며 기도를 한다. 로마 시대에 유대인들은 성전이 파괴된 아빕월 9일 하루만 이곳에서 기도하는 것을 허락 받았다고 한다.

4. 지금의 성전

예수님께서 성전의 원형이 되시며 , 예수님을 그리스도로 영접한 모든 성도들 한 사람 한 사람이 성전이 된 것이다. 우리 속에 임마누엘 하나님께서 거하시기 때문이다. 우리 몸은 구약 시대의 성전중에서도 지성소에 해당한다. 따라서 지금 한 생명을 실족케 하는 것은 성전훼파의 불충한 죄가 되며, 한 생명이라도 그리스도의 사랑을 영접토록 하는 것이 참된 성전 건축인 것이다.

31 나귀를 타신 예수님

예수님께서 죽었던 나사로를 살리셨다는 소문이 많은 유대인들에게 퍼지게 되었다. 특히 유월절로 인하여 많은 유대인들이 예루살렘에 모여들었기 때문에 예수님께서 나사로에게 행하신 일이 빨리 전해졌다.

많은 유대인들은 유월절을 지키기 위해 예루살렘으로 올라왔으며 최근에 예수님께서 행하신 일 곧 죽은 지 4일이나 지난 나사로를 살리셨음을 듣게 되었다. 그리고 예수님이 베다니에 계시다는 말을 듣고 많은 유대인들은 급히 베다니로 온 것이다. 여기에는 예루살렘에 거주하는 유대인들보다 예루살렘 외에 거주하는 유대인들이 더 많았다.

많은 유대인들은 바리새인들이나 대제사장들과는 달리 하나님께서 행하신 능력과 영광을 보고자 하였다. 이들은 죽었다가 다시 살아난 나사로를 보며 예수님께서 참으로 하나님께서 보내신 분이심을 믿게 되었다(마 20:11). 이들은 주님께서 행하신 일이 사람으로서 도저히 할 수 없는 일이었음을 알았던 것이다. 그럼에도 사실을 사실로 받지 않는 것은 그만큼 하나님의 은혜와 능력을 부인하는 죄가 된다.

대제사장들은 예수님께서 베다니에 계신 것과 많은 유대인들이 예수님과 나사로를 보기 위하여 베다니로 간 것과 거기서 많은 유대인들이 예수님을 믿게 되었다는 것을 듣게 되었다. 그러므로 대제사장들은 예수님과 함께 "나사로까지 죽이려" 한다. 나사로가 살아 있는 한 사람들은 예수님을 따르게 될 것이기 때문이다. 즉 나사로 자체가 예수님이 누구이신지를 알리는 존재가 되어 버린 것이다. 따라서 이제 나사로까지 죽여야 할 것임을 모의하게 되었다.

아무튼 그러한 일들이 은밀하게 획책되고 있음에 예수님의 마음은 너무나 두근거렸다. 왜냐하면 오늘은 예수님께서 십자가를 지시기 위해 예루살렘 성에 들어가시는 날이기 때문이었다. 예루살렘 성의 사람들은 메시야, 구원자이신 예수님이 예루살렘에 오시는 것을 보자 종려나무 가지를 꺾어서 흔들며 예수님을 환영했다. "호산나, 다윗의 자손이신 예수님 우리를 구원해 주세요!"

사람들은 너무나도 존귀하신 예수님을 맞으며 자기들의 옷을 벗어서 나귀를 타신 예수님의 발밑에 깔고 그 위를 밟고 지나가게 하였다.

"호산나, 호산나, 찬양을 받으시옵소서, 호산나!"

예수님의 제자들도 우쭐했다.

"야! 우리 예수님, 정말 멋지시다. 곧 왕이 되실거야! 음하하하. 그땐 나도 멋진 장관이 될 수 있을꺼야."

하지만 예수님의 마음은 다르셨다. 예수님은 세상의 영광을 얻기 위해서가 아니라 하나님의 나라를 위해서, 죄인들을 구원하시기 위해서 십자가를 지시기 위해 예루살렘 성에 들어가신 것이었기 때문이다. 왕이신 예수님의 나라는 이 세상의 것이 아니었다.

NEW TESTAMENT

예루살렘에 왕으로 입성하시는 그리스도를 보라(마 21:1-11).

예수님은 제자들과 함께 동쪽, 여리고로부터 예루살레을 향해 오고 있었다. 예수님은 감람삼 동쪽 등선에 위치한 벳바게에 이르렀을 때에 두 제자를 찾도록 지시하셨다. 마태는 예수님께서 겸손하셔서 나귀를 타고 오시는 왕에 대해 언급한 스가랴의 예언(슥 9:9)을 성취한 것이라고 기록하고 있다. 이것은 왕들이 입성하는 통상적인 방식이 아니었다. 무리들은 왕을 맞이하기 위해 겉옷과 나뭇가지를 길에 폈다. 그 무리들은 대부분 유월절을 지내기 위해 갈릴리로부터 예루살렘으로 향하던 순례자들 이었다. 그들은 예수를 향해 "호산나 다윗의 자손이여"라고 외쳤다. 비록 무리가 예수님을 명확히 인식한 것은 아니었지만, 그들은 예수님이야말로 그들에게 구원을 베푸시기 위해 오신 약속된 다윗의 자손이라는 사실을 깨달았던 것 같다. 그러나 예수님의 예루살렘 입성은 곧 고난의 시작이셨다. 우리는 높임을 받는 것보다 오히려 고난을 당하신 주님을 믿는가?(마 21:9)

예수님을 맞이하는 예루살렘(12절, 15절)

많은 유대인들이 예수님을 맞이하는 것을 대제사장들이나 바리새인들은 전혀 생각하지 못하였다. 그러나 이 일은 하나님께서 어떻게 일하시는 지, 그리고 인간이 얼마나 무지하며 무기력한지를 잘 보여준다.

1) 명절에 예루살렘에 온 많은 사람들(12절) – 예수님을 보기 위하여 베다니에 온 사람들은 다른 사람보다 더 적극적인 사람들이었을 것이다. 많은 유대인들이 예수님을 보고자 하였다. 예수님께서 예루살렘에 들어오시자 더욱 많은 유대인들이 예수님을 맞이하러 나아왔다.

2) 예수님을 맞이함(13절).

a. 종려나무 가지를 가지고(13절上) – 종려나무 가지는 승리와 영예의 상징으로 왕을 환영할 때 사용하였다. 유대인의 많은 무리들은 예수님께서 행하신 이적을 보며 예수님을 자신들의 왕으로 맞이하고 있다.

b. 무리들의 외침(13절下) – "호산나 찬송하리로다 주의 이름으로 오시는 이 곧 이스라엘의 왕이시여"라고 하는 유대인들의 외침은 시편 118편 25-26절에 근거한 내용으로 메시아에 대한 하나님의 약속과 소망을 기도한 내용이다. 특히 "호산나"(호시아 나)는 "이제 구원하소서"의 뜻을 가지고 있으며, "주의 이름으로"라고 했을 때, 이스라엘 즉 하나님의 백성의 구원이 다른 이름으로 이루어지지 않으며 오직 하나님께 있음을 잘 드러내 준다.

3) 나귀를 타신 예수님(14-16절).

a. 선지자의 예언(15절) - 스가랴 9장 9절에, "시온의 딸아 크게 기뻐할지어다 예루살렘의 딸아 즐거이 부를지어다 보라 네 왕이 네게 임하나니 그는 공의로우며 구원을 베풀며 겸손하여서 나귀를 타나니 나귀의 작은 것 곧 나귀새끼니라" 이 예언이 이루진 것이다. 하나님께서는 예수님이 참된 구세주이심을 드러내실 때 그 약속의 말씀을 따라 가장 분명하게 보여 주시어 믿게 하신다.

b. 깨닫지 못했던 제자들(16절) - 제자들은 왜 유대인들의 많은 무리들이 종려나무 가지를 가지고 예수님을 맞이하며 호산나를 외치는지 깨닫지 못하였다. 언제나 하나님의 일에 대하여 사람은 그 스스로 하나님의 뜻을 깨닫지 못하는 것이다. 성령께서 은혜로 깨닫게 하실 때 하나님의 일 속에 하나님의 뜻을 알게 되고 감사하게 된다.

※대제사장들과 바리새인들의 모의 속에서도 주님은 자신에게 주어진 일을 이루시고 있다. 예수님께서는 하나님의 백성의 유일한 왕으로서 하나님의 백성들의 환호와 영광을 받으시기에 합당 하시다. 하나님의 백성들의 구원은 언제나 하나님 자신에게 있으며 하나님께서는 은혜의 구원을 선지자들을 통해 약속해 주셨으며 그 백성들에게 오직 하나님께로부터 오는 구원을 사모하게 하였다. 참으로 예수님께서는 보이지 아니하시는 하나님의 형상으로 우리에게 오신 분으로 우리의 구원이 오직 주님께 있는 것이다. 그러므로 주 예수님께서 우리의 왕이심과 우리의 유일한 구원자가 되심을 고백하며 합당한 영광을 드려야 한다.

고난주간에 예수님의 하루하루

일요일-나귀를 타신 예수님께서 예루살렘에 입성

월요일-성전 정화

화요일-비유의 말씀(두 아들, 농부),성전멸망의 예언, 재림의 징조들, 가룟유다의 배신

수요일-휴식

목요일-최후의 만찬, 제자들의 발을 씻기심, 겟세마네 동산에서의 기도

금요일-그리스도의 체포, 부당한 재판(대제사장), 베드로의 부인,빌라도의 재판, 십자가에 달려 죽으심(오전9시-6시간 고통-오후3시에 운명),그리스도의 장사

토요일-무덤에 계심

일요일-부활하심

종려주일

종려주일은 예수께서 인류의 죄를 위하여 십자가를 지시려고 예루살렘으로 입성하신 날이다. 예수님의 종려주일 첫 행적은 감람산 벳바게에서 나귀를 타고 예루살렘에 입성하신 것으로 시작되었다. (그때 사람들은 겉옷과 종려나무 가지를 길위에 펴면서 "호산나,다윗의 자손이여"를 외쳤다. '호산나'는 히브리어로 '이제 우리를 구원하소서' 라는 뜻이다.)

벳바게는 감람산 동쪽에 자리잡고 있는 작은 마을이다. 히브리어로는 '무화과의 집' 이라는 뜻으로 무화과나무가 많아서 그런 이름이 붙여진 것 같다. 벳바게에는 비잔틴 및 십자군시대에 두 차례 기념교회가 세워졌었다. 현재의 기념교회는 1883년 십자군시대의 교회터 위에 세운 것이다. 벳바게 교회의 제단 정면에는 예수께서 나귀를 타고 예루살렘으로 입성하시는 모습의 벽화가 있다.

종려주일:승리의 입성(마21:7~9)

나귀를 타신 예수께서는 벳바게에서 감람산 정상으로 올라가셨다. 감람산은 예루살렘이 한눈에 내려다보이는 곳이다. 해발 810m 높이의 감람산은 예루살렘 성전보다 110m 정도 더 높기 때문이다.

예수께서 걸으셨던 그 길은 당시 유대인들이 명절을 지키기 위하여 오르는 길이었다. 여리고에서 유다광야를 거친 다음 마지막 여정으로 감람산을 넘게 된다. 긴 여행에 지친 유대인들이 감람산 정상에 올라서면서 두 가지 기분 좋은 일이 그들을 맞이했다. 그것은 서쪽 지중해에서 불어오는 서늘한 바람과 눈앞에 파노라마처럼 펼쳐지는 예루살렘의 아름다운 모습이다. 전자가 더위에 지친 몸과 마음을 상쾌하게 만들어 주었다. 또 한 가지는 하나님을 찾는 그들 영혼에게 활력을 불어넣었다.

그런데 그날 예수께서는 그런 즐거움이 전혀 없으셨다. 오히려 예루살렘 성을 바라보시면서 눈물을 흘리셨다(눅 19:41~44). 견고하게 지어진 예루살렘 성이었지만 돌 하나 남지 않는 파멸이 곧 닥쳐올 것을 내다보신 것이다. 예수께서 눈물을 흘리신 일과 관련해 현재 감람산 중턱에 작은 교회가 세워져 있다. 교회 이름은 '도니누스 플레비트'(Dominus Flevit)라고 하는데 '주께서 우셨다'는 뜻의 라틴어이다. 이곳에는 5세기 비잔틴시대에 첫 기념교회가 세워졌었다. 현재의 교회는 1881년에 세운 것을 1995년 개축한 것이다. 예수께서 흘리신 눈물을 상징하기 위하여 지붕 네 귀퉁이는 눈물 모양으로 만들어졌다.

2000년전 종려주일에 예루살렘의 군중은 예수께서 왕이 되어 정치적 해방과 경제적 번영을 가져다줄 것을 기대하며 열렬히 그를 환영하였다. 그러나 예수님께서는 호산나 환호가 곧 십자가 처형의 고발로 바뀔 것을 이미 아셨다. 정복자의 건장한 말 대신에 보잘 것 없는 나귀를 타신 것도 그 때문이었다. 군중의 환호 속에서 예수께서는 묵묵히 십자가의 죽음을 향하여 외로운 길을 걸으셨다. 감람산 위에서도 눈앞에 보이는 예루살렘에 관심을 두지 않으시고 앞으로 닥칠 멸망을 내다보며 애국의 뜨거운 눈물을 흘리셨다.

종려주일은 마냥 들뜬 분위기로 보낼 수는 없다. 예수께서 보여주신 것처럼 겸손한 마음으로 십자가의 고난에 동참하는 우리의 결단이 필요하다. 예수께서 걸으셨던 고난의 현장으로 들어가 한 주간을 경건하게 말씀 묵상과 기도로 보내야 할 것이다. 그렇게 해야만 부활하신 영광의 주를 맞이할 수 있다.

—권혁승 교수(서울신대)

안식일을 여리고에서 보내신 예수님은 주일 아침 일찍 예루살렘을 향하여 출발하셨는데 누가는 "예수님께서 예루살렘을 향하여 앞서서 가시더라(눅 19:28)"고 기록하고 있다. 여리고를 나가시던 예수님께서는 두 소경의 외침을 듣게 된다. 예수님께서는 그 둘을 불러 그들의 눈을 만지사 뜨게 하셨고 그 두 소경은 곧바로 예수님을 좇았다. 여리고를 떠나 예루살렘으로 가는 여행은 10시간 이상을 걸어야 하는 여행이었는데 예수님의 행렬은 아마도 많은 무리가 따르는 장사진이었을 것이다(마 20:29~34).

"저희가 여리고에서 떠나 갈 때에 큰 무리가 예수를 좇더라 소경 둘이 길 가에 앉았다가 예수께서 지나가신다 함을 듣고 소리 질러 가로되 주여 우리를 불쌍히 여기소서 다윗의 자손이여 하니 무리가 꾸짖어 잠잠하라 하되 더욱 소리 질러 가로되 주여 우리를 불쌍히 여기소서 다윗의 자손이여 하는지라 예수께서 머물러 서서 저희를 불러 가라사대 너희에게 무엇을 하여 주기를 원하느냐 가로되 주여 눈 뜨기를 원하나이다. 예수님께서 민망히 여기사 저희 눈을 만지시니 곧 보게 되어 저희가 예수를 좇으니라"(마 20:29~34)

역사가 요세푸스에 따르면 유월절에 예루살렘에는 약 270만 정도의 순례객들이 모였다고 하는데 요한은 큰 무리(요 12:12)라고 기록하고 있다. 여리고에서 예루살렘으로 가는 순례자들이 마지막으로 머무는 휴식처가 베다니이다. 베다니는 예루살렘에서 약 3Km 떨어진 감람산 동쪽 기슭에 자리 잡고 있는데 예수님께서는 고난주간동안 이곳에 머무르셨다.

고난 주간의 첫 날인 주일 오후 늦게 베다니 근처 벳바게에 도착하신 예수님은 맞은 편 마을로 제자 둘을 보내어 아직 아무도 타보지 않은 매어있는 나귀새끼를 풀어오도록 합니다. 제자들이 나귀를 풀 때에 그 주인이 "어찌하여 나귀새끼를 푸느냐?" 물었고 제자들은 예수님께서 말씀하신 대로 "주가 쓰시겠다"고 한 후 예수님께 끌어왔다. 제자들은 자신들의 겉옷을 나귀새끼 위에 걸친 후 예수님께서 나귀를 타게 했으며 감람산에서 내려가는 편까지 왔을 때 많은 무리가 자기들의 본바 모든 능한 일을 인하여 기뻐하며 큰소리로 "찬송하리로다 주의 이름으로 오시는 왕이여 하늘에는 평화요 가장 높은 곳에는 영광이로다."하며 찬양하였다.

예루살렘 성에 가까이 오신 예수님은 성을 보고 우시며 "너도 오늘날 평화에 관한 일을 알았더면 좋을 뻔하였거니와 지금 네 눈에 숨기웠도다..."고 말씀하시며 예루살렘에 대한 예언을 하셨다.(눅 19:41~44). 나귀새끼를 탄 예수님의 행렬은 마침내 예루살렘 성에 들어가셨고 온 성은 소동하였다. 어떤 이들은 저 사람이 누구인가 물었고, 다른 무리들은 "갈릴리 나사렛에서 나온 선지자 예수라"대답하기도 하였다.(마 21:10~11). 마침내 성전에 도착하신 예수님은 성전에 들어가사 모든 것을 둘러 보셨는데 이미 날이 저물어 열두제자를 데리고 베다니에 가셔서 머무셨다.

■ 보스턴 도체스터 지구의 AME 교회 종려주일 예배에 참석한 존 케리 민주당 대선후보가 4일(현재시간) 찬송가를 부르며 종려나무 잎을 흔들고 있다.

고난 주간의 첫날(주일) 예수님의 행적을 살펴보았는데 한 사건을 통한 시각차는 예수님과 제자들이나 무리들의 생각이 아마도 천지차이였을 것이다. 제자들이나 무리들은 다윗의 왕정을 다시 수립할 왕으로서의 예수님, 메시야 왕국의 꿈을 실현할 분으로서의 예수님을 생각하였다. 그것은 왕에 대한 존경의 표시였던 겉옷을 펴는 행동이나, 승리의 상징이요 왕에 대한 존경과 환영의 표시였던 나뭇가지 곧 종려나무 가지를 길에 편 행동으로 나타났다. 또한 직접적인 의사 표현으로 "우리 조상 다윗의 나라여 가장 높은 곳에서 호산나 하더라"는 외침으로 나타났는데 호산나는 '이제 구원하소서' 라는 뜻을 가진 히브리어이다. 그런데 예수님께서는 제자들과 무리들이 예수님을 유대인의 왕으로서 생각할 수 밖에 없도록 행동하시거나 말씀하신 측면이 많이 나타난다는 것이 많은 것을 생각하게 한다.

당시 로마의 정복자들은 전쟁에서 승리하고 개선할 때에 군마를 타고 입성하였는데 새끼 나귀를 타고 예루살렘을 입성하시는 예수님의 모습은 스가랴 9장 9절에 "보라 네 왕이 네게 임하나니 그는 공의로우며 구원을 베풀며 겸손하여서 나귀를 타나니 나귀의 작은 것 곧 나귀 새끼니라" 말씀대로 행하신 것이다. 또한 유다의 후손인 메시야가 오면 새끼 나귀를 포도나무에 매어 두리라(창 49:11)한 예언대로 매어 있는 나귀새끼를 풀어오라고 하셨고, 왕으로서 오시는 예수님에 대해 찬양하는 무리들을 책망하는 바리새인들을 책망하시며 "만일 이 사람들이 잠잠하면 돌들이 소리 지르리라"하신 말씀을 보면 제자들이나 무리들이 오해한 것은 당연하다 생각 할수 있다.

여기서 성도들이 알 것은 예수님께서 제자들이나 무리들이 오해 할수 있는 행동을 한 것은 만물의 주요, 만왕의 왕이신 분으로서 당연한 행동이었으나 사람들이 예수님에 대해 알지 못했고 원하시는 바가 무엇인지 깨닫지 못하였다는 것이다. 예수님께서는 왕으로서 나귀 새끼를 취하신 것이 아니라 만물의 주인으로서 취하신 것이고, 돌들이 소리 지르리라 말씀하신 것은 창조의 주인으로서 모든 것을 가능케 하는 능력을 지니셨다는 것으로 생각할 수 있다. 예수님께서는 선지자들의 예언대로 하나님의 이름으로 죄인을 구원하기 위해서 오셨으며 깨닫지 못하는 죄인들을 위해 십자가를 통해 구원의 완성을 이루시려고 "겸손하신 평화의 왕"으로서 새끼 나귀를 타고 입성하셨으며 예수님은 정치적으로 승리하실 왕이 아니셨던 것이다.

32 최후의 만찬

서기 30년 4월 6일 목요일 저녁 예수님은 예루살렘 어느 친척 집 이층 방에서 제자들과 함께 그에게는 마지막이 될 저녁식사를 들고 계셨다. 그리고 이 모습은 마가와 사도 바울의 기록에도 나와 있다.

후식에 이르러 예수님께서는 유대인들의 회식절차에 따라 잔을 들고 기도를 마치신 다음 제자들에게 건네주시면서, 돌려가며 마시라고 하셨다. 그 잔은 10여명 이상이 돌려가며 마실 수 있는 큰 잔이었다.

포도주 잔을 돌리시면서 하신 예수님의 말씀은 떡을 나눌 때 못지않게 파격적이었다.

예수님은 떡을 떼시며 "이는 내 몸"이라고 말씀하셨던 것이

다. 그리고 포도주를 주시면서

"이는 내 피"라고 하셨다. 이것은 유대인들이 알고 있는 전통적인 유월절 만찬의 의미를 완성하는 것이었다. 유월절 어린양이 결국은 자신의 죽음과 관련된 상징임을 최후로 선포하신 것이다. 자신의 살신성인(殺身成仁)의 의지를 표명한 것이다.

> "이것은 많은 사람을 위하여 흘리는바 나의 피 곧 언약의 피니라"

이 말씀은 출애굽기에 나오는 '모세가 그 피를 취하여 백성에게 뿌려 가로되 이는 여호와께서 이 모든 말씀에 대하여 너희와 세우신 언약의 피니라' 라고 하는 이스라엘 민족과 여호와의 계약관계, 그리고 이사야 52장 13절에서 53장 12절에 나오는

"여호와께서 가라사대 보라 내 종이 형통하리니 받들어 높이 들려서 지극히 존귀하게 되리라. 이왕에는 그 얼굴이 타인보다 상하였고 그 모양이 인생보다 상하였으므로 무리가 그를 보고 놀랐거니와, 후에는 그가 열방을 놀랠 것이며 열왕은 그를 인하여 입을 봉하리니 이는 그들이 아직 전파되지 않은 것을 볼 것이요 아직 듣지 못한 것을 깨달을 것임이라 하시니라. 우리의 전한 것을 누가 믿었느뇨 여호와의 팔이 뉘게 나타났느뇨? 그는 주 앞에서 자라나기를 연한 순 같고 마른 땅에서 나온 줄기 같아서 고운 모양도 없고 풍채도 없은즉 우리의 보기에 흠모할만한 아름다운 것이 없도다. 그는 멸시를 받아서 사람에게 싫어버린 바 되었으며 간고를 많이 겪었으며 질고를 아는 자라 마치 사람들에게 얼굴을 가리우고 보지 않음을 받는 자 같아서 멸시를 당하였

고 우리도 그를 귀히 여기지 아니하였도다. 그는 실로 우리의 질고를 지고 우리의 슬픔을 당하였거늘 우리는 생각하기를 그는 징벌을 받아서 하나님에게 맞으며 고난을 당한다 하였노라. 그가 찔림은 우리의 허물을 인함이요 그가 상함은 우리의 죄악을 인함이라 그가 징계를 받음으로 우리가 평화를 누리고 그가 채찍에 맞음으로 우리가 나음을 입었도다. 우리는 다 양 같아서 그릇 행하며 각기 제 길로 갔거늘 여호와께서는 우리 무리의 죄악을 그에게 담당시키셨도다. 그가 곤욕을 당하여 괴로울 때에도 그 입을 열지 아니하였음이여 마치 도수장으로 끌려가는 어린 양과 털 깎는 자 앞에 잠잠한 양 같이 그 입을 열지 아니하였도다. 그가 곤욕과 심문을 당하고 끌려 갔으니 그 세대중에 누가 생각 하기를 그가 산 자의 땅에서 끊어짐은 마땅히 형벌 받을 내 백성의 허물을 인함이라 하였으리요. 그는 강포를 행치 아니하였고 그 입에 궤사가 없었으나 그 무덤이 악인과 함께 되었으며 그 묘실이 부자와 함께 되었도다. 여호와께서 그로 상함을 받게 하시기를 원하사 질고를 당케 하셨은즉 그 영혼을 속건제물로 드리기에 이르면 그가 그 씨를 보게 되며 그 날은 길 것이요 또 그의 손으로 여호와의 뜻을 성취하리로다. 가라사대 그가 자기 영혼의 수고한 것을 보고 만족히 여길 것이라 나의 의로운 종이 자기 지식으로 많은 사람을 의롭게 하며 또 그들의 죄악을 친히 담당하리라. 이러므로 내가 그로 존귀한 자와 함께 분깃을 얻게 하며 강한 자와 함께 탈취한 것을 나누게 하리니 이는 그가 자기 영혼을 버려 사망에 이르게 하며 범죄자 중 하나로 헤아림을 입었음이라 그러나 실상은 그가 많은 사람의 죄를 지며 범죄자를

■ 틴토레토작 최후의 만찬

위하여 기도하였느니라 하시니라"

이 선언으로 말미암아 예수님의 죽음이 우리의 구원과 직접적인 연관이 있으므로 우리들의 신앙고백으로 삼으라는 말씀인 것이다.

최후의 만찬을 통한 예수님의 사역을 깨닫으라(26:17~39)

많은 학자들은 본문의 사실이 고난주간의 목요일에 일어났다고 믿는다. 이 날은 칠 일 간 계속된 무교절의 첫 날이었다. 그 첫날에 유월절 양들이 희생제물로 바쳐졌다. 그러므로 본문은 예수님께서 하나님의 유월절 양으로 죽으실 것을 암시하고 있다(출 12:46). 예수님은 제자들과 유월절 식사 때에 그들 중 하나가 자기를 팔 것이라고 말씀하셨다. 그리고 예수님은 유월절의 새로운 의례를 제정하셨다. 그는 떡이 그의 몸이며, 포도주는 그의 새 언약의 피라고 말씀하셨다. 이는 하나님께서 예수님의 피를 통해 새 이스라엘 즉 하나님의 영원한 나라에서의 삶을 위해 성령으로 새롭게 하신 새 백성을 탄생시킴을 의미하는 것이다. 유월절 만찬의 이 부분은 그리스도인들에 의해 지켜져 왔으며 주의 만찬 혹은 성찬이라 불렸다. 성찬식을 거행할 때마다 그것은 하나님 나라의 잔치에서

유월절을 이행함을 보여주기 위한 것이다. 나는 유월절 양으로 오신 예수님의 사역이 곧 나의 사명이라고 생각하는가?(26:28) '유월절' 하면 조금은 생소하게 생각하는 사람들도 '최후의 만찬'이라고 하면 쉽게 이해할 것이다. '최후의 만찬'의 성경적 표현이 바로 유월절인 것이다. 오늘날 수많은 기독교인들이 유월절을 생소하게 여기는 이유는 카톨릭과 개신교 대부분 교단들이 유월절을 지키지 않기 때문이다.

이스라엘의 광야 생활이 잘 보여주듯이 이 백성들에게는 항상 '먹는 것'이 중요한 문제였다(민 11:4-6, 31-34. 참조). 이스라엘 백성들은 항상 식사를 통해서 허기를 면했을 뿐만 아니라 가족끼리의 일치를(시 128:3, 113:9, 삿 19:4-8, 삼상 1:1-8), 모르는 사람과의 친교를(창 18장, 민 22:40, 삿 1:7, 삼상 9:22-24), 정치적 유대를(삼상 9:22-24), 원수와 화해를(삼하 3:20), 사회적 연대와 계약의 관계를(창 26:30, 31:44-54, 레 2:13, 민 18:19, 대하 13:5, 스4:14) 가져왔다.

이와 같은 식사의 개념은 인생의 문제를 넘어서 종교적인 의미까지 내포했다. 즉 종교적인 의미의 식사는 그 식사를 마련하시는 하나님에 대한 절대적인 의존 관계를 의미했다. 육적인 양식이 아닌, 하나님의 말씀을 먹어야 살 수 있었고(신 8:3, 암 8:11, 마 4:3), 두루마리를 먹음으로써 하나님의 말씀을 깨쳤다(겔 3:1-3, 계 10:8-11).

요약해서 말하면, 이스라엘인들의 '식사'와 '잔치'는 풍부한 상징적 의미를 가지고 있었다. 특히 가족관계, 사회관계, 종교적 관계 속에서의 '평화', '화해', '계약', '말씀', '일치', '친교' 등의 의미가 내포되어 있었다.

유월절 식사는 보통 가장이 인도한다. 유월절에는 여섯 가지의 특별한 음식들이 준비된다. 정강이 뼈, 삶은 달걀, 쓴 나물, 파슬리, 샐러리, 혹은 양상치, 소금물, 하로셋 등의 음식이다. 쓴 나물을 먹으며 애굽의 노예 생활의 고역을 기억한다. 유대인들은 그들이 애굽에서 진흙으로 벽돌을 굽던 노예 생활을 기억하기 위하여 쓴 나물을 하로셋에 찍어 먹는

다. 정강이뼈와 삶은 달걀은 제 2성전이 파괴된 것을 기억하기 위함이다. 이 음식을 먹으며 성전에서 행하던 희생 제사를 기억한다. 소금물은 이스라엘 사람들이 애굽에서 흘렸던 눈물을 상징한다. 파슬리나 샐러리, 양상치 등은 봄이 왔다는 의미에서 생명을 상징하며 이스라엘 백성의 기쁨과 축복을 의미한다.

유월절 음식 중 가장 중요한 것은 마짜(무교병)이다. 유월절 식사에서 빠질 수 없는 유월절을 상징하는 음식이다. 마짜에는 두 종류가 있다. 유월절 첫날 저녁에 먹는 유월절 식탁을 위한 마짜와 유월절이 끝나기까지 일주일간 평소에 먹는 보통 마짜이다. 유월절 첫날 저녁에 쓰기 위하여 만든 마짜를 가리켜 '계약의 마짜'라고 한다.

1. 유월절의 유래

유월절은 구약 모세 당시 이스라엘 백성들이 하나님의 권능으로 출애굽하던 때에 처음 제정된 절기이다. 야곱 때에 애굽으로 이주했던 이스라엘 백성들은 애굽의 노예가 되어 400여년 동안 심한 고초를 당하고 있었다. 그때 모세가 하나님의 명을 받고 바로(애굽의 통치자: 파라오)에게 나아가 그들을 놓아줄 것을 요구하였으나 바로는 이를 거절하였다. 그러자 하나님께서 애굽에 열 가지 재앙을 내리셨는데 그 중에 열 번째 재앙이 애굽의 장자를 멸하는 재앙이었다.

하나님께서는 열 번째 재앙을 내리는 날을 (성력) 1월 14일로 정하시고 이스라엘 백성들에게 그날 저녁 일 년 된 양을 잡아 그 고기를 불에 구워 먹고 양의 피를 문설주와 인방에 바르도록 명하셨다. 그날 밤에 애굽에 재앙이 내리니 애굽의 모든 장자들이 죽었다. 바로의 장자로부터 맷돌 위에 있는 여종의 장자까지, 그리고 모든 생축의 처음 난 것이 다 죽었지만 이스라엘의 장자들은 재앙을 당하지 않았다. 유월절 양의 피가 표적이 되어 재앙을 내리는 사자가 그 집을 넘어 지나갔기 때문이었다. 유월절의 유월(逾越)은 '넘어 건너간다'는 뜻으로 재앙이 넘어간다는 말이다(출 12:5~14). 유월절로 인해 바로는 여호와 하나님을 두려워하여 이스라엘 백성들을 내보내게 되었다(출 12:29~32). 역사적인 '출(出)애굽'이 이루어진 것이다. 이스라엘 백성들은 애굽에서 해방시켜 주신 여호와의 권능을 기억하기 위하여 매년 1월 14일 저녁에 일년 된 어린양을 잡아 유월절을 거룩하게 지켰다(신 16:1~3).

2. 유월절 양의 실체는 누구인가?

그런데 어떤 이들은 "왜 구약의 절기인 유월절을 신약시대인 오늘날에 굳이 지켜야 하는가?"라며 이의를 제기한다. 이는 성경의 가르침을 제대로 모르기 때문에 하는 말이다. 신약시대의 성도들은 구약의 유월절이 아닌 새 언약의 유월절을 지킨다. 성경은 "율법은 장차 오는 좋은 일의 그림자요 참 형상이 아니므로"(히 10:1)라고 하였다. 과연 구약은 신약에 이루어질 것에 대한 모형과 그림자인데 구약의 유월절은 모형이고 신약의 유월절 실물이다. 사도 바울은 고린도교회에 보내는 편지에서 "우리의 유월절 양 곧 그리스도께서 희생이 되셨느니라 이러므로 우리가 명절을 지키되"(고전 5:7~8)라고 하였다. 구약 유월절 양의 참 형상은 신약시대의 예수 그리스도이시다. 원래 유월절 양은 "흠 없고 1년 된 수컷"(출 12:5)이고 "그 뼈를 하나도 꺾지 않고"(출 12:46, 민 9:12) 잡는 것이 특징이었다. 그래서 유월절 양인 예수님께서 십자가에 희생당하실 때 그 뼈가 하나도 꺾이지 않으셨다. 기록되기를 "군병들이 가서 예수와 함께 못 박힌 첫째 사람과 또 그 다른 사람의 다리를 꺾고 예수님께 이르러는 이미 죽은 것을 보고 다리를 꺾지 아니하고 그 중 한 군병이 창으로 옆구리를 찌르니 곧 피와 물이 나오더라"(요 19:32~34) 하였고, 그에 대한 해석으로 "이 일이 이룬 것은 그 뼈가 하나도 꺾이우지 아니하리라 한 성경을 응하게 하려 함이라"(요 19:36) 하였다. 예수님께서 유월절 양으로 희생되신 것을 기록한 내용이다. 그래서 사도들은 예수님을 가리켜 유월절 양이라 하였고(고전 5:7), "흠 없고 점 없는 어린 양 같은 그리스도"(벧전 1:19)

라고 하였다. 구약의 유월절 양이 흠 없는 어린양이었던 것도 신약의 흠 없고 점 없는 순결한 유월절 양이신 그리스도를 표상한 것이다. 그러므로 이제는 유월절 양의 실체이신 그리스도와 새 언약 유월절의 관계를 깊이 연구함으로써 유월절을 통해 이루어지는 하나님의 구속의 경륜을 깨달아야 한다.

다락방 만찬

이곳은 예수님께서 십자가에 못 박히시기 전날 밤 제자들과 함께 만찬을 나누셨던 다락방으로 여겨지는 장소에 세운 기념 교회로서 1330년경 프란체스코 수도회에 의해 건립되어 '최후의 만찬 기념성전'(Coenaculum)으로 명명된 2층 건물이다. 1517년 터어키가 지배하면서 약 400년 동안 회교 사원으로 사용되어 오다가 1948년 이스라엘 정부의 손에 넘어가게 되면서 일부 장소는 폐쇄시키고 2층 일부만 최후의 만찬 기념 성전으로 개방했으며, 아랫층은 다윗 기념 무덤이라 하여 유대인들의 성지로 삼고 있다.

성경에선 최후의 만찬 장소가 누구의 집이었는지 구체적으로 나오지 않지만 전통적으로 마가의 집 다락방인 것으로 전해 오고 있으며, 후에 제자들을 포함한 120여 명의 성도들이 모여 간절히 기도하다가 오순절에 성령 충만함을 받았던 곳도 바로 이 장소이다. 따라서 이 다락방이야말로 기독교의 산실이요 최초의 교회였다고 할 수 있다.(마 26:17-29, 막 14:12-25, 눅 22:7-38, 요 13:-17, 행 1:12-14)

시온산은 나즈막한 언덕으로 이루어져 있는

시온산은 최후의 만찬 다락방이 위치해 있는 곳으로서, 이 곳에서 초대 교회가 시작되었고 성령 운동이 시작되었기 때문에 기독교인들의 신앙의 본향이라 할 수 있는 곳이다. 예수님께서 승천하신 후 모친 마리아는 제자들과 함께 이곳에 머물러 초대 교회를 위하여 봉사하면서 여생을 보냈다고 한다. 오늘날 그 자리에는 카톨릭의 베네딕트 수도회에서 건립한 '마리아 영면 교회'(Dormitio Beatae Mariae Virginis)가 자리잡고 있다.

언덕 위에 있는 건물이 마리아 영면 교회이고, 잘 보이지는 않지만 바로 뒤쪽에 최후의 만찬 다락방이 있다.

33

십자가를 지신 예수님

며칠 후 가룟 유다의 배신으로 대제사장들에게 팔려 로마 군병들에게 넘겨지신 예수님은 온갖 고초를 당하신 후 십자가를 지고 골고다 언덕을 말없이 오르고 계셨다.

예수님을 둘러싸고 로마 군인들과 예수님을 좇는 무리들, 그리고 많은 구경꾼들이 예수님께서 끌려가시는 길을 따라 함께 걷고 있었다.

"십자가에 못 박아라. 십자가에 못 박아라!"

며칠 전까지만 해도 예수님을 환영했던 사람들은 이제는 예수님을 십자가에 못박으라고 외쳐댔고 구경꾼들은 즐거워하며 따라왔다. 예수님을 아끼고 사랑하던 사람들의 울음소리와 함께 로마 군인들의 채찍질 소리가 들려왔다. 머리에 가시관을 쓰신 예수님이 지신 십자가는 너무 무거웠다. 온 몸을 채찍으로 맞고 주먹으로 맞은 예수님은 십자가를 지고 가시다가 무게를 견디다 못해 쓰러지자 예수님의 십자가를 구레네 사람 시몬이 대신 지고 가게 하였다.

골고다 언덕에 이르자 로마 군병들은 예수님을 십자가에 쾅쾅 못을 박고는 똑같이 십자가에 못박힌 두 강도의 중간에 세워 놓았다. 사람들의 놀림과 모욕이 계속되었다. 그들은 예수님이 그리스도이신 것을, 하나님의 아들이신 것을, 우리의 죄 때문에 십자가에 달리신 것을 아무도 믿지 않았다.

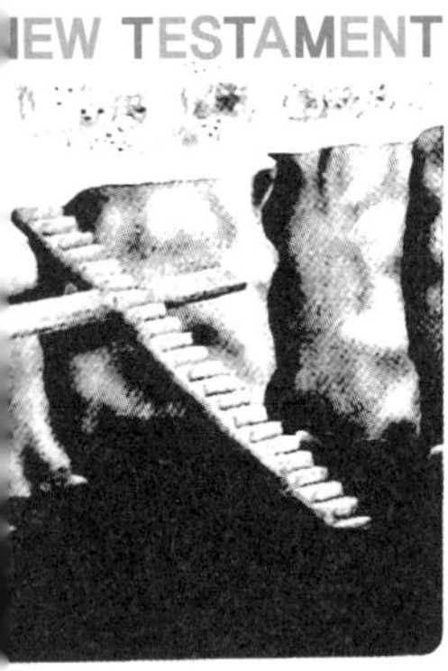

"뭐가 어째, 성전을 헐고 사흘 만에 다시 짓겠다고? 어디 한번 그 십자가에서 한번 내려와 보시지."

"쯧쯧, 다른 사람은 구원하면서 자기는 구원할 수 없단 말이야?"

"당신이 이스라엘의 왕 그리스도라고? 어디 한번 십자가에서 내려와 보라니까."

이 세상의 모든 사람들의 죄 짐을 대신 지신 예수님은 십자가 위에서 온갖 조롱을 받으시면서 죄인인 우리가 당할 죽음을 대신 당하고 계셨다.

그때 놀라운 일들이 일어났다.

갑자기 온 땅에 어두움이 덮여서 낮 12시부터 세 시간 동안 계속되었다.

태양이 가장 밝아야 할 이때 갑자기 어두움이 덮쳐 왔는데 이

것은 독생자 외아들을 십자가 위에서 죽이고 계신 아버지 하나님의 너무나 큰 슬픔을 나타내는 어두움이었다. 하나님이 너무 슬퍼서 눈을 가리고 계신 것 같았다. 또한 그 어둠은 이 세상의 마지막 날 하나님의 심판이 얼마나 무서운 것인가를 보여주는 것이었다.

그때 갑자기 예수님께서 큰 소리를 지르시고 돌아가셨는데 그때 성소의 휘장이 위에서부터 둘로 쫙 찢어졌다. 휘장의 두께는 손바닥 두께만큼 두꺼웠기 때문에 휘장은 쉽게 찢어질 수 있는 것이 아니었다. 바로 죄인인 우리가 하나님께로 나아가는 길이 열리는 순간이었다. 죄의 결과는 죽음이었기 때문에 하나님의 버림을 받고 죽을 수밖에 없던 사람들이 이제는 우리의 죄를 대신 지시고 몸이 찢겨 돌아가신 예수님 때문에 하나님의 은혜 앞으로 나아가는 길이 열리는 순간이었다. 하나님과 우리의 막혀 있던 담이 허물어지고 누구든지 예수님을 믿으면 구원을 받고 영원한 생명을 얻게 되는 것이다.

십자가를 바라보라(마 27:32~54)

북 아프리카의 구레네에서 온 시몬이란 사람은 예수님대신 십자가를 지도록 강요받았다. 마침내 무리들은 골고다에 이르게 되었는데, 이곳은 해골 모양을 한 언덕이었다. 거기서 병정들이 쓸개탄 포도주를 예수님께 마시게 하였는데, 예수님은 이를 거절하셨다. 왜냐하면 십자가의 고통을 경감시키기 위한 마취제를 마시고 정신이 온전치 못한 상태에서 자신을 드리고 싶지 않으셨기 때문이다. 결국 예수님은 십자가에 못박혀 최후를 맞이하셨다(35절) 예수님은 제 6시로부터 9시까지 십자가에 달리셨다. 이 때 이상한 어두움이 임했다(45절) 이 어두움의 기간 중 예수님은 인류를 위한 속죄제물에 "엘리 엘리 라마 사박다니"라는 큰 소리를 내셨다. 이 외침은 시22편의 첫마디를 인용한 것인데 이 시는 희망적인 내용으로 끝을 맺는다. 그러므로 예수님의 외침은 승리의 외침이었다. 성전의 휘장이 찢어진 사건은 누구나 제사장이 될 수 있다는 표적으로 해석된다. 최후승리는 결국 순종과 낮아짐에 있다는 것을 인식하는가?(27:46)

잔혹한 처형도구였던 십자가

십자가는 오늘날 기독교의 상징으로 사용되고 있지만 그리스도 탄생 훨씬 이전부터 세계 각지에서 다양한 의미로 쓰이고 있었다. 고대 페르시아인, 페니키아인, 에트루리아인, 로마인, 켈트인, 그리고 아메리카 대륙의 원주민에게 이르기까지 십자가는 종교적인 상징이었다. 그래서 15세기 이래로 신대륙에 발을 디디게 된 유럽 탐험가들은 아메리카의 원주민들이 자신들과 마찬가지로 십자가를 숭배하는 것을 목격하고 어리둥절했었다는 일화가 전해진다. 십자가의 유래 또한 卍자와 마찬가지로 태양과 밀접한 관련이 있다. 고대 이집트의 앵크 십자가는 지평선 위에 떠오르는 태양을 나타내며 다양한 유형의 십자가가 태양 또는 태양신의 상징으로 쓰였다. 또한 십자가는 고대 종교에서 무한히 뻗는 빛이나 나무를 상징하기도 하고 우주의 원리, 인간, 사방, 이중성, 조화 등을 상징하기도 했다. 아프리카 부시맨들에게 십자가는 분만을 돕는 신성한 부적이다. 십자가로 드라큘라나 악귀를 쫓을 수 있을 것이라는 서구인들의 믿음도 따지고 보면 기독교 신앙이라기보다 십자가를 부적으로 여기던 원시신앙에 가깝다. 이 십자가는 한편 잔혹한 처형도구이기도 했다. 십자가에 못박는 형벌은 페니키아인들 사이에서 처음으로 시행되었다고 한다. 역사학의 아버지 헤로도토스의 「역사」에서는 페르시아인들 가운데 처음 십자가형이 행해졌다고도 한다. 종합해서 보면 아마 십자가를 상징으로 사용하던 메소포타미아의 여러 민족 사이에 십자가를 사형틀로 이용하는 풍습이 번져간 것으로 보인다. 그리스의 알렉산더 대왕도 자신이 정복한 페르시아로부터 십자가 처형 방식을 받아들였으며 이것이 후일 헬레니즘 세계와 카르타고, 다시 로마로 전해졌다. 죄인들을 못박았던 십자가는 원래 단순한 기둥 모양이었으나 로마에 전해지면서 기둥 위에 가로막대가 놓인 십자 형태를 띠게 되었다. 십자가에 못 박힌 죄인은 체중에 의해 못 박힌 부위의 살이 찢어지고 고통으로 인해 전신은 경련을 일으키며, 혈액의 손실로 갈증이 심해지고 고열에 시달리다가 짧게는 몇 시간, 길게는 며칠 후 사망한다. 처형 시간을 단축하기 위해 아직 숨이 붙어있는 죄수의 뼈를 꺾기도 했다. 이렇듯 잔인한 처형방식이었으므로 로마 제국 내에서도 십자가 처형은 반역자나 비(非)로마 시민, 노예들을 대상으로만 하여 사용되었다.

십자가와 기독교

'행운', '길조'를 나타내는 상징이었던 십자가는 사형틀이 되면서 '저주'와 '공포'라는 뜻을 포함하게 되었다. 그러나 예수 그리스도의 십자가 처형 이후 '그리스도의 대속(代贖), 희생'이라는 의미가 기독교인들 사이에서 새롭게 각인되었다. 그렇다고 초기 기독교인들이 이교도들처럼 십자가를 만들고 그 앞에서 예를 표하지는 않았다. 원래 우상을 숭배해서는 안 된다는 사상을 가졌던 그들에게 형상으로서의 십자가는 그리스도가 처형된 저주받은 '나무'에 불과했고, 이 나무는 제국 내에서 기독교가 공인되던 4세기 초까지 그들 가운데 수많은 목숨을 계속해서 앗아갔던 것이다. 십자가 처형을 중지시킨 사람은 기독교를 공인한 콘스탄티누스 황제였다고 한다. 기독교가 로마의 국교가 된 지 얼마 지나지 않은 431년, 십자가는 교회 내부에 달리기 시작했고 586년에 이르면 교회 꼭대기를 장식하게 된다. 초기 기독교와 달리 카톨릭 교회에서 십자가가 세워지기 시작한 것은 십자가나 여러 신의 형상에 익숙해 있던 로마 제국 내의 이교도들, 특히 게르만족의 개종을 위한 것으로 보인다. 7세기경에는 미술품으로서 십자가 위에 예수 그리스도가 못 박혀 있는 십자고상(十字苦像 또는 십자가상)이 만들어졌는데 13세기 이후에는 십자고상이 예배의 대상으로도 사용되기 시작했다. 십자가는 교회 내부와 외부에서 신도들의 가정으로 전해졌고, 성찬 그릇과 사제복, 왕관이나 검·방패의 장식, 목걸이, 반지 등에도 장식용으로나 악마를 쫓는 의미로 사용되었다. 그렇다고 오늘날 십자가가 기독교의 상징으로만 정착한 것도 아니다. 일부 개혁주의 교회에서는 십자가를 우상이라 하여 아예 달지 않고, 기성 교단에서도 십자가에 대한 치열한 논쟁 끝에 교회 건물에서 십자가를 떼어내기도 한다. 요즘은 역십자가가 사탄주의자들의 상징으로도 이용된다. 시내 중심가를 나가보면 卍자 목걸이를 건 불교도, 십자가 목걸이를 한 개신교도, 십자가가 새겨진 묵주반지를 낀 카톨릭교도, 무신론이면서도 커다란 십자가 귀걸이를 걸친 젊은이들을 동시에 볼 수 있다. 卍자를 포함해서 십자가만큼 다양한 종교의 상징으로 사용된 표식도 드물 것이다.

십자가 형벌

동양에서 기원한 처형 방법 또는 고문을 하기 위해 십자가에 매다는 일, 특히 후자는 메대인과 페르샤인들에 의해 집행된 것으로서 A.D. 1세

기경 헬라인과 로마인을 통하여 서양에 전래되었다.

고문 수단으로서의 십자가

십자가는 수직 버팀대와 횡대로 이루어져 있으며 횡대는 버팀대 꼭대기 또는 꼭대기 바로 아래에 가로 놓여 있었다. 수직 버팀대의 높이는 보통 사람의 신장 정도였다. 수직 버팀대의 높이는 보통 사람의 신장 정도였다. 수직 버팀대에는 나무받침이나 쐐기가 가설되기도 했는데, 이것은 사형수를 위한 의자의 역할을 했으며, 또한 부분적으로 사형수의 몸을 지탱해 주는 역할도 하였다. 또한 수직 버팀대에 발 디딤대가 가설될 때도 있었다.

십자가 처형을 받는 죄수들은 이틀 내지 사흘만에 사망하게 되어 있었다. 이러한 시한은 의자(라틴어로는 sedile〈세딜레〉 또는 corun〈꼬르누〉라고 한다)나 발 디딤대가 있고 없고에 의하여 결정되었다. 왜냐하면 십자가에 손만이 묶인채 매달린 경우 사형수의 혈압이 급격히 줄게 되어 맥박수가 증가되어 때문이다. 보통 사형수는 십자가에서 처형되기 전에 심한 채찍질을 당하였다. 그리고 십자가 형벌이 진행되면 뇌수와 심장에 피가 불충분하게 공급되기 때문에 곧 시력장애가 발생하게 된다.

다행히 사형수가 의자와 발 디딤대를 이용하여 몸을 지탱할 경우에는 피는 어느 정도 상체 순환하게 된다. 손을 횡대(patibulum〈빠띠불룸〉)에 고정시키는 대에는 새끼나 못이 사용되었으며 간혹 발에도 못을 박을 때가 있었다. 이러한 고문을 끝내고자 할 때에는 사형수의 다리를 곤봉으로 때려 무릎 아래를 바스러뜨렸다.

이렇게 되면 사형수는 더 이상 그의 체중을 견딜 수 없게 되며 피도 급속히 신체에 순환할 수 없게 된다. 그리하여 곧 이어 심부전증이 발생하게 된다. 사형수의 죄명은 보통 사형수를 처형장소로 끌고 온 정리가 발표하였다. 때로는 사형수 자신이 가져온 판(tilulus 〈띠뚤루스〉) 위에 죄명을 기록할 때도 있었다. 만약 사형수가 그에 대한 횡대를 메고 올 경우에는 그에 대한 책임을 지고 있는 다른 사람이 이 판을 가져왔다. 후대에 이르러 죄명이나 죄명을 기록한 판은 처형서 십자가에 부착되었다.

로마인의 십자가 처형

십자가 처형 방법을 주로 실시한 자들은 로마인이었다. 로마인에게는 사형수를 십자가에 비끌어 매는 일률적인 방법이 없었는데 이것은 로마법이 십자가 처형을 오직 노예와 노예 신분으로 전락한 사람들에게 실시하도록 규정하였기 때문이다. 아우구스투스 시이저(Augustus Caesar)는 그가 30,000명에 달하는 도망노예를 체포하여 소유자가 나타나지 않은 자들을 모두 십자가형에 처했다고 십자가형에 처하여 집단적으로 처형하기도 하였다.

크라쑤스(Crassus)는 스파르타쿠스(Spartacus)를 따라 나선 6,000명 이상의 반란 노예들을 체포하여 로마에서 카푸아(Capua)에 이르는 아피아로(the Appian Way)를 따라 이들을 십자가형에 처하였다. 이들의 시체는 이러한 반란에 대하여 경고하기 위해 썩도록 방치해 두는 것이 관례였다.쥴리어스 시이저(Julius Caesar)는 몸값을 받기 위해 그를 붙잡았었던 해적들을 체포하여 이들을 모두 십자가형에 처하였다.

그러나 시이저는 이들에게 친절을 베풀어 목구멍을 먼저 따 버렸다. 팔레스타인의 로마 군대는 셉포리스(Sepporis)성을 함락한 후 바루스(Varus)와 그의 시리아 군대가 그의 군대를 살해하거나 체포할 때까지 셉포리스성으로부터 갈릴리 전역을 지배하였던 유다스(Judas)의 반란 가담군 2000여 명을 십자가형에 처했었다.

마셜은 로마 시민들의 여흥을 위해 한 도적이 원형투기장에서 십자가 처형을 받는 광경을 묘사한 적이 있다. 네로(Nero)는 기독교인에게 로마를 불태웠다는 협의를 뒤집어 씌운채 많은 기독교인들을 십자가로 처형하였다. 오리겐(Origen)의 기록에 의하면 이 때 베드로는 십자가에 거꾸로 매달려 죽었다고 한다. 로마의 황제들은 계속해서 기독교인들을 박해하였으며, 이에 따라 십자가 처형은 대부분의 기독교인을 살해하는 방법이 되었다. 끝으로 십자가 처형은 콘스탄틴 황제 치하시 형벌의 방법으로서는 제국 전역에 걸쳐 폐지 되었다. 이것은 콘스탄틴 황제가 꿈속에서 십자가의 거룩한 표징을 보았기 때문에 취해진 조처였다.

그리스도에 대한 십자가 처형

예수의 사역은 십자가 처형으로 끝났다. 혹자는 예수의 사역 기간이 3년이었을 것이라고 생각한다(왜냐하면 욕한복음에서는 유월절에 세 차례 언급되었기 때문이다. 2:13, 5:1, 6:14, 13:1). 그러나 요한복음 5:1절에 나오는 유대인의 절기는 유월절이 아니었을 것이다. 이에 반해 공관복음서는 유월절을 오직 한번 언급할 뿐이며, 이에 미루어 보아 예수의 사역 기간 동안 유월절이 두 번 있었을 것이라는 가설은 예수의 공생애에 1년을 더 가산해 준다. 그리고 시이저의 월력에 따르면 예수의 십자가 처형 연도는 AD 30년 4월 7일 경이었다.

예수가 지고 가다가(요 19:17) 나중에 구레네 시몬이 대신 지고 간 십자가는 사실상 횡대(Patibulum)였을 것이다. 사형수는 오직 횡대만을 수직 버팀대가 이미 세워져 있는 처형지까지 옮기는 것에 관례였다. 죄명을 기록한 판을 십자가 위에 놓았다고 하므로 우리는 횡대가 수직 버팀대가 꼭대기에 놓여 있지 아니하고 꼭대기 바로 아래에 가로 놓여져 있었을 것이라고 추론할 수 있다. 예수가 못박힌 십자가의 높이는 갈대의 길이로 측정되어 왔다(여기서 갈대란 요한복음 19:29절에서 말하는 우슬초 이다). 갈대의 길이는 약 90cm 정도였을 것이며 십자가의 높이는 이로 미루어 볼 때 210cm 였을 것이다.

로마군병들은 예수에게 마취제로 쓰이는 몰약을 탄 포도주를 주었으나 예수는 이를 거절하였다(막 15:23). 예수는 제삼시(오전 9시경)에 십자가에 못박혔으며(15:25), 제구시(오후 3시경)에 사망하였다(15:34,37). 그의 다리는 관례대로 꺾이지는 않았다. 왜냐하면 그는 다리를 꺾기 전에 이미 죽은 것으로 판명되었기 때문이다(요 19:32,33). 유대인들은 그의 죽음이 속히 진행하도록 요청하였다.

왜냐하면 그렇게 하지 않을 경우 예수는 안식일이자 오순절의 예배일인 그 다음날까지 목숨을 부지할 것 같았기 때문이다(눅 23:54). 요한복음에 의하면 로마군병들은 그의 죽음을 확인하기 위하여 예수의 옆구리를 창으로 찔렀다고 한다. 십자가형은 유대인들에 의하여 집행되지는 않았으나, 신명기 21장 23절에 규정하고 있는 법 때문에 십자가에 처형된 자의 시체를 밤새도록 십자가에 방치해 둘 수는 없었다. 예수의 범죄 사실을 기록한 판(titulus) 위에는 "나사렛 예수 유대인의 왕"이라는 문구가 적혀 있었다.(요 19:19)

유대인들은 십자가 처형을 하나님의 저주를 받은 것으로 생각하였다(신 21:23). 그러므로 예수의 십자가 처형은 유대인들에게 있어서 예수를 메시야로 인정하지 못하게 한 가장 심각한 장애물이 되었다. 그러나 십자가는 기독교가 시작될 때부터 복음의 핵심으로 인정되었으며(갈 6:14), 보편적으로 용인된 기독교의 상징이 되었다.

34

■■■

부활하신 예수님

"무덤이 비었어요! 예수님이 부활하셨어요!" 여인들이 소리쳤다. 일찍 찾아간 무덤에 예수님은 계시지 않았다. 천사가 세 여인을 기다렸다. 세 여인은 마을로 달려가 예수님의 부활을 온 동네 사람들에게 알렸다. "무덤이 비었어요! 예수님이 다시 살아나셨어요!"

이 소식을 들은 동네 사람들이 황급히 일어나 무덤으로 달려간다. "정말이다. 예수님이 다시 살아나셨다!"

정치적인 메시아를 원했던 제자들 그들은 예수님의 죽음으로 뿔뿔이 흩어져 고향으로 돌아갔다. 예수님의 죽음은 곧 예수님의 끝이었고 메시아의 끝이였으며 그들이 꿈꾸던 이스라엘의 독립과 회복은 사라져버린 것이었다. 그러나 예수님의 부활로 그들은 새로운 것을 보았다. 그때 그들은 새로운 정치적 지도자를 본 것이 아니었다. 자신의 죄를 대신 지시고 죽으셨다 부활하신 구세주를 본 것이다. 자신의 죄를 대속하시고 하나님과의 관계를 회복케 하신 생명되신 예수 그리스도 메시아를 본 것이다.

> "예수께서 이르시되 나를 만지지 말라 내가 아직 아버지께로 올라가지 못하였노라 너는 내 형제들에게 가서 이르되 내가 내 아버지 곧 너희 아버지 내 하나님 곧 너희 하나님께로 올라간다 하라"(요 20:17)

마리아가 부활하신 예수님을 보았을 때 너무나도 기뻐서 예수님을 만지려고 했다. 그 때 예수님께서는 아직 아버지께로 올라가지 못하였으니 만지지 말라고 하셨다. 그 이유를 다음의 두 가지로 생각해 볼 수 있다.

첫째로는 예수님께서 부활하신 것을 최초로 막달라 마리아가 보았지만 그 때에는 예수님께서 하나님께 자신을 열납되도록 드리기 전이었기 때문에 만지지 말라고 하셨을 것이다. 레위기 23장을 보면 초곡절에 드리는 곡물은 거룩하기 때문에 아무나 만지지 못하게 되어 있습니다. 이 초곡절은 예수님의 부활을 의미하는 절기로, 예수님도 부활의 첫 열매로 하나님께 드리셨기 때문에 만지지 못하게 하셨다.

한편 마태복음 28장 9절에서는 예수님을 본 여인들이 그 발을 붙잡고 경배하는 장면이 나오게 되는데, 이는 마리아보다 늦게

■ 외젠 뷔르낭 〈달려가는 제자들: 베드로와 요한〉 1898, 캔버스에 유채, 오르세 미술관, 파리. 동이 트는 아침입니다. 피어나는 여명은 노란 기운으로 표현되었고 들판을 가로질러 뛰어가는 두 제자의 몸은 마치 바람을 타고 날아가는 듯합니다. 이들의 흩날리는 머리카락은 화면에 속도감을 더해주고 있습니다. 화면 중심에 갈색 빛 옷을 입고 있는 베드로의 눈물 머금은 눈빛에는 근심과 마음 급함이 배어있습니다. 둔중한 몸집의 베드로를 막 앞지르는 예수님의 가장 어린 제자였던 사도 요한의 하얀 옷은 주변의 모든 빛을 흡수한 듯 노란 기운의 배경과 어우러지는 색으로 그려졌습니다. 꽉 모아 쥔 그의 두 손과 얼굴표정은 간절함을 넘어선 애절함이 그 자체입니다 화가 뷔르낭(Eug ne Burnand 1850-1921)은 미술사 속에서는 잘 알려지지 않았지만 미세한 대기 움직임과 인간의 심리표현에 능했던 그는 스위스에서 태어나 파리에서 활동한 화가입니다. 무엇보다 이 그림에서 강조된 것은 두 제자의 마음입니다. 아직 이 두 사람은 예수님이 부활하셨음을 상상도 못하고 있습니다. 다만 눈군가가 꺼내 갔을지 모를 스승의 시신이 애타도록 걱정될 뿐이고 빈 무덤을 눈으로 직접 확인하고자 바람처럼 달리고 있습니다.

굴에 도착한 여인들이 그 된 일을 보고 마을에 뛰어 내려가다가 예수님을 만나는데, 그 때 예수님은 자신을 하나님께 구별하여 드리신 후였기 때문에 만지도록 허용하였을 것이다.

또 한가지 이유는 각 복음서의 명확한 목적을 위해 하나님께서 의도하셨음을 감지할 수 있다.

마태복음은 예수님께서 유대인의 왕으로서, 구약에 기록된 메시아로서, 다윗의 후손으로서 오셨다는 것을 증거한다. 따라서 여인들은 유대인의 왕으로서, 약속된 메시아로서, 다윗의 후손으로 예수님의 발을 붙잡고 경배한 장면을 기록한 것이라고 볼 수 있다.

요한복음은 시종일관 예수님을 신성을 가지신 하나님의 아들로서, 하나님으로서 나타내고 있다. 예수님의 모든 신성에 초점을 맞추고 있는 것이다. 따라서 막달라 마리아에게 예수님께서 '나를 만지지 말라' 고 말씀하신 그 사건에 초점을 맞추는 것은 지극히 당연한 것이다.

마리아는 인정으로, 육신적으로 예수님을 대하려고 했다. 예수님께서는 이것을 저지하신 것이다. 예수님을 육체대로 아는 것에 대하여는 막달라 마리아 뿐 아니라 예수님의 어머니 마리아에게도 동일한 원칙이 성립되었던 것을 볼 수 있다.(요 2:4, 요 19:26) 부활하신 예수님을 어느 누구도 하나의 인간으로 보아서는 안 되는 것이다.

예수님의 죽음과 부활은 분리될 수 없는 것이다. 예수님의 죽음이 있었기에 부활이 있을 수 있었고 예수님이 내 대신 나의 모든 죄를 짊어지셔서 나의 죄, 그 자체가 되셔서 십자가에 달려 형벌을 받으시고 죽으셨다.

또한 예수님은 죽음을 이기시고 생명이 되셨다.(요 11:25) "예수께서 가라사대 나는 부활이요 생명이니 나를 믿는 자는 죽어도 살겠고" 이것을 깨닫게 된 제자들은 그들의 신앙이 변하게 되었다.

예수님의 그 생명을 경험한 제자들은 변하게 되었다. 그들은 그 생명을 보았고 체험하였던 것이다.

왕의 부활을 확신하라(마 28:1~15)

안식 후 첫날 미명에 여인들이 예수님의 무덤으로 갔다. 그 때에 큰 지진이 나며 주의 천사가 하늘로서 내려와 무덤 문에 있던 돌을 굴려냈다. 무덤을 지키고 있던 병사들은 천사를 보고 공포에 떨었다. 그리고 천사들은 여인들에게 와서 빈 무덤을 살펴보라고 권유했고 제자들에게 주님의 부활에 관한 기쁜 소식을 전하라고 말했다. 무덤을 지키던 군병 몇 명이 대제사장에게 이 사실을 보고하자 대제사장들은 무덤을 지키던 군병들에게 돈을 많이 주어서 예수님의 제자들이 밤에 와서 병사들이 잘 때에 예수의 시체를 도적질하여 갔다고 소문을 내도록 시켰다. 그 결과 많은 사람들은 정말로 제자들이 예수의 시체를 훔쳐 갔다고 믿었다. 그러나 이것은 논리적으로 맞지 않는 이야기이다. 만일 병사들이 자고 있었다면 그들이 어떻게 예수님의 시체가 도둑맞았는가를 정확히 알 수 있었겠는가? 나는 예수님의 부활을 확신하는가? 부활 신앙은 어떠한 생활을 유발한다고 생각하는가?

로쉬 맥도르란 사람은 "만일 예수님의 부활이 없다면 기독교는 최대의 사기극이다.그러나 만일 예수님의 부활이 있다면 부활을 믿지 않는 사람들에게 최대의 비극이 될 것이다"라고 말했다.

부활절 색계란의 유래

십자군 전쟁 때의 이야기이다. 어느 부인이 한 마을에 도착했는데, 이 부인은 십자군에 종군한 후 소식이 끊어진 남편을 찾고 있었다. 남편의 전사 소문이 떠돌자 약점을 이용한 부하가 귀족의 재산을 횡령하고 그 부인을 추방하였다.

그러나 동네 사람들은 무척 친절했다. 거지 꼴이 된 부인을 따뜻하게 맞아 그 마을에서 정착하도록 도왔다. 어느덧 부활절이 되어서 부인은 동네 사람들에게 사랑의 빚을 갚는 마음으로 계란을 장만하여 아이들에게 선물하였다.

부활절 아침 아이들을 모아 놓고 이렇게 이야기했다. "숲에 자기의 나무를 하나씩 정해요. 그리고 버섯을 따서 그 나무 밑에 새 둥지를 만들어 놓아요. 얼마 후에 하늘에서 이상한 새가 날아와서 여러분의 둥지에 알을 낳아 놓을 거예요." 아이들은 모두 신이나서 숲에 들어가 자기의 둥지를 만들었다.

다시 부인의 집으로 돌아와서 아침 식사를 나누었다. 식사 후에 둥지를 찾아간 아이들은 정말 알록달록한 예쁜 알들을 발견하고 너무나 기뻐하였다. 그리고 그 알에는 이런 글씨가 씌여져 있었다. "이웃을 사랑하는 사람을 하나님은 사랑하신다." 이 이야기는 여기서 끝나지 않는다.

이 날 부인의 색계란을 받은 아이 한 명이 친척 집으로 여행하게 되었는데 길에서 몹시 지쳐 쓰러져 있는 부상병을 만났다. 이 아이는 자기의 보물처럼 생각하는 색계란을 부상병에게 주었는데, 군인은 그 계란에 쓰여진 글을 본 순간 소스라치게 놀랐다.

"너 이 계란을 어디서 얻었느냐? 이 글은 우리 집안의 가훈이란 말이야. 그리고 이 필체는 틀림없이 나의 아내 로자린의 것이야!" 뒷 이야기는 말할 필요도 없을 것 같다.

마을 사람들의 사랑은 로자린 부인에게, 부인의 사랑은 아이들에게, 어린 소년의 사랑은 부상병에게, 이런 사랑의 순환 속에서 새로운 행복과 평화는 창조되었던 것이다.

구약의 초실절은 예수님 부활에 대한 모형이다

초실절(初實節)은 무교절(1월 15일) 지나고 첫 안식일 다음날(일요일)이다. 이날은 시기적으로 이스라엘 지역에 보리나 밀이 익을 무렵이었다. 이날 첫 이삭 한 단을 먼저 베어 제사장에게 갖다 주면 제사장은 그 단을 흔들어 하나님께 제사를 드렸는데, 이는 그해 햇 곡식을 하나님께 먼저 바친다는 의미가 깔려 있었다.

레위기 23장 10~14절에는 "너희의 곡물을 거둘 때에 위선 너희의 곡물의 첫 이삭 한 단을 제사장에게로 가져갈 것이요 제사장은 너희를 위하여 그 단을 여호와 앞에 열납 되도록 흔들되 안식후 이튿날에 흔들 것이며 … 하나님께 예물을 가져오는 그날 (초실절)까지 떡이든지 볶은 곡식이든지 생 이삭이든지 먹지 말지니 이는 너희가 그 거하는 각처에서 대대로 지킬 영원한 규례니라"

여기까지만 본다면 성경의 초실절과 추수감사절이 연관이 있는 것으로 오해하기 쉬울 것이다. 그런데 중요한 것은, 구약은 모형이고 신약이 참형상이라는 것이다(히 10:1). 구약의 초실절이 그림자라면 신약에는 그에 대한 참형상이 있어야 하는데 구약 초실절의 참형상이 신약에 예수님의 부활이다. 즉 예수님께서 죽은 자 가운데서 가장 먼저 부활하실 것을 구약 초실절에 첫 열매 한 단을 하나님께 드리는 것으로 예표했던 것이다.

고린도전서 15장 20~24절에는 "이제 그리스도께서 죽은 자 가운데서 다시 살아 잠자는(죽은) 자들의 첫 열매가 되셨도다 … 그러나 각각 자기 차례대로 되리니 먼저는 첫 열매인 그리스도요 …"

예수께서는 십자가에서 운명하신 후 제3일째 되는 안식 후 첫날(초실절)에 죽은 자 가운데서 가장 먼저 부활하여 잠자는 영혼들의 첫 열매가 되셨다.

마가복음 16장 9절에는 예수께서 안식 후 첫날 이른 아침에 살아나심을 표현하고 있다. 예수님께서 죽은 자 가운데서 무교절이 지나고 첫 안식일 다음날(일요일)에 부활하신 것은 구약 초실절 예언의 성취이다. 그리고 예수님께서 부활하신 후 잠자던 많은 영혼들도 함께 부활하였다.

마태복음 27장 50~53절에는 "예수께서 다시 크게 소리 지르시고 영혼이 떠나시다. 이에 성소 휘장이 위로부터 아래까지 찢어져 둘이 되고 땅이 진동하며 바위가 터지고 무덤들이 열리며 자던 성도의 몸이 많이 일어나되 예수의 부활 후에 저희가 무덤에서 나와서 거룩한 성에 들어가 많은 사람에게 보이니라"

예수님 부활 후에 죽었던 많은 성도들이 부활한 것 또한 구약 초실절의 성취이니, 초실절에 첫 이삭 한 단을 흔들어 제사 드린 후에 햇곡식을 먹을 수 있었던 것은 첫 열매이신 그리스도께서 부활의 첫 열매로 드려신 후에야 다른 영혼들이 부활을 받을 수 있었던 것으로 성취된 것이다. 그러므로 구약 때의 제물로 드려졌던 농작물들은 모형이고 신약에 와서 구원받은 영혼들이 실질적인 농작물이 된 것이다. 즉 신약에서 말하는 농작물은 구원받은 영혼들인 것이다.

누가복음 10장 1~2절은 "이후에 주께서 달리 칠십 인을 세우사 친히 가시려는 각동 각처로 둘씩 앞서 보내시며 이르시되 추수할 것은 많되 일꾼이 적으니 그러므로 추수하는 주인에게 청하여 추수할 일꾼들을 보내어 주소서 하라"

누가복음 10장 2절의 추수할 일꾼은 육적인 곡물의 추수꾼이 아니다. 영혼들을 하나님 곳간에 넣을 영적 추수꾼이니, 신약의 곡물은 영혼들인 것이다.

그렇다면 신약시대인 오늘날, 하나님 백성들이 관심을 기울여야 할 추수가 구약 때처럼 농작물 추수에 대한 감사의 제사를 올리는 것이 성경적일까? 예수님의 부활절을 기념하는 것이 성경적일까?

그런데 근자에 들어 미국에서 만들어진 추수감사절을 지키는 자들 중에 추수감사절이 마치 성경에서 유래한 것인 양 구약의 초실절이나 다른 절기와 연결시켜 정당화시키려는 은혜롭지 않은 시도들이 있다. 그러나 이는 비성경적인 계명을 성경적인 계명으로 포장해보려는 헛된 시도이다.

만약, 추수감사절(Thanksgiving day)를 지키면서 구약의 초실절과 연관시키려 한다면 아직도 자신들이 구약의 울타리 안에 있음을 시인하는 것이니, 예수님께서는 구약의 율법을 허무시고 새 언약의 규례를 세워주셨는데 다시금 옛것을 쌓으려 한다면 이는 예수님을 대적하여 또다시 십자가에 못 박고자 하는 행위가 될 것이다.

"외식하는 자들아 이사야가 너희에게 대해 잘 예언하였도다 일렀으되 이 백성이 입술로는 나를 존경하되 마음은 내게서 멀도다 사람의 계명으로 교훈을 삼아 가르치니 나를 헛되이 경배하는도다"(마 15:7~9)

어느 시대든지 사람의 계명은 그럴듯한 내용으로 포장해서 하나님의 백성들을 하나님께로부터 멀어지게 하는데 지대한 공헌을 하였다. 모름지기 하나님의 백성들은 하나님의 계명을 소중히 여기고 사람의 계명은 경계해야 한다.

예수님의 죽음의 의미

예수님의 죽음은 일반인의 죽음과 다르다. 인류는 아담의 원죄로 인하여 죽는 것이지만 예수는 후아담으로 구원자로 오시어 대속물로서 희생 되신 것이다. '단번'(에파파크)라는 말은 히브리 기자의 애용어로 하나님의 아들의 속죄행위가 단 1회로 완전하고 영원한 효력을 가진다는 것(히 7:27; 9:7; 12:26-28; 10:2, 10; 12:26). 그의 죽음은 죄없는 자의 죽음이다. 죄인을 속량하기 위한 죽음이다.

이는 피흘림이 없이는 사함이 없다는 히브리 기자의 증언이다. 그의 피는 죄인을 위한 희생의 피이고 죽음이다. 물론 육적 죽음이고, 그의 영은 하나님이시다. 성자 하나님이 육의 몸을 '취하여' 오신 것이다.

그를 '구주'(소텔)라고 부른다. 소텔은 동사 소조(구한다)에서 온말로 '구원 하는자' 의 뜻. 신약에서는 사람에 대해 쓰지않고 하나님에 대해 사용되었다(눅 1:47, 딤전 1:1,2:3; 4:10, 딛 1:3; 2:10, 3:4, 유 2:5). 구주는 한자로 救拯이라고도 한다. 拯은 구원할 증(救世), 도울 증(助世), 건질 증(拯) 등 모두 구원을 뜻한다.

그리스도 죽음과 부활에 관한 신학적 견해

사도행전에 베드로 사도는 "그가 사망에 매여 있을 수 없었음이라"라고 말씀합니다. "죄의 삯은 사망이요 하나님의 은사는 그리스도 예수 우리 주 안에 있는 영생이니라" 예수님은 죄가 전혀 없으시기 때문에 죄의 삯인 사망이 그분을 붙잡아 둘 수가 없다고 성경은 설명해줍니다. 그러기 때문에 죄 없으신 예수님을 죽인 마귀는 그 대가로 예수 믿는 사람들을 사망의 권세에서 내놓을 수밖에 없고 자신도 영원한 심판을 받을 수밖에 없는 것입니다.

이는 내 영혼을 음부에 버리지 아니하시며 주의 거룩한 자로 썩음을 당치 않게 하실 것임이로다.(행 2:27) 이 예수를 하나님이 살리신지라 우리가 다 이 일에 증인이로다.(행 2:32) 썩는 것은 썩지 못할 것을 유업으로 못 박는다고 또 말씀합니다. 성경에 이토록 무수히 죽음과 부패는 하나님의 속성과 반대임을 말씀하는데도 늙고 병들어 죽고 썩음을 추구하는 인간들을 우상으로 섬기고 세상권력에 줄서기 좋아하며 그들의 권력을 옹호하는 목회를 합니다.

숫자의 많고 적음에 치중하는 세력의 신을 섬기고 그들의 정치적 이데올로기인 "색깔론 '(좌익, 우익, 불순분자, 빨갱이 같은 흑백논리)들을 하나님의 진리보다 더 숭배하고 섬기는 어리석은 성도들이 헤아릴 수 없이 많이 있습니다. 사도행전에서 베드로의 견해는 주의 거룩한 자는 썩지 않는다고 말합니다. 정말 죄 없는 의로운 자는 죽임을 당해도 하나님이 다시 살리십니다. 죽음은 죄에 대한 형벌이기 때문에 의로운 자는 죽어 썩지 않는다고 말합니다.

그러므로 예수께서도 죽을만한 아무런 잘못이 없기 때문에 죄의 형벌인 죽음을 당하실 아무런 이유가 없기 때문에 사망에 매여 있을 수가 없을 뿐만 아니라 하나님께서 오히려 그를 우리 중에서 높이시어 화관을 씌우시고 면류관을 주시어 하늘과 땅의 왕(하나님)으로 삼으신다고 성경은 말씀하고 있는 것입니다. 그런데 사실은 이 하늘과 땅의 왕권을 십자가 죽으심으로 새롭게 받으시기는 하셨지만 원래 자기 것을 다시 회복하는 것이라고 말하고 있습니다.

35

제자들을 굳게 하시는 주님

안식 후 첫날 미명에 그들은 또 다시 안식일을 지켰다. 안식 후 첫날은 토요일 다음날은 이 세상 역사가 생긴 후 첫 주일이었다. 부활하신 주님께서 두 사람의 마리아에게 말씀하셨다. "가서 내 형제들에게 갈릴리로 가라 하라 거기서 나를 보리라"

주님은 제자들에게 내 형제라고 말씀하셨다. 주님이 십자가를 지시기 위하여 체포되실 때 다 도망갔던 그 제자들이다. 베드로는 주님을 세번이나 모른다고 부인했다. 그런데 주님은 부활하시고 난 다음 제자들을 향하여 내 형제들이라고 말씀하신다. 그리고 제일 먼저 제자들을 만나 주셨다. 십자가를 지시기 전보다 주님의 사랑이 더 깊어졌음을 알 수 있다. 보통사람 같으면 자신의 지위가 높아지면 말투부터 달라지고 거드름을 피우고, 시간

이 지나면 사랑이 변하는데 우리 주님은 오히려 반대가 되셔서 더 제자들을 챙기시고 부활 후 신령한 몸을 입으셨음에도 불구하고 더욱 겸손하셔서 제자들을 향하여 나의 형제들이라고 말씀하셨다. 주님의 사랑은 변함이 없다는 것을 가르쳐 주시는 것이었다. 오히려 더욱 깊어지고 있음을 알 수 있다. 처음에 주님은 "소자들아." "애들아." 그렇게 부르셨는데 십자가를 앞에 놓고 '친구들' 이라고 하시더니 이제는 형제들이라고 부르셨다.

부활하신 주님은 제자들에게 갈릴리에서 만나자고 하셨다. 부활하신 주님은 갈릴리로 가셨다. 왜 제자들을 여기서가 아닌 갈릴리에서 만나기를 원하셨을까? 갈릴리는 어떤 곳인가? 갈릴리는 제자들이 주님의 부름을 받기 전 고기잡이를 하던 곳이었다. 처음 주님이 제자들을 불러주셨던 곳이다.

> "나를 따라 오너라 내가 너희로 사람을 낚는 어부가 되게 하리라" (마 4:19)

다시 말하면 십자가 이후 낙심에 빠져 있는 제자들에게 다시 한 번 사명감을 불어 넣어 주시려고 갈릴리에서 만나 자고 하신 것이다.

갈릴리는 제자들의 고향이었다. 십자가 사건 이후 제자들은 고향으로 다 돌아갔다. 그래서 주님께서 그 갈릴리를 찾아가서 다시 한번 주님의 사랑을 보여주신 것이다. 주님의 사랑과 용서와 용납하심으로 제자들을 맞이하기 위하여 갈릴리에서 보자고 하신 것이다. 처음 주님의 사랑을 깨닫고 결단했던 그 자리로 돌아가서 주님의 사랑을 확인하고 사명을 확인하고 순수한 믿음을 가지도록 예수님은 배려해주셨다.

"이날 곧 안식 후 첫날 저녁 때에 제자들이 유대인들을 두려워 하여 모인 곳에 문들을 닫았더니' (19절 a)

예수님이 부활하신 날 저녁에 제자들이 모인 곳의 분위기는 밝지 않았다. 예수님의 제자들은 큰 두려움에 떨고 있었고, 도둑처럼 주위를 살피면서 슬그머니 모여 있었다. 아무도 웃는 사람이 없었다. 제자들이 유대인들을 두려워하여, 몰래 집안으로 들어온 후에 문을 굳게 잠궜다. 참으로 모두 다 무거운 분위기였다. 물론 이들은 주님이 부활하셨다는 소문을 듣고 모두 모였다. 이중에 베드로와 요한은 예수님이 장사되었던 무덤에 가보니 비어있다는 사실을 직접 본 제자들이다. 막달라 마리아는 부활하신 주님을 직접 만났다. 이 소식을 들은 모든 제자들이 각기 숨어 있던 곳에서 하나둘씩 자리에 모였던 것이다. 그러나 그들은 지금 모여서 같이 있지만 마음에 평안도, 기쁨도 없었다. 도리어 모두 다 두려워 떨고 있었다. 이 제자들은 예수님께서 부활하셨다라고 하는 여자의 말이 믿어지지 않았다.

그때 예수님께서 홀연히 나타나셔서 그들의 가운데 서서 말씀하시기를,

"너희에게 평강이 있을찌어다."

유대인들이 습격하여 잡혀갈까 벌벌 떨며 문을 꼭꼭 잠그고 있는 제자들에게 부활하신 주님이 시공을 초월하여 나타나신 것이다. 부활하신 주님이 처음으로 제자들에게 나타나셔서 말씀하

신 첫 음성이었다.

"너희에게 평강이 있을찌어다."

부활하신 주님은 제자들에게 옆구리를 창에 찔리고 물과 피를 흘리신 옆구리를 만져 보게 하시고, 양손과 양발에 박힌 못자국을 만져보게 하셨다. 제자들은 이것을 보고 나서 변화되기 시작했다.

예수께서 또 말씀하셨다.

'너희에게 평강이 있을찌어다 아버지께서 나를 보내신 것 같이 나도 너희를 보내노라' (21절)

이 말씀을 하시고 저희를 향하사 숨을 내쉬며 말씀하셨다.

'성령을 받으라' (22절)

예수님께서 부활하시고 제자들에게 평안을 전하시면서 제자들을 세상으로 보내셨다. 이제 너희들이 가야 한다고 파송의 말씀을 전하면서 이어서 하시는 말씀이 성령을 받으라고 하셨다.

그리고 '오직 성령이 너희에게 임하시면 너희가 권능을 받고 예루살렘과 온 유대와 사마리아와 땅 끝까지 이르러 내 증인이 되리라 '고 하셨다.(행 1:8)

그래서 복음을 증거하는 그리스도의 증인된 삶을 사는 모든 성도들은 자기가 하는 것이 아니라, 자기 속에 있는 성령이 역사하는 것이다.

생각하는 페이지

부활의 증거

인류역사상으로 볼 때 죽었다가 살아난 사람은 많이 있다. 하바드의과 대학에서만도 분명히 의사가 사망진단을 내렸는데 살아난 사람이 많이 있다는 것이다. 그러면 예수님의 부활과 보통 사람들이 죽었다가 살아난 것과 어떤 차이가 있느냐 하는 것이다. 죽었다가 다시 살아난 사람들은 한 사람도 예외 없이 또 다시 죽었다. 그리고 죽었다가 살아난 사람들중에 한사람도 자신이 죽었다가 다시 살아나리라고 미리 말한 사람이 없었다. 성경에 죽었다가 다시 살아 날 것을 기록해 놓은 사람은 한 사람도 없다. 또한 사람들은 자신이 원해서 죽은게 아니라 어쩔 수 없이 죽음을 맞이하게 되었고 그리고 깨어나 보니 자신이 살아 있더라 하는 것이었다! 그런데 예수님의 죽으심과 부활은 전혀 달랐다. 예수님은 십자가를 지시고 돌아 가시기 전에 이미 성경에 죽으심과 함께 부활이 기록되어 있었다는 것이다. 그래서 고린도전서 15장 3절 4절에서 "성경대로 그리스도께서 우리 죄를 위하여 죽으시고 장사 지낸바 되었다가 성경대로 사흘만에 다시 살아 나시사"라고 기록되어 있다. 그리고 예수님은 이미 십자가를 지시기 전에 내가 예루살렘으로 올라가 대제사장들과 서기관들에게 고난을 받고 십자가에 죽어서 다시 살아날 것을 말씀하셨다. 또한 예수님은 어쩔수 없이 십자가에 죽으신 것이 아니라 스스로 온 인류를 위하여 십자가에서 자신의 목숨을 내어 놓으셨다. 그리고 예수님은 부활 하신 후 다시 돌아가신 것이 아니라 원래 자리인 하나님 우편으로 올라 가셨다는 사실이다. 그리고 지금도 살아계셔서 역사하고 계신다. 또한 예수님의 부활은 허다한 많은 증인들이 있다는 것이다. 고전 15장 5절 이하에서 "게바에게 보이시고 열두 제자에게와 그후에 오백여 형제에게 일시에 보이셨나니 그중에 태반이나 살아있고 어떤 이는 잠들었으며 그후에 야보고에게 보이셨으며 그후에 모든 사도에게와 맨 나중에 만삭되지 못하여 난자 같은 내게도 보이셨느니라" 말씀하고 있다. 또한 보통사람들은 무덤이 있는데 반해 부활하신 예수님은 빈 무덤밖에 없었다. 마태복음 28장 6절에서 "그가 여기 계시지 않고 그의 말씀 하시던 대로 살아나셨느니라" 기록하고 있다. 예수님은 살아 나셨기에 무덤이 비어 있었다. 예수님의 시신은 거기에 없었다. 예수님의 부활은 몸과 영이 동시에 부활 하신 것이다. 기독교가 다른 종교와 결정적으로 다른 이유가 바로 여기에 있다. 예수님의 부활은 보통사람들이 죽었다가 깨어나서 다시 죽은 그런 것과는 전혀 다르다는 것이다. 그러기에 예수님의 죽으심과 부활은 바로 여기 모인 우리 모두를 위한 죽으심과 부활이라는 것이다. 말씀대로 예수님은 죽으시고 다시 살아나셨다. 하나님의 말씀은 시간과 공간을 초월해서 반드시 이루어진다.

증인들의 고백

안식 후 첫날 다시 말하면 주일 새벽에 막달라 마리아와 또 다른 마리아가 새벽에 예수님 무덤을 찾아갔다. 그런데 지진이 나고 천사가 나타나 무덤 문을 열고 그 위에 앉아 있고 지키던 자들이 두려워 떨다가 죽은 사람같이 되어있었고 천사가 하는 말을 듣게 된다. "너희는 무서워 말라 십자가에 못 박히신 예수를 너희가 찾는 줄 내가 아노라 그가 여기 계시지 않고 그의 말씀하시던 대로 살아나셨느니라 와서 그의 누우셨던 곳을 보라 빨리 가서 제자들에게 이르되 그가 죽은자 가운데 살아나셨고 너희보다 먼저 갈릴리로 가시나니 거기서 너희가 뵈오리라 하라" 두 사람의 마리아는 무서움과 기쁨으로 제자들에게 달려가서 이 소식을 전하게 된다. 사람이 어떤 충격적인 것을 경험하게 되면 감정적인 변화가 오게 되는데 막달라 마리아와 또 다른 마리아는 그 때 무서움과 큰 기쁨이 넘쳤다는 것이다. 사실 막달라 마리아와 또 다른 마리아는 전혀 예수님이 살아셨으리라고 생각지 못하고 다만 무덤을 찾아서 예수님의 몸에 향품을 발라 드리기 위하여 안식일 다음날 무덤을 찾아온 것인데 예수님이 살아나셨다는 소식을 듣게 된 것이다. 얼마나 놀라고 기쁘고 가슴이 뛰는 일이었을까? 그런데 더욱 놀라게 된 것은 두 사람이 마을로 내려가다가 부활하신 주님을 만났다는 사실이다. 주님을 만났을 때 주님께서는 "평안하뇨"라고 말씀하시면서 "무서워 말라 내 형제들에게 갈릴리로 가라" 하시는 말씀을 듣게 된다. 누가 가장 먼저 부활하신 주님을 만났는가? 예수님을 사랑했던 여인들이었다. 부활의 첫 증인들은 바로 제자들이 아닌 여인들이었다는 사실이다. 주님을 사랑했던 그들은 부활하신 주님을 가장 먼저 만나 경배하는 영광을 누리게 되었다. 다른 사람보다 믿음과 사랑이 앞섰던 그들은 다른 사람보다 앞선 하나님의 은혜를 받았던 것이다. 오늘도 주님을 믿고 사랑함에 있어서 앞서가기 위해 최선의 노력을 다하는 사람, 열심이 있는 사람이 부활하신 주님을 먼저 만나게 되는 것이다.

36

예수님의 승천

사도들과 같이 있을 때에 주님은 제자들에게 말씀하셨다.

"너희는 아직 예루살렘을 떠나지 말고 내게 들은 바 아버지의 약속하신 것을 기다리거라. 요한은 물로 세례를 베풀었으나 너희는 몇 날이 못되어 성령으로 세례를 받게 될 것이다."

예수님께서 승천하시기 전에 주신 중요한 부탁은 우선 예루살렘을 떠나지 말고 아버지의 약속하신 대로 성령의 세례를 받도록 기다리라는 것이었다. 성령의 세례는 전도의 원동력이 될 것이었기 때문이다. 세계복음화는 사람들이 이룰 수 없는 거대한 일이다. 그것은 성령께서 친히 이루실 일이다. 이제 성령께서 능력으로 제자들 속에 오셔서 이 일을 시작하실 것이다. 이것은 구약성경 요엘서에서 이미 예언된 바였고(욜 2:28-29) 주께서도 며칠 전 마지막 만찬 자리에서 약속하셨던 내용이었다(요 14-16장). 이제 성령의 오심은 '몇 날이 못되어' 즉 약 10일 후에 이루어지게 된다.

성령의 세례는 성령께서 신자들 속에 들어오심으로 그들을 새롭게 하시는 것을 말한다.

예수님께서는 확실한 많은 증거로 자신의 다시 사심을 사도들에게 나타내셨고 또한 부활 후 40일 동안 그들에게 보이셨다.

우리는 사도행전을 통해 전도에 대해 많이 배울 것이다. 하나님의 나라는 예수께서 전하신 주제였다. 그것은 주께서 처음부터 전하신 내용이며 부활하신 후에도 전하신 내용이었다.

저희가 모였을 때에 예수님께 물었다.

"주께서 이스라엘 나라를 회복하심이 이때니이까?"

그러자 주님이 대답해 주셨다.

"때와 기한은 아버지께서 자기의 권한에 두셨으니 너희의 알 바 아니요 오직 성령이 너희에게 임하시면 너희가 권능을 받고 예루살렘과 온 유대와 사마리아와 땅끝까지 이르러 내 증인이 되리라."

그리고 주님은 제자들과 많은 사람들이 지켜보는 가운데 하늘로 올라가셨다. 제자들이 놀라서 하늘을 쳐다보고 있었는데 천사들이 나타나서 말했다.

"왜 하늘을 쳐다보고 있느냐 지금 하늘로 올라가신 예수님은 올라가심을 본 그 모습 그대로 하늘로부터 다시 내려오실 것이다."고 말하며 하늘로 올라가셨다.

사도들이 모였을 때 그들은 예수님께 물었다. "주께서 이스라엘 나라를 회복하심이 지금입니까?" 이스라엘 나라의 회복은 구약성경, 특히 이사야와 에스겔 등의 선지서들에 예언한 바로서 경건한 이스라엘 백성은 그 예언에 전적인 소망을 두고 있었다. 이스라엘 나라의 회복은 정치적인 자유와 사회적인 안정과 경제적인 번영을 다 포함하는 것이었다. 그것은 장차 천년왕국 혹은 천국에서 완전하게 이루어질 소망의 내용이었다. '이스라엘 나라의 회복이 지금 이루어질 것입니까?' 그들의 질문은 비록 인간의 조급한 마음을 드러내는 것이긴 하였지만 성경에 예언된 바에 대한 제자들의 간절한 소망과 기대에서 나온 것이었다. 그들의 질문과 관심은 결코 잘못된 것은 아니었다.

그러나 주님께서는 "때와 기한은 아버지께서 자기의 권한에 두셨으니 너희의 알 바 아니요"라고 분명히 선을 긋듯 말씀하셨다. 이스라엘 나라의 회복은 성경에 예언된 대로 이루어질 것이지만, 그때와 기한은 하나님의 권한에 속한 문제이므로 우리

가 알려고 해서는 안된다는 것이다. 하나님의 시간표는 인간의 시간표와 다르다. 조급한 마음을 가진 사람이 보기에는 하나님께서는 때때로 더디 행동하시는 것 같다. 그러나 실상 그는 구원얻을 영혼들을 위해 기다리시고 오래 참으시는 것이다.

주 예수님께서는 그 대신 제자들에게 그들이 해야 할 가장 중요한 일, 즉 사명(使命, mission)에 대해 말씀하셨다. 그것은 그가 사도들을 떠나시기 전에 마지막으로 부탁하신 말씀이었다. 그것은 그들이 주 예수 그리스도를 위해 증인이 되는 일이었다. "너희가 … 내 증인이 되리라." 사도들은 엄밀한 의미에서 주 예수 그리스도의 사역과 죽음과 부활을 친히 보았고 증거할 수 있었던 증인들이었다. 물론 넓게는 신약 시대의 우리 모두도 다 주의 증인이라고 말할 수도 있지만, 엄격한 의미에서는 그렇지 않다. 우리는 주 예수님을 목격한 바가 없다. 그러나 사도들은 친히 주님과 함께 3년 동안 생활했던 자들이었다. 그래서 사도행전에는 이런 엄밀한 의미에서 그들을 '증인'이라고 부르는 것이다. 사도행전 2장 32절에는 "이 예수를 하나님이 살리신지라. 우리가 다 이 일에 증인이로다." 사도행전 10장 41절에는 "모든 백성에게 하신 것이 아니요 오직 미리 택하신 증인 곧 죽은 자 가운데서 일어나신 후 모시고 음식을 먹은 우리에게 하신 것이라." 사도행전 13장 31절에는 "갈릴리로부터 예루살렘에 함께 올라간 사람들에게 여러 날 보이셨으니 저희가 이제 백성 앞에 그의 증인이라."

사도들이 증거해야 할 땅의 범위는 "예루살렘과 온 유대와 사마리아와 땅 끝까지"이었다. 이것은 온 세상, 즉 지구 전체를 의미한다. 주 예수 그리스도의 구원의 복음은 온 세상에 사는 모든 사람들에게 전파되어야 할 복음이며, 이 복음을 통해 하나님의 택한 모든 백성은 하나도 빠짐 없이 다 구원을 받아야 할 것이다. 사도행전이 증거하는 대로, 후에 예수님께서 사도로 불러주신 바울이 당시 로마 제국의 수도인 로마에 가서 복음을 전파했으며, 또 초대 교회의 글들이 전하는 바와 같이 베드로도 로마에 가서 복음을 전했고 또 바울은 서바나(스페인)에까지 가서 복음을 전파했으니 당시로 말하면 거의 땅끝까지 복음을 전한 셈이긴 하다. 그러나 땅끝까지 이르러 내 증인이 되리라는 주의 말씀은 그들이 남긴 증거의 책들을 통해 그들의 증언이 그 후에 온 지구상에 전파되었고 우리에게까지 왔으며, 오늘날도 복음이 들어가지 않은 곳들에 전파되고 있다는 뜻을 담고 있음이 분명하다. 요한복음 끝 부분에는 사도 요한의 증거에 대해 이렇게 써 있다. "이 일을 증거하고 이 일을 기록한 제자가 이 사람이라. 우리는 그의 증거가 참인줄 아노라." 이와 같이, 신약성경은 일차적으로 증인들의 증언의 책이다.

주께서는 사도들의 사명의 일에 관한 말씀과 더불어 그들의 증거 사역을 능력으로 도우실 성령의 임하심에 대해 말씀하셨다. 성령께서 오시는 주된 목적은 주 예수께서 십자가 위에서 이루신 구속 사역을 실제로 죄인들에게 적용하여 구원하시기 위함이다. 그 구원 사역에 필수적인 한 요소는 전도자들의 능력 있는 전도의 사역이다. 사도들에게 능력을 주셔서 주의 증인이 되게 하시는 것이 성령 강림의 중요한 한 목적이었다. "성령이 너희에게 임하시면 너희가 권능을 받고 … 내 증인이 되리라." 사도들이 받은, 그리고 오늘날 교회가 이어 받은, 복음 전파의 일은 성령의 능력으로 이루어질 일이었다. 초대 교회의 전도와 교회 설립과 확장의 역사(歷史)는 단순히 사람들이 이룬 역사가 아니고 성령께서 사람들을 사용하여 이루신 역사였다. 사도행전은 사도들의 행전일 뿐만 아니라, 또한 성령의 행전이었다. 오늘날도 영혼 구원과 교회 부흥의 힘은 성령의 역사하심에 있다.

이 말씀을 마치시고 저희 보는 데서 올리워 가시니 구름이 저를 가리워 보이지 않게 하더라. 올라가실 때에 제자들이 자세히 하늘을 쳐다 보고 있는데 흰옷 입은 두 사람이 저희 곁에 서서 가로되 갈릴리 사람들아 어찌하여 서서 하늘을 쳐다 보느냐? 너희 가운데서 하늘로 올리우신 이 예수는 하늘로 가심을 본 그대로 오시리라 하였느니라."

예수님께서는 전도의 일을 부탁하신 후 승천하셨다. 본문은 주께서 '저희 보는 데서 올리워 가셨다'고 증거한다. 주의 승천은 사도들이 다 함께 보는 가운데 이루어졌다. 그것은 공동적으로 목격한 바였고, 공통적으로 증거할 수 있는 바였다. 본문은 또한 구름이 저를 가리워 보이지 않게 하였다고 증거한다. '가리워'라는 말(휘포람바노)은 '취하여'라고 번역하는 것이 더 나을 것이다. 구름은 승천하시는 주님을 낚아채듯이 취하였고 사도들은 구름 속으로 취하여진 주님을 더 이상 볼 수 없었다. 또 본문은 주께서 '올라가실 때 제자들이 자세히 하늘을 쳐다 보고 있었다'고 증거한다. '자세히 쳐다본다'는 헬라어 원어(아테니조)는 '시선을 집중하여 쳐다본다'는 뜻이다. 이 모든 말들은 주 예수 그리스도의 승천이 장소의 이동 즉 땅에서 하늘 위로 옮겨지신 일임을 증거한다. 주님의 승천은 말 그대로 승천(昇天, 하늘로 올리우심)이다. 그러나 물론 우리는 그 신비를 다 알 수 없다.

본문은 또한 주 예수 그리스도의 재림에 대해 증거한다. 그것은 흰옷 입은 두 사람에 의해 증거되었다. 그들은 천사들임이 분명하다. 하나님께서는 주님게서 승천하실 때에 천사들을 통해 진리를 증거하신다. 주 예수의 탄생 때에도 천사들은 나타나 주를 찬양하였다(눅 2:13-14). 주의 부활 때에도 천사들이 나타나 빈 무덤과 주님의 부활을 증거하였다(눅 24:4). 이제 주님의 승천 때에도 주의 천사들이 나타나 증거한 것이다.

승천하신 바로 그 주님께서 다시 오실 것을 천사들은 증거하였다.

"너희 가운데서 하늘로 올리우신 이 예수는 하늘로 가심을 본 그대로 오시리라." '이 예수'라는 말은 헬라어 원어에 있어서 "바로 이 예수"라는 강조된 표현이다. 바로 이 예수! 성령으로 잉태되어 처녀 마리아에게서 나신 이 예수, 많은 병자들을 고쳐주시고 많은 기적들을 행하신 이 예수, 십자가에 못박혀 죽으시고 무덤에 묻히셨던 이 예수, 삼일 만에 부활하신 이 예수, 이제 사도들이 보는 데서 하늘로 올리우신 이 예수, 바로 이 예수님께서 다시 오실 것이다. 다른 예수님이 아니고 바로 이 예수님께서 다시 오실 것이다!

천사들은 또한 승천하신 예수께서 '하늘로 가심을 본 그대로 오시리라'고 증거하였다. 그것은 주 예수 그리스도의 재림의 모습이 어떠할 것인지를 증거한다. 주의 재림은 눈으로 볼 수 있게 이루어질 것이다. 주의 재림은 또한 하늘에서 땅으로 내려오는 사건일 것이다. 또 주의 재림은 구름을 타고 오시는 사건일 것이다. 주께서 승천하실 때 구름이 그를 가로채듯이 취하여 갔다. 그는 구름 속으로 들어가셨고 제자들은 구름이 그를 가리워 그를 볼 수 없게 되었다. 이와 같이, 주께서 다시 오실 때에도 그는 구름을 타고 오실 것이다. 승천 때의 구름이 실제의 구름이었듯이, 재림 때의 구름도 실제의 구름일 것이다(마 24:30), "그때에 인자의 징조가 하늘에서 보이겠고 그때에 땅의 모든 족속들이 통곡하며 그들이 인자가 구름을 타고 능력과 큰 영광으로 오는 것을 보리라."(계 1:7) "볼지어다, 구름을 타고 오시리라. 각인의 눈이 그를 보겠고 그를 찌른 자들도 볼 터이요 땅에 있는 모든 족속이 그를 인하여 애곡하리니 그러하리라. 아멘."

우리는 주 예수 그리스도의 재림을 믿는다. 우리는 그의 기적적 탄생도, 그의 기적 행하심도, 그의 십자가 대속(代贖)도, 그의 몸의 부활도, 그의 승천도, 그의 재림도 믿는다. 우리는 그가 장차 주실 천국의 영광스런 세계와 영생을 믿는다. 성경은 이 모든 사실들을 분명하게 증거한다. 우리는 이 모든 일들을 의심치 말고 성경에 증거하는 대로 다 믿자.

마지막으로 부탁한다. 우리는 주 예수 그리스도의 승천을 믿자. 또 우리는 그의 재림을 믿고 기대하자. 그리고 이제 우리는 주님의 재림의 때까지 교회의 사명이 무엇인지를 깨닫고 그 사명의 일에 충실하자. 교회의 사명은 무엇인가? 그것은 주께서 친히 사도들에게 부탁하신 일, 곧 전도하는 것이다. 교회는 기회 있을 때마다 구원의 복음을 전파해야 한다. 또 교회는 전도자들을 훈련하고 파송하고 후원해야 한다. 또 넓은 의미에서 모든 교인들은 전도의 일에 힘써야 한다. 전도는 우리가 할 수 있는 가장 귀한 일이다. 전도는 나의 직업의 그 무슨 일보다 귀하고 가치 있는 일이다. 그것은 영혼을 지옥에서 천국으로 건지는 일이며 허무한 세상에서 영원히 가치 있는 것을 전하는 일이다.

마치는 글

유대교를 넘어 세계의 신앙으로

그가 나신 곳은 이름 없는 한 벽촌

그의 어머니는 보잘것없는 시골 여인

그는 나이 삼십에 이르기까지 오히려 이름 없는 비천한 목수

…

그에겐 한권의 저서도 없으며

그에겐 아무런 지위도 없으며

그에겐 따뜻한 가정도 없으며

그에겐 큰 도시의 학문도 없으며

그에겐 큰 도시의 견문조차도 없이

그의 여행은 기껏 200마일도 못 되는 거리

…

진실로 그에겐 세상의 이른바 위대하다는 것이라곤 아무것도 없이

그가 내어놓을 수 있는 이력서는 오직 그 자신의 한 몸뿐

그 자신의 삶은 또한 이토록 비참한 것

삼년의 전도와 사랑의 실천 끝에도

그에게 돌아온 것은 오히려 무리들의 배척

제자들의 배신과 부인

…

그러나 그 후 이천년이 흘러간 오늘

그는 오히려 인류의 역사를 주관해 온 중심 인물"로서 오늘날 대략 18억~20억의 인류가 적극적으로나 소극적으로 기독교를 믿는 것으로 추산된다. 현 인류의 3분의 1 정도가 신자라는 계산이 나오는 셈이다. 그 신자들이 2000년 역사를 통해 인류에게 부정적인 영향을 끼친 것도 많겠지만, 확실히 그리스도교는 인류 문명에 가장 크고 깊은 영향을 끼친 요소 가운데 하나임에 틀림없다. 깊은 강도 작은 물줄기 하나에서 시작되듯, 기독교의 근원을 이루는 예수님의 존재도 역사적으로는 매우 작고 미약했다고 볼 수 있다.

예수님은 기원전 4년쯤 로마제국에 정복돼 있던 유대의 베들레헴에서 마리아와 약혼자인 목수 요셉 사이에서 태어났다. 그의 생애는 대부분 〈신약성서〉의 4복음서인 '마태복음' '마가복음' '누가복음' '요한복음'에 기록돼 전해지고 있다. '마태복음'

에 따르면 그의 족보는 유대인 최초의 통일국가를 세운 다윗왕을 비롯해 멀리는 이른바 '믿음의 조상'인 아브라함에까지 거슬러 올라간다. 그러나 어머니와 아버지(혹은 '양아버지')는 당시 모두 '일반 대중'인 '암 하아레츠'에 속하는 사람들이었다. 예수님에게는 야고보, 요셉, 유다, 시몬이라는 4명의 형제와 적어도 2명의 누이가 있었다고 전해진다.

예수님은 약 30세 때에 세례 요한에 의해 요단강에서 세례(정확하게는 온 몸을 물속에 들어가게 했다가 나오는 '침례'가 맞다)를 받았다. 세례 뒤 예수님은 갈릴리에서 천국을 선포하고 병든 자를 고치기 시작했다.

"회개하라. 하늘나라가 가까이 왔다." 곧 그의 주변에는 '오클로스'(Ochelos)인 민중들이 몰려들어 따르게 된다. 예수님은 팔레스타인 지역을 두루 다니면서 이들 오클로스에게 하나님의 나라와 심판과 자비 그리고 사랑 등에 대해 설교했다. 이와 함께 그는 병든 자와 불구자를 고치는 등 많은 기적도 일으켰다. 주님을 따르는 자들이 늘어가자 예수님은 설교와 사역 활동을 더 폭넓게 펼치기 위해 제자 12명을 두었다. 나중엔 다시 70명을 더 두어 각처에 파송하였다. 예수님은 제자들이나 민중들에게 세련된 신학을 가르치는 대신 비유와 예화를 들려주며 설명했다. 비유는 재미있으면서도 교훈적이었다.

이 과정에서 예수님은 당시 종교 지도자들의 잘못된 점을 자주 비판했다. 반면에 종교 지도자와 율법학자 등 정통 유대교도들은 그가 안식일을 지키지 않는 등 율법을 공개적으로 무시하고, 세리나 창녀 등 정결하지 못한 계층의 사람들과 어울린다고 비난했다. 예수님을 추종하는 민중들이 늘어나면서 그의 영향력을 예의 주시하던 유대교 최고 지도부와 로마 점령세력은 위험을 느끼기 시작했다. 당시 팔레스타인 지역은 로마제국의 지배로부터 벗어나려는 무장봉기가 간헐적으로 벌어지고, 열심당 등 봉기를 위한 비밀결사들이 다각도로 활동하고 있었다. 결국 예루살렘에 입성해 설교와 사역 그리고 활발한 토론 활동을 벌이던 예수님은 '로마제국 식민지의 정치범'으로 체포되어 그 극악하기로 소문난 십자가 형틀에서 죽는다.

예수님의 영향력은 그가 죽은 뒤 다시 부활했다는 소문과 제자들이 다시 불붙인 전도 활동 등으로 더 광범한 차원에서 더 강도 높게 확산되기 시작한다. 기독교가 인류 역사의 새로운 주인공으로 무대의 전면에 등장한 것이다.

불과 3년 남짓한 짧은 공생애(公生涯)에 기간 동안에 예수님께서 그렇게 큰 일을 이루어낼 수 있었던 배경은 무엇일까? 그것은 요한이 기록한 요한복음 3장 16절 말씀에 모든 것이 녹아 있다.

"하나님이 세상을 이처럼 사랑하사 독생자를 주셨으니 이는 저를 믿는 자마다 멸망치 않고 영생을 얻게 하려 하심이니라." 아멘.